AF347097

Diseño general: Gerardo Miño
Armado y composición: Laura Bono

Edición: Primera. Marzo de 2021

ISBN: 978-84-18095-66-5
Depósito legal: M-7593-2021

THEMA: J [Sociedad y ciencias sociales]
JMC [Psicología infantil y evolutiva/del desarrollo]
JNC [Psicología de la educación]

Lugar de edición: Buenos Aires, Argentina

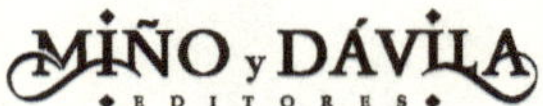

dirección postal: Tacuarí 540 (C1071AAL)
Ciudad de Buenos Aires, Argentina
tel-fax: (54 11) 4331-1565
e-mail producción: produccion@minoydavila.com
e-mail administración: info@minoydavila.com
web: www.minoydavila.com
redes sociales: @MyDeditores, www.facebook.com/MinoyDavila

Hacia una dialéctica entre individuo y cultura

en la construcción de conocimientos sociales

José Antonio Castorina y Alicia Barreiro

–editores–

José Antonio Castorina
Alicia Barreiro
Tomás Baquero Cano
Gastón Becerra
Daniela Bruno
Mariana García Palacios
Mariela Helman
Axel Horn
Paula Nurit Shabel
Cristian Parellada

ÍNDICE

Hacia una dialéctica entre individuo y cultura

en la construcción de conocimientos sociales

José Antonio Castorina y Alicia Barreiro

–editores–

Prólogo

Mario Carretero

Catedrático de Psicología Cognitiva, Universidad Autónoma de Madrid
e Investigador de FLACSO (Argentina)

Escribo este prólogo en contexto de pandemia. Es éste un término del cual las generaciones actuales sólo sabíamos su significado teórico pero no su acepción real y mucho menos sus implicaciones cotidianas. En estos meses hemos ido conociendo de primera mano que algunos conceptos, cuando pasan de la mera expresión escrita, y por tanto intangible y puramente teórica, a la zona sensible de la experiencia fenomenológica, llegan a ser primero conmovedores, después agresivos y finalmente desesperantes. Y así estamos ahora. Encerrados en espacios limitados como única defensa contra algo que nos rodea pero no vemos, nos amenaza y al mismo tiempo no podemos localizar y sin embargo condiciona todas nuestras acciones, sociabilidades y afectos, hasta lograr que nos sintamos indefensos, desorientados y vulnerables, sobre todo vulnerables. Son ya numerosas las reflexiones que se han ido elaborando para dar cuenta de todo este estado de cosas. Esto se debe a la urgencia de las sociedades para otorgar sentido a lo nuevo que nos acontece, lo cual no es fácil, pero también a la necesidad de la industria cultural por generar nuevos productos intelectuales que puedan ser rápidamente consumidos por la ciudadanía. Las más de las veces, estos vaticinios, a veces apresurados, han versado sobre las consecuencias que tendrá la pandemia en nuestras sociedades. Algunas de estas reflexiones tienen una particular relación con este libro, el cual no aborda los ámbitos de la pandemia pero sí está profundamente relacionado con las explicaciones que podemos ofrecer los científicos sociales para dar cuenta de cómo la especie humana se vincula y conceptualiza fenómenos sociales, culturales y educativos como el que estamos viviendo. Lamentablemente, lo que solo hace meses nos podría haber resultado ciencia ficción y distopía a lo Hollywood parece estar muy cerca, a menos que se generen respuestas planetarias (Véase por ejemplo, la necesidad de un nuevo *Green New Deal* que expone N. Klein en su reciente obra). Mis breves comentarios en estas páginas no tratarán sobre las posibles consecuencias de la pandemia, algo que a mi entender resulta bastante difícil de predecir, sino más bien sobre el presente o en todo caso sobre el inmediato pasado. Es decir, propongo tomar al desarrollo de la propia pandemia como posible ejemplo de las cuestiones que trata este libro editado por Castorina y Barreiro.

Como dice el dicho castellano, lo primero es antes. Así es que vayamos a los días primeros de la pandemia. Es decir, a cuando esa era una realidad inobservable pero al mismo tiempo inobjetable. El virus se nos acercó de manera silenciosa pero implacable. Es decir, cuando en los primeros días de marzo de 2020 comenzaron a subir endemoniadamente las curvas de registros de infectados sobre todo en los países europeos y se decretaron las primeras cuarentenas. ¿Cómo es posible que Occidente en su conjunto, sociedades, autoridades y científicos, no lo hubieran advertido antes, salvo muy raras excepciones? ¿Cómo es posible que las evidentes señales de alarma de los datos mismos y de las declaraciones de organismos como la OMS no recibieran el crédito necesario? ¿Que la amenaza de llamada gripe aviar de hace unos años no hubiera servido para anticipar consecuencias como las presentes? A fecha de hoy parece claro que hubo al menos dos barreras cognitivas en las que este libro abunda y desarrolla con un feliz y original resultado teórico. Por un lado, la enorme dificultad que tienen nuestras sociedades, con todo su bagaje de supuesto progreso científico y tecnológico de admitir que no es omnipotente. O dicho de otro modo, el sesgo de verificación, actuó una vez más dando por bueno que sí somos vivimos en sociedades omnipotentes, aunque la hipótesis contraria avanzara dejando una más que amenazante cantidad de víctimas mortales. Por otro lado, la especie humana, tal y como está organizada, al menos en occidente ha hecho gala en este caso de una enorme capacidad de negación de la vulnerabilidad de nuestras sociedades, y esa negación va unida, y probablemente está sostenida, por la expansión de teorías conspirativas, precientíficas y de un autoritarismo premoderno, insolidario, banal y autodestructivo. Es posible que estas afirmaciones parezcan exageradas y quizás producidas por el impacto del momento que estamos viviendo, pero intentaré mostrar al lector que solo estoy describiendo un estado de cosas tan real como los efectos del propio virus. Por ejemplo, el excelente libro de Andersen (2017) muestra y documenta que una cantidad enorme de la sociedad estadounidense, compuesta por casi trescientos millones de uno de los países más ricos del planeta, sostiene teorías creacionistas sobre el origen del mundo, y profundamente negacionistas de muchas conclusiones científicas, así como otras muchas que resultan absurdas, peregrinas o simplemente de una estolidez abrumadora, pero que están firmemente arraigadas en la mente de millones de personas. Este estado de cosas, obviamente de carácter social -y que tiene una relación muy estrecha con las teorías y desarrollos de este libro- es realmente alarmante porque interactúa con el fenómeno natural que es la expansión de virus y hace que la pandemia avance en vez de reducirse. A la par que prepara condiciones muy adversas para futuras situaciones similares. Es decir, ni la pandemia del COVID tiene un origen exclusivamente natural –ya que se ha producido como una de las consecuencias negativas de la inadecuada gestión de los recursos sobre el medio ambiente– ni es una pandemia comparable a otras que han sucedido en la historia. Bien podría ser que esta pandemia supusiera un punto de no retorno, o al menos de no retorno fácilmente accesible, a la manera en que hemos conceptualizado hasta ahora la interacción entre los fenómenos de la naturaleza y los fenómenos sociales (Chakrabarty, 2009), que se han visto tradicionalmente como ámbitos separados, no ya en sus consecuencias pero sí en sus causas.

Así, este libro realiza un aporte complejo, original y reflexivo sobre la posibilidad que tenemos las personas y sociedades humanas para entender el mundo social, incluyendo e incluso haciendo hincapié en su proceso ontogenético, que no se concibe sino en continua interacción con el sociogenético. Creo que esta obra es sumamente oportuna en estos momentos porque abunda en una cuestión que parece sencilla pero en realidad no lo es. Es decir, que las cuestiones y problemas sociales –la pobreza, la desigualdad o el impacto social de la misma pandemia, pongamos por caso– son difíciles de solucionar por obstáculos políticos pero en realidad resultan fáciles de comprender. A diferencia de los fenómenos naturales –la gravedad, el funcionamiento de los satélites o los virus respiratorios como el COVID– que supuestamente resultarían muy difíciles de entender. Los diferentes capítulos de este libro desmienten esta posición y muestran cómo muchas de las cuestiones sociales que nos rodean poseen causas y efectos de gran complejidad, así como importantes obstáculos para su comprensión, tanto en la escuela como en la ciudadanía en general. Uno de ellos son sin duda las *representaciones sociales* (RRSS), enraizadas en las consiguientes prácticas que las sostienen y les dan sentido cotidiano, aparentemente veraz. En este sentido, esta obra contribuye a un análisis muy detallado de cuáles son esos obstáculos y cómo opera el funcionamiento de las ideas del estudiante y del ciudadano en general sobre el mundo social. En este mismo sentido, el análisis de la influencia de la idea de *marco epistémico,* en el seno de la epistemología genética piagetiana, resulta también muy útil para estos propósitos.

Creo que esta compilación posee unos destacables méritos. Por un lado, la amplitud y relevancia de los fenómenos sociales abordados que van desde las ideas morales, las representaciones sobre la actividad política, cuestiones legales como el derecho a la privacidad, ideas sobre el papel de la presidencia de la nación o la función de la policía e incluso el uso de las representaciones cartográficas y su empleo en la construcción simbólica y política de las naciones. En todos ellos, los autores de este equipo de investigación hacen gala de una profunda y útil reflexión acerca de cómo nociones sociales, y sus teorías asociadas, son a menudo inadecuadamente comprendidas por las personas y las sociedades, allanando el camino tanto para conocer las causas de esta dificultad, sobre todo desde el punto de vista teórico, como para eventualmente contribuir a desarrollos aplicados que puedan establecer mejores formas de enseñanza. La obra no aborda cuestiones aplicadas ya que su naturaleza pertenece a la investigación básica, pero me parece importante señalar su más que posible utilidad para el ámbito didáctico. En primer lugar porque una de sus conclusiones más relevantes es justamente la idea central de que las representaciones sobre los fenómenos sociales, incluyendo la manera en que posteriormente se convierten en acciones, proceden de nuestras prácticas sociales. Y eso implica, en mi opinión, que la educación en general, y particularmente la enseñanza del mundo social y político en su conjunto, debería abandonar su tradicional verbalismo y elitismo conceptual, para acercar a los alumnos a una actividad reflexiva compleja, pero práctica y cotidiana a la vez, sobre los problemas sociales concretos. Como hemos señalado en otro lugar, al igual que no se puede concebir la enseñanza de la ciencia sin hacer actividades científicas reales, en el laboratorio o fuera del mismo, de la misma manera no creo que tenga sentido tratar de enseñar ciencias sociales sin acercarse a los ámbitos reales donde la sociedad asoma sus conflictos. Es decir, los pensamientos de las personas a través de encuestas o entrevistas, el análisis comparativo de medios de comunicación, la gestión democrática de los centros educativos, el desenmascaramiento de las falsedades políticas de diferente signo, el favorecimiento del diálogo a través del respeto de la opinión del otro, la crítica a los procesos de silenciamiento histórico, el señalamiento de los conflictos ocultos en nuestras sociedades y otras muchas posibles actividades que podrían hacer de la enseñanza de las ciencias sociales una actividad atractiva y verdaderamente enriquecedora para las y los estudiantes y la ciudadanía en general.

Finalmente, quiero agradecer a los editores la invitación para escribir este prólogo ya que se trata de una obra que representa la continuidad de la tradición investigadora de un equipo liderado señeramente por J.A. Castorina desde hace décadas, con el apoyo más reciente de A. Barreiro, que sin duda ha venido siendo clave en América Latina, y en lengua castellana en general, que entronca con la obra de pensadores como E. Ferreiro y R. García que ha sido decisiva en la aportación de la teoría constructivista. Como es sabido, la obra de estos dos últimos autores ha tenido y tiene un pleno reconocimiento en el mundo por su gran originalidad y relevancia de sus planteamientos, en pos no solo de la búsqueda de soluciones teóricas en el estudio de la construcción del conocimiento sino también de nuevas preguntas y contextos concretos de investigación.

Por todo ello, creo que una obra como esta da cuenta del vigor de los planteamientos constructivistas, que está lejos de la conformidad que proporciona una supuestas soluciones definitivas a las preguntas sobre el estudio de la génesis del conocimiento, sino que indaga, critica y renueva la reflexión teórica sobre el mismo, tratando de abrir nuevas vías teóricas, metodológicas y empíricas, a través de la interdisciplina y la relación significativa con posiciones cercanas.

Referencias bibliográficas

Andersen, K. (2017). *The fantasy land. How America went haywire. A 500-year history.* Random House.

Chakrabarty, D. (2009). The climate of history: Four theses. *Critical inquiry, 35*(2), 197-222.

Klein, N. (2020). On fire: the (burning) case for a green new deal. Simon & Schuster. Trad. cast. *En llamas. Un (enardecido) argumento a favor del GREEN NEW DEAL.* Paidós, 2021.

Introducción

José Antonio Castorina y Alicia Barreiro

El presente libro ofrece trabajos de autores y autoras de un mismo equipo de investigación dedicado, de manera sostenida desde hace más de dos décadas, a la indagación de la construcción del conocimiento social desde una perspectiva constructivista heredera del pensamiento piagetiano, complementando investigaciones empíricas, elaboraciones teóricas y análisis metateóricos (Castorina, 2005a, 2007a, 2010; Castorina y Barreiro, 2014; Castorina y Lenzi, 2001)[1]. A lo largo de estos años de trabajo, el dialogo con distintos colegas (ya sea en persona o a partir de la lectura de sus publicaciones) y los conocimientos que hemos producido nos permitieron revisar el programa piagetiano, aunque manteniendo aspectos cruciales de su núcleo: la perspectiva epistemológica para el abordaje de la construcción del sujeto y el objeto de conocimiento (referida tanto a la construcción infantil del conocimiento sobre el mundo social, como a la construcción de conocimiento por parte de los grupos sociales y de la ciencia); y la adopción de un marco epistémico relacional o dialéctico en la delimitación de las unidades de análisis, en la metodología para abordarlas y en la elaboración de una teoría explicativa de la formación de nuevos conocimientos.

Respecto de la perspectiva epistemológica constructivista (de difícil caracterización dada la diversidad de corrientes que históricamente

---

1 La mayor parte de los trabajos reunidos en este libro fueron producidos en el marco de los proyectos UBACYT 2018-2021 20020170100222BA: *"Restricciones a los procesos de construcción conceptual en el dominio de conocimiento social: posibilidades y obstáculos para el programa de investigación constructivista"* y UBACYT 2014-2017 20020130100256BA: *"Investigaciones empíricas sobre el conocimiento de dominio social y sus implicancia teórico-metodológicas"*, dirigidos por José Antonio Castorina. y co-dirigidos por Alicia Barreiro. Sin embargo, tales proyectos constituyen el tramo más reciente de una serie de proyectos de investigación que se remontan hasta el año 2001.

se reclaman como tales) la corriente piagetiana, que ha presidido las investigaciones de este equipo, se centra en la relación constitutiva entre el sujeto y el objeto de conocimiento, entendidos como dos polos indisociables de las actividades que se realizan sobre el mundo. En el desarrollo de los conocimientos, las organizaciones producidas en las interacciones entre ellos no están contenidas en las organizaciones anteriores; es decir, son novedosas. Así, las tesis constructivistas se han elaborado en un intento de superar las dicotomías clásicas en el estudio de los conocimientos: sujeto-objeto; individuo-sociedad; teoría y observable; *a priori* y *a posteriori*, hechos y valores, etc. En otras palabras, tales tesis constituyen el lado epistemológico (como contracara del ontológico) de una concepción del mundo dialéctica o relacional, en oposición a una concepción basada en el marco epistémico de la escisión, que ha orientado buena parte de los estudios clásicos del desarrollo de los conocimientos sociales (Castorina, 2007b). El análisis de las interrelaciones, conflictos y articulaciones de los componentes que intervienen en los procesos de construcción del conocimiento para superar tales dicotomías, o la búsqueda de un trasfondo meta-teórico, han orientado explícitamente las investigaciones de este equipo. Dicho de otro modo, el planteo mismo de los problemas de investigación (cada vez más centrados en cómo se vinculan individuo y cultura en el desarrollo de los conocimientos sociales), la elección de las unidades de análisis (las interdependencias dinámicas entre las prácticas sociales y la construcción individual de conocimiento) o los métodos de indagación (e. g. entrevistas clínicas, etnografía). Justamente, la intervención de un marco dialéctico hace compatibles –en su diversidad– a la teoría de las representaciones sociales y la psicología genética, ambas reconsideradas y revisadas, o a esta última y a la antropología social. Por eso, por ejemplo, al investigar la construcción de ideas de los adolescentes sobre su derecho a la intimidad es pertinente el estudio de las prácticas institucionales; o estudiar cómo la ontogénesis de las representaciones sociales de la justicia es posibilitada por aquello que los grupos sociales constituyen como "realidad", o indagar cómo las prácticas de los niños, niñas y adolescentes intervienen en el modo en el que piensan la política, a partir de sus experiencias con ella.

Es importante aclarar que poner en primer plano las condiciones contextuales de construcción del conocimiento y la apropiación de representaciones sociales no implica dejar de lado los procesos constructivos que tienen lugar a nivel individual, es decir, no supone abandonar el carácter activo del sujeto en dicho proceso, otra de las tesis centrales de la teoría piagetiana. En trabajos previos de este equipo (Barreiro y Castorina, 2018; Horn, 2019) se analizó cómo la génesis de las ideas sobre la justicia, el derecho a la intimidad, el género o el presidente, requiere la reconstrucción por parte de los individuos de estructuras de significados colectivos que se expresan en la prácticas y contextos sociales de los que estos participan. A los fines de esclarecer ese proceso, recurrimos a la propuesta de Jean Piaget (1980/1996, 1975/1990) sobre las inferencias dialécticas –inferencias que no reiteran las premisas en la conclusión– y dan lugar a la construcción de nuevos significados. Tales inferencias corresponden al mecanismo de equilibración (Piaget, 1975/1990) que explica las transformaciones de los conocimientos por la actividad cognoscitiva de los individuos con los objetos de conocimiento. Específicamente, planteamos que las inferencias dialécticas resultan instrumentos cognitivos que podrían explicar las transformaciones de los conocimientos colectivos durante su apropiación por parte de los individuos y, serían una herramienta teórica fructífera para que los investigadores puedan avanzar en el esclarecimiento del proceso ontegénetico de los conocimientos sobre el mundo social.

Por otra parte, como ya hemos planteado en producciones anteriores de este equipo (e. g. Castorina, 2005, 2010; Castorina y Barreiro, 2014), el modo en el que delimitamos e indagamos las condiciones culturales de la construcción individual de los conocimientos sociales, nos ha llevado a un procesos de apertura del programa de investigación de la psicología genética a la filosofía, la psicología social y la antropología social, que posibilitó el desarrollo de investigaciones conjuntas. Tal apertura supone la explicitación de los marcos epistémicos comunes junto con la articulación de sus perspectivas conceptuales y procedimientos metodológicos, asumiendo críticamente las contribuciones mutuas para, a su vez, consolidar el propio programa de investigación constructivista. Así, el trabajo colaborativo con otras disciplinas nos ha llevado a transformar el propio proceso de investigación, considerado como una totalidad dinámica en la que interactúan tanto el marco epistémico y las teorías que se van elaborando, junto con los métodos y los fenómenos construidos, articulados por la creatividad de los investigadores. Un auténtico ciclo metodológico, al decir de Valsiner (2012). En contra de las posiciones positivistas que atribuyen a los métodos por sí solos el logro del conocimiento, en nuestro programa de investigación se pone de manifiesto la concepción de una interacción entre la construcción teórica, la invención creativa de los individuos y la verificación empírica. Cualquiera de ellos puede cambiar, por virtud de sus conexiones, no sólo las teorías al ser falsadas por los hechos o por controversias con otras, o los métodos ante los requerimientos de los nuevos problemas, sino también los marcos epistémicos. En nuestro caso el marco epistémico dialéctico se "dialectizó", valga la expresión, ya que se diversificaron y complejizaron las relaciones básicas, por ejemplo, al pasar progresivamente del estudio de la interacción dual entre sujeto y objeto a relaciones ternarias entre sujeto-objeto-otro.

De esta manera, para producir las elaboraciones teóricas y los estudios empíricos que se presentan en este libro, ha sido crucial la reflexión meta-teórica o epistemológica sobre la caracterización de las teorías, la elección metodológica, y la explicitación de un marco epistémico dialéctico que puede justificar el diálogo *in vivo* entre diferentes disciplinas. Más aún, la originalidad de los trabajos reunidos en esta obra reside, en gran medida, en el intento de articular las reflexiones meta-teóricas con los otros niveles de investigación: la realización de estudios empíricos y la elaboración de teoría sobre el proceso de construcción colectiva y de apropiación individual del conocimiento social. En la mayor parte de los capítulos de este libro puede encontrarse un testimonio de tal esfuerzo al plantear, o sugerir, una revisión de las unidades de análisis: ya sea en términos de la incorporación del contexto a las indagaciones cruzadas entre psicología del desarrollo y antropología, o en la investigación sobre el derecho a la intimidad en adolescentes; ya sea en una aproximación a una unidad ternaria y dinámica –específica para cada investigación– compuesta por un sujeto social, objeto de conocimiento y *alter* (individuas, grupos, o prácticas normativas con adolescentes en escuelas). Así, a lo largo del despliegue de nuestro programa de investigación fuimos abandonando progresivamente al sujeto epistémico propio de la tradición piagetiana clásica en pos de un sujeto psicosocial, constituido por su participación en prácticas sociales donde las relaciones entre el sujeto y el otro, expresadas en creencias y prácticas colectivas, juegan un rol constructivo. Esta ha sido quizás la más significativa revisión del programa clásico de investigación constructivista de los conocimientos sociales, una revisión de una de sus tesis nucleares, que a su vez ha posibilitado la investigación colaborativa con otras disciplinas. Cabe mencionar que esta apertura fue posible debido a la multidisciplinariedad de los integrantes de este equipo de investigación, que provienen de distintos campos de las ciencias sociales: psicólogos y psicólogas del desarrollo, sociólogos y sociólogas, filósofos, antropólogas, psicólogas sociales y licenciadas en ciencias de la educación.

Además, gracias al diálogo entre diferentes enfoques disciplinares pudimos avanzar en la delimitación y comprensión del "carácter social" del conocimiento, una tesis que para nosotros está lejos de ser obvia –como parece serlo para muchos investigadores e investigadoras– sino que es un problema que reclama discusión conceptual y producción de conocimientos empíricos para ser interpretado cabalmente. En este sentido, pensamos que nuestro trabajo ha contribuido a explicitar y delimitar, tanto conceptual como epistemológica y metodológicamente, la especificidad de los procesos de construcción del conocimiento social en un sentido amplio, que a nuestro criterio abarca diferentes dimensiones que se fueron desplegando; es decir, volviéndose visibles y necesarias para nosotros, en la medida en que fuimos avanzando en el trabajo investigativo.

Una dimensión de los procesos de construcción del conocimiento social, vislumbrada y abordada por este equipo desde sus inicios (Castorina y Lenzi, 2001) se ha ocupado del estudio del modo en el que los niños piensan los objetos constitutivos del mundo social, esto es, aquello que en la psicología del desarrollo contemporánea se denomina como "dominio social" de conocimiento (Turiel, 1984, 2008; Smetana y Villalobos, 2009). Desde esta perspectiva, se asume que el contexto social y cultural ejerce influencia sobre el contenido del conocimiento, pero no afecta a la forma del proceso cognitivo; es decir, a la trayectoria de complejización de los juicios y argumentos elaborados por los individuos (Castorina, 2005b, 2014). Específicamente, la perspectiva que sostenemos postula el dominio de conocimiento social como el campo de fenómenos y relaciones sobre los cuales los individuos formulan ideas, constituido durante sus experiencias sociales (Castorina y Faigenbaum, 2003; Castorina et al., 2010). Así, el dominio social no refiere a una aplicación particular de sistemas de pensamiento individuales generales, como en la tradición piagetiana clásica. Por lo tanto, es posible identificar recorridos constructivos propios a cada campo de experiencia específica con la sociedad. En esta línea, en obras anteriores (Castorina, 2005b) hemos delimitado una versión "crítica" de la psicología genética que modifica ciertos aspectos de la tradición original en base a los avances en la investigación de las nociones sociales en los niños y niñas, así como también en la búsqueda de relaciones con otras disciplinas. Básicamente, hemos llevado adelante un programa de investigación sobre una diversidad de objetos de conocimiento, aunque compartiendo una misma perspectiva epistemológica respecto a la especificidad del conocimiento social: una tesis constructivista renovada, que permite indagar la experiencia moral, política o jurídica. Con respecto a este punto, un resultado de la colaboración con otras disciplinas ha sido haber considerado a las prácticas sociales como indisociables de su significación para el grupo de pertenencia de los individuos. Asimismo, el carácter constitutivo de tales prácticas en la elaboración de nociones por parte de los individuos es simultáneo y, a su vez, posibilitante de la apropiación de creencias colectivas, como también de su construcción y sostenimiento a lo largo del tiempo. Como ya hemos planteado en trabajos previos, la perspectiva revisada del programa constructivista en la que se enmarcan estos estudios afirma que los objetos del mundo social se constituyen en las prácticas de los individuos, por lo tanto, sin ellas no existiría pensamiento social y, a su vez, tales prácticas le ponen límites a lo pensable acerca de los fenómenos sociales (Castorina, 2005b, 2014). Se plantea así una "tensión" entre el polo de la actividad constructiva y el de las condiciones culturales que la restringen, dado que ambas no pueden ser concebidas de manera independiente. En este sentido, en los capítulos del presente libro veremos, por ejemplo, cómo la participación de los niños, niñas y adolescentes en prácticas sociales propias de los contextos escolares o de colectivos políticos restringe de un modo particular la conceptualización de su propio derecho a la intimidad y de la política.

La segunda dimensión constitutiva del "carácter social" del conocimiento es aquella referida al modo en el que "lo social" (e. g. creencias, valores, relaciones de poder) interviene en la construcción del propio conocimiento científico. Es importante mencionar que las condiciones sociales intervienen en las investigaciones de nuestro equipo, como de cualquier otro, y se refieren a las concepciones del mundo (nuestro marco epistémico, ontológico y epistemológico) que condicionan el desarrollo de la investigación científica (García, 2001). En la medida en que se asocian a su trasfondo sociocultural, las investigaciones deben incluir valores no epistémicos, referidos a aspectos normativos morales y políticos, porque son la expresión de las relaciones y disputas sociales en las que se sitúa la práctica investigativa. En tal sentido, y a los fines de la conquista de una objetividad relativa e histórica de los resultados de las investigaciones, se abre como problema examinar las modalidades de intervención de las presuposiciones ontológicas y epistemológicas, junto con los valores que son componentes genuinos de un marco epistémico, en el "ciclo metodológico" (Valsiner, 2012). Es necesario establecer las condiciones de posibilidad de la práctica de investigación y la crítica de valores que la obstaculizan, como la negación del significado político de las investigaciones, la "neutralidad valorativa", o la actitud de control sobre los comportamientos de los sujetos. Por último, queda como programa futuro estudiar los actos institucionales, cuasi-administrativos y políticos o los derivados de las posiciones de los investigadores en el campo académico, que en conjunto imponen una regulación social constitutiva de ciertas maneras de "hacer buena ciencia", una norma institucional en determinadas condiciones históricas.

La tercera dimensión, que pensamos que comienza a desplegarse para nosotros en algunos de los trabajos reunidos en este libro, y que nos permite avanzar en el esclarecimiento de las relaciones constitutivas entre los procesos cognitivos individuales y la cultura, es una dimensión sociogenética, dedicada al estudio de los procesos de construcción de conocimiento por parte de un grupo social en el marco de tensiones históricas y políticas. En otras palabras, mientras en la primera dimensión hacíamos referencia a las restricciones que la cultura y las prácticas sociales imponen al pensamiento o a la construcción conceptual de conocimientos sociales, aquí nos centramos en la construcción social de tales restricciones. Por ejemplo, la sociogénesis de las prácticas escolares que intervienen sobre la conceptualización del derecho a la intimidad o cómo las representaciones sociales que se plasman en las representaciones cartográficas resultan de disputas políticas; o la formación histórica de las creencias éticas que han condicionado las ideas sobre justicia en nuestra sociedad. En esta perspectiva, distintos capítulos de este libro abordan cómo las tensiones entre los diferentes grupos sociales pueden moldear la constitución de los objetos de conocimiento –incluso negar su posible existencia, como ilustraremos en dos capítulos de este libro con respecto a la intervención de los conflictos sociales en el modo en que los individuos piensan la justicia o en el modo en el que se construyen herramientas cognitivas como los mapas, que a su vez condicionan la representación de los pueblos indígenas y del territorio nacional. Pensamos que, si bien esta dimensión excede a los niveles de análisis considerados por la teoría piagetiana tradicional, resulta indispensable para comprender la potencialidad de la acción del objeto sobre el sujeto en los procesos de construcción del conocimiento, algo que en trabajos anteriores denominamos como "la venganza del objeto", inspirados en Habermas (2015). Insistimos en que desde hace algunos años, este equipo ha apelado a la categoría de "restricción" (Castorina y Faigenbaum, 2003; Castorina et al., 2010) para dar cuenta del modo en el que las prácticas y las creencias colectivas posibilitan, y a su vez limitan, los procesos individuales de construcción del conocimiento. No obstante, debido a la mencionada apertura de la psicología genética a otras disciplinas compatibles con el constructivismo, en este libro incluimos el estudio de los procesos por los que se construyen socialmente tales restricciones y el modo en el que las particularidades de sus procesos de construcción pueden intervenir en el desarrollo cognitivo, ya sea legitimando ciertas relaciones sociales (como la dominación de los pueblos indígenas) o cierta distribución de la riqueza (al constituir como "real" una representación retributiva y punitiva de la justicia por sobre una representación distributiva).

Organización del libro

La mayor parte de las reflexiones y consideraciones desarrollados en esta introducción se derivan de los capítulos que componen la presente obra. En una primera parte, se abordan los aspectos meta-teóricos, relativos a la elucidación del marco epistémico de las indagaciones, así como también a las relaciones entre las disciplinas involucradas en ellas, y al marco epistémico que comparten. Así, en el primer capítulo, Becerra y Castorina, precisan el concepto de marco epistémico, originado en el constructivismo epistemológico piagetiano, especialmente a partir de los trabajos de Piaget y García. Para ello, en primer lugar, comparan la noción de marco epistémico con la de paradigma propuesta por Kuhn al elaborar su filosofía de la ciencia, dado que ambas convergen en el abordaje del problema de la relación entre el conocimiento científico y su contexto social, aunque presentan importantes diferencias. En segundo lugar, los autores avanzan sobre la reformulación de la epistemología constructivista a partir de la teoría de los sistemas complejos, desarrollada por García, donde el concepto de marco epistémico adquiere su formulación más clara, pero también más amplia, ya que se pueden rastrear distintos usos más allá de la ciencia tales como el análisis psicogenético, la reflexión metateórica, o las investigaciones interdisciplinarias orientadas al tratamiento de problemáticas complejas. Así plantean que tal ambivalencia del término responde a la centralidad que adquiere el problema de la relación conocimiento-sociedad en el programa constructivista. Finalmente, señalan los desafíos que se abrieron en los últimos años para el programa constructivista que merecen una futura exploración.

En el segundo capítulo, Baquero Cano sitúa a la arqueología foucaulteana como una posible herramienta de análisis meta-teórico para la investigación en la construcción de conocimientos, centrada en la reflexión sobre sus condiciones históricas de posibilidad. Trabaja la diferencia propia de la arqueología entre *ciencia* y *saber* para ubicar cómo la contingencia histórica que ha dado lugar a que un conocimiento sea posible no implica su contingencia en tanto conocimiento científico. Luego, siguiendo a Piaget y García, reconstruye algunos puntos esenciales de la relación entre las disciplinas científicas y los contextos sociales que las hacen posibles. A partir de la noción de marco epistémico, ubica el modo en que ambos autores conciben la revisión de los supuestos implícitos, dados por el contexto de los investigadores. Por último, a partir de estas dos maneras de pensar la relación entre la ciencia y su contexto social e histórico, puntualiza algunos aportes de la *crítica del presente* foucaulteana en torno al siguiente interrogante: ¿cómo pensar una reflexión crítica sobre las propias condiciones históricas de posibilidad para conocer cuando, al mismo tiempo, la reflexión misma está restringida y parte de las condiciones que busca revisar?

En el tercer capítulo, García Palacios, Shabel, Horn y Castorina analizan los diversos usos y significados de la noción de "contexto" en los estudios sobre la construcción de conocimiento de los niños y niñas, articulando los aportes de la psicología genética con los provenientes de la antropología social, con la finalidad de avanzar en la comprensión de las relaciones entre los procesos individuales de construcción del conocimiento y el contexto en el que tienen lugar. Señalan que, a pesar de que se menciona al "contexto" en los estudios de ambas disciplinas, aún no se ha alcanzado una definición unívoca del mismo. Asimismo, señalan los problemas meta-teóricos, teóricos y metodológicos que resultan del análisis de dicho concepto en ambas disciplinas. Finalmente, a partir del análisis de estudios empíricos realizados por este equipo de investigación, los autores y autoras reflexionan sobre en qué medida los métodos de investigación de la psicología genética y la antropología social pueden incorporar al contexto en los estudios empíricos sobre construcción del conocimiento.

En el cuarto capítulo, Castorina y Barreiro analizan las contribuciones de la teoría de las representaciones sociales a los estudios sobre el desarrollo moral. Al inicio, proponen cuatro niveles de análisis posibles para abordar las relaciones mutuas entre la filosofía y las investigaciones psicológicas: las filosofías académicas que han influido en los psicólogos del desarrollo al formular las teorías psicológicas, las filosofías morales que se basan en ideas provenientes de resultados de investigaciones psicológicas, los marcos epistémicos que subyacen a las psicologías morales, y finalmente, las concepciones del mundo de los sectores hegemónicos de la sociedad que se transforman en las filosofías de los hombres y mujeres comunes. A continuación, examinan específicamente las contribuciones del diálogo interdisciplinario con la teoría de las representaciones sociales en el estudio del desarrollo moral, atendiendo a su relación con los cuatro niveles de análisis antes considerados. Luego, examinan cómo las investigaciones empíricas que recurrieron de manera complementaria a la teoría de las representaciones sociales y a la psicología genética y que, además, hacen explícitas sus presuposiciones filosóficas, dan lugar a una reconsideración de la noción de "desarrollo moral" tradicional en la psicología constructivista.

Siguiendo con la articulación entre la teoría de las representaciones sociales y la psicología del desarrollo, en el quinto capítulo, Barreiro y Castorina, señalan la importancia de considerar los procesos sociales de construcción colectiva de la "nada", como una dimensión constitutiva de la construcción de conocimientos sociales. En primer lugar, desarrollan distintas posiciones filosóficas, psicológicas y psicoanalíticas con respecto a la "nada" y a su importancia para los individuos en los procesos de construcción de conocimiento. Luego, se detienen en la relevancia de este concepto para abordar la intervención de los conflictos de poder en el proceso sociogenético de construcción de las representaciones sociales. De esta manera, a partir del análisis de distintos estudios realizados por este equipo, concluyen que los grupos sociales niegan aquello que resulta amenazante porque, de hacerse visible amenazaría el *status quo*. Tal negación de ciertos significados es necesaria para la construcción de las estructuras de significados constitutivas de las representaciones sociales y puede adquirir tres modalidades: la visibilización de un significado específico y la negación de otros posibles (como el caso de representación hegemónica de la justicia retributiva, que oculta a significados relativos a la distribución de bienes y recursos), la negación de un rasgo o parte del objeto representado (como el caso del desconocimiento de la responsabilidad del Estado argentino en la representación de la llamada "Conquista del desierto"), o la invisibilización de un objeto del que no se tiene una representación (por ejemplo la negación de la existencia de pueblos indígenas en la Argentina).

Retomando estas ideas, en el sexto capítulo, Parellada, Castorina y Barreiro abordan el modo en el que las tensiones de poder en una sociedad dan lugar a ciertas representaciones cartográficas en las que se visibilizan o niegan cuestiones particulares con respecto al territorio nacional, lo cual impacta en el modo en el que este es pensado por los individuos. Proponen un diálogo entre los silencios cartográficos presentes en el proceso de producción de mapas y las distintas modalidades que puede adquirir la presencia de la "nada" en la construcción de las representaciones sociales. Para ello, en primer lugar, desarrollan las ideas de Harley sobre los discursos político y social como constructores de silencios en las representaciones cartográficas. En segundo lugar, desde una concepción relacional de la construcción social de "la nada", consideran que tales silencios no sólo son parte del proceso de producción de las imágenes cartográficas, sino también del proceso de figuración y expresión de las representaciones sociales sobre el territorio plasmado en ellas. En tercer lugar, con base en estudios previos de este equipo, muestran cómo en el momento de construcción del territorio nacional argentino las elites gobernantes contribuyeron, mediante la producción en el mapa oficial de diversos vacíos, a legitimar el desarrollo de la "Conquista del desierto" y a promover en la población la idea de que la Patagonia era un territorio "vacío". Asimismo, abordan el modo en el que tales representaciones y silencios cartográficos continúan vigentes en la actualidad.

En la segunda parte de este libro, se presentan un conjunto de trabajos empíricos que dan cuenta del abordaje de la construcción del conocimiento social desde las diferentes perspectivas disciplinares que conforman las producciones de este equipo de investigación. Así, en el séptimo capítulo, Bruno y Barreiro estudian las representaciones sociales de adolescentes sobre la política. Las autoras retoman investigaciones nacionales e internacionales, realizadas en las últimas décadas, que señalan que los y las adolescentes valoran negativamente a la política, ya que la relacionan con las formas convencionales de participación. Además, se comprometen con modalidades de participación política no convencionales, aunque ellos mismos no las consideran como prácticas políticas. En este marco, las autoras llevaron a cabo un estudio con la finalidad de describir las representaciones sociales de la política a través de las narrativas construidas por adolescentes de la Ciudad de Buenos

Aires sobre sus experiencias con ella. Los resultados obtenidos señalan la coexistencia de dos representaciones de la política: convencional y no convencional. La representación en la que la política se entiende principalmente como formas convencionales de participación (e.g. voto o militancia en un partido político) sería hegemónica, aunque se identificó una representación polémica que referiría a tipos no convencionales de participación (e. g. involucramiento en asociaciones barriales). Además, en muchos de los sujetos, ambas representaciones coexisten en un estado de polifasia cognitiva que expresa una relación de prevalencia selectiva entre ellas, dependiendo del contexto discursivo en que sean convocadas durante la entrevista.

En el octavo capítulo, desde una perspectiva antropológica, Shabel estudia las construcciones de conocimiento acerca de la política de un grupo de niños y niñas de entre 8 y 15 años que vive en una casa tomada por una organización social en la Ciudad de Buenos Aires. La autora señala que con la llegada del neoliberalismo a la Argentina miles de familias recurrieron a la ocupación de inmuebles como estrategia de lucha y supervivencia, especialmente en las grandes urbes. Desde entonces, las casas tomadas son espacios cotidianos donde los niños y niñas nacen, crecen y configuran sentidos sobre el mundo poniendo en diálogo sus propias experiencias de ocupación con aquello que dicen y hacen las personas adultas (y lo que no), los aprendizajes escolares, los discursos mediáticos, etc. Específicamente, realizó un estudio etnográfico que permitió registrar las prácticas sociales donde los sujetos significan su realidad circundante y adquieren relevancia y sentido las categorías de gobierno, presidente y policía. Este abordaje se combina en la investigación con el método clínico propio de la psicología genética que, mediante entrevistas individuales, habilita un entendimiento más profundo sobre los razonamientos que utilizan los niños y niñas en el proceso de construcción del conocimiento.

Finalmente, en el noveno capítulo, Helman, Horn y Castorina presentan los resultados de un estudio sobre las ideas de los y las adolescentes sobre su derecho a la intimidad en la escuela, desde una perspectiva constructivista revisada. Sostienen que toda construcción de conocimientos social se produce mientras los sujetos participan de prácticas sociales específicas que ponen condiciones a su elaboración cognoscitiva. Por este motivo, en primer lugar, realizan un análisis pormenorizado de las características de la escuela media y las formas de participación más frecuentes de los adolescentes en ella, a partir de una selección de bibliografía disponible. Luego, describen las ideas sobre su derecho a la intimidad de los y las adolescentes que participaron en su estudio, indagadas mediante el método clínico piagetiano y las comparan con las identificadas en trabajos previos sobre el mismo objeto en niños y niñas. De esta manera, señalan que en los y las adolescentes se encuentran rasgos que sugieren una continuidad respecto de los estudios realizados con sujetos de escuelas primarias; en particular, el carácter condicionado del derecho. Al mismo tiempo, algunas características de las ideas de los y las jóvenes indicarían diferencias significativas en el modo de concebir la problemática. En particular, la forma en que argumentan sobre el derecho a la intimidad en la escuela, reconociendo y demandando su respeto, y considerando más elementos y actores institucionales a la hora de pensar en situaciones donde la intimidad está involucrada.

Esperamos que este libro constituya un aporte a la comprensión de los procesos de construcción del conocimiento social mediante la apertura de temas y problemas de investigación; mediante la propuesta de una modalidad de investigación colaborativa entre diversas disciplinas para su estudio y por su potencial interés para los diferentes actores sociales que los estudian y que intervienen en ellos.

Referencias bibliográficas

Barreiro, A. y Castorina, J. A. (2018). Procesos constructivos en la apropiación de las representaciones sociales. En A. Barreiro (Ed.), *Representaciones sociales, prejuicio y relaciones con los otros. La construcción del conocimiento social y moral* (pp. 55-72). Buenos Aires: s/d.

Castorina, J. A. (2005a). *Construcción conceptual y representaciones sociales. El conocimiento de la sociedad.* Buenos Aires: Miño y Dávila.

Castorina, J. A. (2005b). La investigación psicológica de los conocimientos sociales. Los desafíos a la tradición constructivista. En J. A. Castorina (Coord.), *Construcción conceptual y representaciones sociales.* Buenos Aires: Miño y Dávila.

Castorina, J. A. (2007a). *Cultura y conocimientos sociales. Desafíos a la psicología del desarrollo.* Buenos Aires: Aique.

Castorina, J. A. (2007b). El impacto de la filosofía de la escisión en la psicología del desarrollo. En J. A. Castorina, *Cultura y conocimientos sociales. Desafíos a la psicología del desarrollo* (pp. 21-44). Buenos Aires: Aique.

Castorina J. A. (2010). *Desarrollo del conocimiento social. Prácticas, discursos y teoría.* Buenos Aires: Miño y Dávila.

Castorina, J. A. (2014). Introducción. En J. A. Castorina y A. Barreiro (Comps.), *Representaciones sociales y prácticas en la psicogénesis del conocimiento social* (pp.19-35). Buenos Aires: Miño y Dávila.

Castorina, J. A. y Barreiro, A. (2014). *Representaciones sociales y prácticas en la psicogénesis del conocimiento social.* Buenos Aires: Miño y Dávila.

Castorina, J. A., Barreiro, A., Horn, A., Carreño, L., Lombardo, E. & Karabelnicoff, D. (2010). La categoría de restricción en la psicología del desarrollo: revisión de un concepto. En J. A. Castorina (Comp.), *Desarrollo del conocimiento social. Prácticas, discursos y teoría* (pp. 237-255). Buenos Aires: Miño y Dávila.

Castorina, J. A. & Faigenbaum, G. (2003). The epistemological Meaning of Constraints in the Development of Domain Knowledge. *Theory & Psychology, 12* (3), 315-334.

Castorina, J. A y Lenzi, A. (2001). *La formación de los conocimientos sociales en los niños.* Barcelona: Gedisa.

García, R. (2001). *El conocimiento en construcción.* Barcelona: Gedisa.

Habermas, J. (2015). *La Lógica de las Ciencias Sociales.* Madrid: Tecnos.

Horn, A. (2019). *La construcción de ideas infantiles sobre el derecho a la intimidad en la escuela y sus condiciones sociales de producción.* Tesis Doctoral Inédita. Facultad de Filosofía y Letras de la Universidad de Buenos Aires.

Piaget, J. (1975/1990). *La Equilibración de las Estructuras Cognitivas. Un problema central del desarrollo.* Madrid: Siglo XXI.

Piaget, J. (1982/1996). *Las formas elementales de la dialéctica.* Barcelona: Gedisa.

Smetana, J. & Villalobos, M. (2009). Social cognitive development in adolescence. In R. Lerner & L. Steinberg (Eds.), *Handbook of adolescent psychology: Vol. 1. Individual bases of adolescent development* (pp. 187-228). Hoboken, NJ: Wiley.

Turiel, E. (1984). *El Desarrollo del Conocimiento.* Madrid: Debate.

Turiel, E. (2008). The development of Children's orientations toward moral, social and personal orders: More than a Sequence in Development. *Human Development, 51,* 21-39.

Valsiner, J. (2012). La dialéctica en el estudio del desarrollo. En J. A. Castorina & M. Carretero (Eds.), *Desarrollo Cognitivo y Educación. Los orígenes del conocimiento* (pp. 137-164). Buenos Aires: Paidós.

CAPÍTULO I

El concepto de marco epistémico: diversidad de aplicaciones y desafíos

Gastón Becerra y José Antonio Castorina

Introducción

En este trabajo buscamos brindar algunas precisiones, reinterpretaciones y reelaboraciones sobre la noción de "marco epistémico" (en adelante, ME), originada en el constructivismo epistemológico de raíz piagetiana, especialmente a partir de los trabajos de Jean Piaget y Rolando García desde las décadas del '70-80, continuados por el último en las décadas siguientes.

El contexto en el que esta noción adquiere su significado es el de la epistemología genética-constructivista, que Piaget (1970) define como el estudio del paso de los estados de menor conocimiento hacia un conocimiento más riguroso. Este enfoque comprende tanto cuestiones de validez de los conocimientos construidos, como cuestiones de génesis y constitución (Kitchener, 1985). Los primeros han sido clásicamente problemas para una epistemología normativa, que ha tenido un amplio tratamiento por parte del positivismo lógico y críticos tales como Karl Popper. Los segundos, corresponden a una indagación –aún programática– en diversos dominios relativos a la actividad cognitiva, tales como la psicología del desarrollo, los procesos biológicos, y la historia de la ciencia. Este programa enfrentó a la epistemología genética-constructivista a filosofías tanto especulativas o aprioristas, como a las positivistas y empiristas.

El núcleo teórico de la epistemología genética-constructivista es la teoría de la equilibración, que supone que todo conocimiento utiliza esquemas que constituyen la significación, y que en el constante intercambio con la realidad (observables) y con otros esquemas (coordinaciones), se generan perturbaciones que, bajo ciertas condiciones, llevan a una reestructuración de dichos esquemas (Piaget, 1998). La estabilidad de la nueva organización del sistema cognitivo se define como un equilibrio de la mutua preservación del todo y las partes, el cual es momentáneo, ya que la equilibración es un proceso continuo e incompleto de reorganización en los sistemas de conocimientos. Es importante notar que, para los autores, la equilibración supone un rebasamiento por el cual una estructura precedente queda integrada en una más amplia (Piaget & García, 1982). Por ello, en retrospectiva, puede ser reconstruido como dirigido y progresivo (Boom, 2009), o en el caso de la marcha del conocimiento científico, veccional y racional (Kitchener, 1987).

Hacia fines de las décadas del '70, se constata que una epistemología constructivista que pretenda mostrar la relación dialéctica y constituyente entre los objetos y los instrumentos cognoscitivos no podría llegar a una síntesis totalizadora centrada sólo en el sujeto, y sin problematizar el objeto de conocimiento (Piaget & García, 1982, p. 227). Este razonamiento los llevará a observar cómo el entorno social presenta un objeto cargado de significaciones al individuo, condicionando su asimilación cognoscitiva.

> Un sujeto enfrenta el mundo de la experiencia con un arsenal de instrumento cognoscitivos que le permiten asimilar, y por consiguiente interpretar, los datos que recibe de los objetos circundantes, pero también asimilar la información que le es transmitida por la sociedad en la cual está inmerso. Esta última información se refiere a objetos y a situaciones ya interpretadas por dicha sociedad. A partir de la adolescencia, cuando se han desarrollado las estructuras lógicas fundamentales que habrán de constituir los instrumentos básicos de su desarrollo cognoscitivo posterior, el sujeto dispone ya (...) de una "concepción del mundo" que condiciona la asimilación ulterior de cualquier experiencia. (Piaget & García, 1982, p. 232).

Así, los instrumentos y mecanismos cognoscitivos generales e invariantes que se habían propuesto en la teoría de la equilibración se ponen en relación con las significaciones sociales e históricamente cambiantes que recubren a los objetos de conocimiento.

> La sociedad modifica los últimos, pero no los primeros. (...) Cómo un sujeto asimila un objeto, depende del sujeto mismo; qué es lo que él asimila, depende, al mismo tiempo, de su propia capacidad y de la sociedad que le provee la componente contextual de la significación del objeto. (Piaget & García, 1982, p. 245).

El concepto que se introduce para tratar esta relación entre asimilación y significación social es el de "marco epistémico".

En este trabajo nos interesa dilucidar y proponer especificaciones acerca de esta noción. Para realizar esta tarea, en la primera parte proponemos una comparación con la noción de paradigma propuesta por Thomas S. Kuhn para su filosofía de la ciencia. Ambas nociones convergen, en términos muy generales, en tratar el problema de la relación entre el conocimiento científico y su contexto social. Sin embargo, cuando Piaget y García mencionan a los paradigmas de Kuhn lo hacen deslizando dos críticas: por un lado, que la noción de paradigma es más estrecha que la del ME; y por otro, que no se corresponde con una epistemología propiamente dicha sino con una sociología del conocimiento. Si bien concluimos que estas críticas son cuestionables, creemos que el contrapunto puede ser útil para aclarar el alcance y la especificidad del concepto de ME en el contexto más amplio de su programa epistemológico (Becerra & Castorina, 2016a).

En la segunda parte de este trabajo avanzamos sobre la reformulación de la epistemología constructivista de Piaget por parte de Rolando García, a partir de la consideración de las relaciones entre dominios tan diversos, como el psicogenético, biológico, sociohistórico, y lógico. Semejante integración requiere de un marco meta-conceptual que García elabora con una perspectiva sistémica y que resulta en un tratamiento del conocimiento como "sistema complejo". En dicha reelaboración, el concepto de ME adquiere su formulación más clara, y a la vez más amplia, ya que desde allí se pueden rastrear sus distintos usos en otros contextos, además del análisis de la historia de la ciencia. En este trabajo revisamos otros 3 de estos niveles: el análisis psicogenético, donde el ME se vincula con las cosmovisiones o concepciones del mundo que condicionan la significación que los individuos otorgan a los fenómenos sociales en la psicogénesis; en la reflexión metateórica, donde se lo entiende como los valores sociales y supuestos ontológicos y epistemológicos que condicionan un programa teórico o disciplinar específico; y en la reflexión científica contemporánea, como fundamento de la investigación interdisciplinaria orientada al tratamiento de problemáticas complejas. Sostendremos que esta diversidad de usos, lejos de ser producto de una ambivalencia del término, responde a la centralidad que adquiere el problema de la relación conocimiento-sociedad a lo largo del programa constructivista.

Finalmente, a modo de cierre, iniciamos una breve discusión acerca de la actualidad de la tesis del ME en el programa constructivista aquí reseñado, señalando algunos desafíos que se abrieron en los últimos años y que merecen su exploración.

El marco epistémico en una caracterización comparada

La noción de ME aparece en la obra *Psicogénesis e historia de la ciencia* (Piaget & García, 1982), cuyo objetivo consistió en explorar si los mecanismos de pasaje de un cierto nivel de desarrollo científico a uno más avanzado –con el foco puesto en la historia de las ciencias físicas y matemáticas– eran análogos a los registrados en las indagaciones psicogenéticas. En este dominio de problemas, el "predominio de la influencia del medio social en el proceso cognoscitivo" se vuelve una temática inevitable, y tiene su tratamiento en un capítulo titulado "Ciencia, Psicogénesis e Ideología", en el que se introduce la noción que nos interesa junto a la hipótesis que afirma que las "revoluciones científicas", como la de la mecánica del siglo XVIII, se deben a una reformulación de los problemas que eran objeto de estudio y de las preguntas que guían la indagación, antes que a un refinamiento técnico o metodológico. El ejemplo más claro que Piaget y García proponen es una comparación entre la ciencia china y la ciencia occidental:

> Hemos visto que Aristóteles –y toda la mecánica desde él hasta Galileo– no sólo no llegó a formular el principio de inercia, sino que rechazó como absurda toda idea de movimiento permanente no ocasionado por la acción constante de una fuerza. Por el contrario, cinco siglos a.C. encontramos la siguiente afirmación de un pensador chino: "la cesación del movimiento se debe a una fuerza opuesta. Si no hay fuerza opuesta, el movimiento nunca se detendrá". Debían pasar más de dos mil años antes que la ciencia occidental llegara a esta concepción. Más sorprendente aún es el hecho de que el enunciado arriba citado no fuera considerado como un descubrimiento, sino como un hecho natural y evidente. (...) La concepción aristotélica del mundo era completamente estática. (...) Para los chinos el mundo estaba en constante devenir. (...) Dos concepciones del mundo (Weltanschauungen) diferentes conducen a explicaciones físicas diferentes. La diferencia entre un sistema explicativo y otro no era metodológica ni de concepción de la ciencia. Era una

diferencia ideológica que se traduce por un marco epistémico diferente. (Piaget & García, 1982, pp. 232-233).

De aquí se infiere que la forma de operar de un ME, en la práctica científica, se vincula con el recorte que se hace de la realidad, de modo que algunos fenómenos se problematizan y se vuelven "objeto de pregunta", mientras que sobre otros operaría una suerte de "obstáculo epistemológico" –en el sentido de Gastón Bachelard–, que los mantiene en el terreno de lo obvio o de lo absurdo, impidiendo su problematización. Esta distinción, de raigambre social e ideológica, luego se presenta como un juicio acerca de la "cientificidad" de un problema y un enfoque.

> La mecánica de Newton tardó más de treinta años en ser aceptada en Francia. No se le objetaba ningún error de cálculo, ni se aducía ningún resultado experimental que contradijera sus afirmaciones. Simplemente no se la aceptaba como "física", por cuanto no daba explicaciones físicas de los fenómenos. Era el concepto mismo de explicación física lo que estaba en tela de juicio. (...) Algunas décadas después, las "explicaciones" a la Newton no sólo eran universalmente aceptadas, sino que pasaron a ser el modelo mismo de la explicación científica. (Piaget & García, 1982, p. 231).

Una formulación más clara será dada años más tarde por García en *El conocimiento en construcción*, al definirlo como "un sistema de pensamiento, rara vez explicitado, que permea las concepciones de la época en una cultura dada y condiciona el tipo de teorizaciones que van surgiendo en diversos campos del conocimiento" (García, 2000, p. 157). Este sistema de pensamiento refiere a una cosmovisión del mundo –una concepción o visión de la naturaleza y de la sociedad–, de carácter muy general, y que forma parte del sustento ideológico de una época particular[1].

Ya en sus primeras menciones, al estar vinculada con las revoluciones científicas, el ME se introduce en tensión con la noción de "para-

---

1 Cabe aclarar que aquí nos referimos a una idea de ideología en un sentido muy amplio, que no se limita a la versión marxista de una legitimación del orden social, sino que remite más bien a los símbolos y significados con los que se aprehende la vida natural y social (para una discusión más amplia de los distintos sentidos de ideología, véase (Eagleton, 1997)). Se debe señalar que hasta esta obra Piaget siempre se mostró partidario de una concepción de la ciencia entendida por oposición a la ideología. En este sentido, cabe asumir que se trata de un cambio significativo en el enfoque de Piaget, originado en la colaboración con García.

digma" propuesta por Thomas S. Kuhn[2,3]. Esta referencia es significativa ya que ubica la discusión del constructivismo con una tradición en la filosofía de la ciencia que, lejos de tener como su unidad de análisis a las teorías entendidas como entidades lingüísticas y formales, pone el foco en las dinámicas epistémicas y sociales en las comunidades científicas que las originan.

Antes de avanzar es necesario precisar el sentido de la noción de paradigma, ya que, como el mismo Kuhn reconoce en su *Postcript* de 1969, en la primera edición de *La estructura de las revoluciones científicas* conviven dos grandes usos: en un sentido amplio, los paradigmas refieren a la constelación de creencias, valores, técnicas, y com-

---

2 Las relaciones entre el constructivismo de Piaget y la filosofía de la ciencia de Kuhn registran varios puntos de contacto. Por caso, en el prefacio a *The structure of scientific revolutions*, Kuhn relata cómo su acercamiento a la historia de la ciencia se dio en simultáneo a la exploración de otros campos en los que encontraba problemas similares, destacando los estudios psicogenéticos de Piaget (Kuhn, 1970, p. viii). Particularmente, ciertos "paralelismos" entre las concepciones de causalidad, espacio y movimiento del pensamiento infantil y las sostenidas por científicos de épocas tempranas, tal como se anota en *The copernican revolution* (Kuhn, 1985, p. 285). Finalmente, en *The essential tension* Kuhn afirma "parte de lo que sé acerca de hacerle preguntas a los científicos muertos lo he aprendido examinando cómo Piaget interroga a los niños" (Kuhn, 1977, p. 22). Estas referencias no se dan sin crítica. En una entrevista incluida en *The road since the structure*, Kuhn afirma que "estos niños desarrollan ideas de la misma forma que lo hacen los científicos, excepto –y esto es algo que yo creo que el mismo Piaget no llegó a comprender suficientemente, y que yo no estoy seguro de haberme dado cuenta antes– que los niños están siendo enseñados, están siendo socializados, y que esto no es conocimiento espontáneo sino aprendizaje de lo que ya se sabe" (Kuhn, 2000, p. 279). Referencias en el mismo sentido se encuentran en su ponencia sobre los experimentos mentales (Kuhn, 1977, pp. 243-247, 251, 264). Por su parte Piaget ha considerado que el problema de la emergencia de la novedad en la historia del pensamiento científico está en el centro de la problemática de las revoluciones científicas descritas por Kuhn (Piaget, 1970, p. 14), aunque parece poner en duda que este proyecto avance más allá de la mera descripción y del análisis histórico (Piaget, 1971, p. 113).

3 En lo que sigue consideramos sólo algunos aspectos de la obra de Kuhn que ponen el acento en las tesis introducidas en *La estructura de las revoluciones científicas* con su *Postscript* de 1969 (Kuhn, 1970), y algunos otros textos compilados en *The essential tension* (Kuhn, 1977). No consideramos otros giros posteriores, como el giro más "lingüístico" e incluso "estructuralista" que se observa en *The road since the structure* (Kuhn, 2000) el cual –como bien ha señalado Alexander Bird (2002)– se aleja de una problematización "naturalista" de la filosofía de la ciencia que se informaba por las ciencias. Consideramos que, con este giro hacia un enfoque más apriorista de la epistemologia, el programa de Kuhn pierde –en varios aspectos– el punto de comparación con la epistemología genética.

promisos que comparten los miembros de una comunidad científica; en un sentido más restringido, denota un elemento particular de tal constelación, específicamente, las soluciones concretas a problemas [puzzle-solutions] que, empleadas como modelos o ejemplos, pueden remplazar reglas explícitas para la aplicación de la teoría (Kuhn, 1970, p. 175). Kuhn mismo denomina al sentido más amplio como "sociológico", y señala que esconde una cierta circularidad en tanto "un paradigma es lo que los miembros de una comunidad comparten, y a la vez, una comunidad científica que consiste de hombres que comparten un paradigma" (Kuhn, 1970, p. 175). Dejando de lado la identificación del paradigma con el conjunto de científicos que los utilizan y que los definen, Kuhn prefiere referirse a una "matriz disciplinaria" con distintos tipos de compromisos compartidos dicho grupo (Kuhn, 1970, pp. 182-187). Estos compromisos incluyen: generalizaciones simbólicas –expresiones abstractas, formales o formalizables, que introducen leyes generales y permiten definiciones–, componentes metafísicos –modelos ontológicos y heurísticos, metáforas y analogías permisibles para pensar los problemas que comprometen al grupo–, y ejemplares paradigmáticos –soluciones concretas (históricas) a los puzzles, adoptadas por consenso comunitario–. La presuposición de que ciertos problemas específicos pueden tener una solución adecuada en concordancia con los logros precedentes (ejemplares) es constituyente de los paradigmas, y en tanto indican "cómo se debe hacer el trabajo", son la principal fuente de identificación en este enfoque resolutorio. Así, los ejemplares constituyen el núcleo del sentido (restringido) de paradigma.

Como mencionamos, cuando Piaget y García introducen el concepto de ME, lo hacen discutiendo revoluciones científicas y con referencias explícitas a la noción de "paradigma" de Kuhn. Esta vinculación introduce dos críticas: por un lado, Piaget y García afirman que la noción de ME es más amplia que la de paradigma; por el otro, sugieren que la noción de paradigma no se corresponde con los objetivos de una epistemología propiamente dicha, sino que, a lo sumo, persigue los objetivos de una sociología del conocimiento. En palabras de los autores:

> Kuhn desarrolló una teoría de las revoluciones científicas según la cual cada época aparecía caracterizada por lo que él llama un "paradigma", es decir una concepción particular que establece cuál es el tipo ideal de científico, de modelo a seguir en la investigación científica. Los criterios por los cuales una investigación es considerada como científicamente aceptable,

los criterios que determinan las líneas de investigación quedan, según Kuhn, determinados en ese lugar y momento histórico. Nosotros estamos básicamente de acuerdo con Kuhn y desde cierto punto de vista nuestro concepto de "marco epistémico" engloba el paradigma kuhniano. Sin embargo, *el concepto introducido por Kuhn está más ligado a la sociología del conocimiento que a la epistemología misma, a la cual pertenece nuestro concepto de marco epistémico.* (Piaget & García, 1982, p. 229).

En la cita precedente, en la que se hace referencia al "tipo ideal de científico, de modelo a seguir", y en otros pasajes subsiguientes, se deja entrever que Piaget y García están discutiendo con la noción más precisa de paradigma, de modo que las críticas no se dirigen al primer sentido, lo cual no tendría mucho valor después de la reformulación de Kuhn. Incluso, hasta se podría sostener que los compromisos y los ejemplares en los que se basa la reformulación del paradigma cumplen las mismas funciones de recorte y criterio de solución que señalamos en el ME. Dada entonces la cercanía de estos conceptos, la diferencia se debe buscar en un desacuerdo más profundo. A nuestro entender, se trata de la forma en que dichas nociones reflejan los objetivos y los límites de cada programa epistemológico.

Recordemos que el constructivismo de Piaget recupera el uso de "epistemología" como una teoría de la constitución del conocimiento general que incluye al dominio de la ciencia. El elemento central de dicha teoría es la problematización de los mecanismos generativos del conocimiento. La noción de ME se encuentra vinculada con dicho objetivo, en tanto supone la asimilación de los condicionamientos sociales al proceso de construcción del conocimiento. La supuesta falta de este tratamiento por parte Kuhn es el motivo de la crítica:

> El problema relativo a los mecanismos de acción de dichas concepciones o creencias de un cierto grupo social (en este caso la comunidad científica) sobre el desarrollo cognoscitivo de un individuo, no aparece dilucidado en Kuhn ni en ninguno de los autores que se han ocupado de la ideología en la ciencia. Por el contrario, éste es el tema central que nos preocupa (...) ya que es el punto preciso de pasaje de la sociología del conocimiento a la sociogénesis del conocimiento. (Piaget & García, 1982, p. 231).

Sin embargo, es cierto que Kuhn también se pregunta por cómo es que los compromisos paradigmáticos se adquieren y funcionan y, al igual que Piaget y la epistemología constructivista recurre a los desarrollos de la psicología de su tiempo. No obstante, también es cierto que estas indagaciones de Kuhn en el campo de la psicología están más bien dirigidas a trazar analogías entre el funcionamiento de la percepción y la manera en que operan los paradigmas, que a problematizar los mecanismos de transformación del conocimiento individual. Además, sus referencias en psicología van en una dirección contraria a la del constructivismo piagetiano (Brunetti & Omart, 2010): en un primer momento se informa por la Gestalt (Kuhn, 1970, pp. 85, 150), y luego, por el conductismo y sus reprogramaciones neurales del procesamiento de estímulos (Kuhn, 1977, pp. 307-310). En el segundo caso, Kuhn se mantiene en un empirismo psicológico[4] que deja poco o ningún espacio para la elaboración del individuo, suponiendo un aprendizaje marcado por la recepción pasiva de estímulos y correcciones a la manera del conductismo de Skinner, donde el rol activo y constructor está en el instructor; en tanto la primera (Gestalt) parte de un mecanismo de estructuración sin una génesis ni transformación por parte del sujeto (Piaget, 1971, p. 55).

Más importante, la diferencia en las tesis centrales de los programas de investigación de la epistemología de Piaget y García, y la de Kuhn reside en el recorte del espacio social que considera cada programa. En *La estructura de las revoluciones científicas* Kuhn distingue el estado de (algunas) ciencias en dos momentos: los paradigmáticos donde los compromisos referidos se mantienen estables, y los momentos de crisis donde estos compromisos se modifican y proliferan nuevas opciones teóricas. Luego, en *Objectivity, value judgement and theory choice* Kuhn (1977) señala que la confrontación de teorías rivales en un momento de crisis se dirime en torno a valores epistémicos históricamente asentados, entre los que destaca la simplicidad y la parsimonia, la fertilidad de sus hipótesis, el alcance explicativo y la adecuación, la coherencia y consistencia de su sistema teórico, y la predictibilidad de los hechos.

---

4   Kuhn es explícito en que su planteo no logra despegarse de esta tradición: "Pero ¿es la experiencia sensorial fija y neutral? ¿Acaso son las teorías simplemente interpretaciones manufacturadas a partir de datos dados? La perspectiva epistemológica que con más frecuencia ha guiado la filosofía occidental durante tres siglos responde con un inmediato e inequívoco ¡Sí! En ausencia de una alternativa desarrollada, encuentro imposible abandonar del todo tal punto de vista" (Kuhn, 2007, p. 233).

Esta confrontación de valores eventualmente se resuelve por medio de acuerdos intersubjetivos en el nivel de la comunidad científica, y en base a "buenas razones" que son la última garantía de su racionalidad (Newton-Smith, 1981).

En comparación con estos valores de naturaleza evidentemente epistémica, el ME incluye valores no epistémicos, de naturaleza moral y política. Sin embargo, también sería injusto decir que Kuhn no los ha mencionado ya que, en la evaluación y el ordenamiento de los valores epistémicos antes mencionados, el autor señala la influencia de factores subjetivos como la personalidad y la formación. Hasta sugiere que distintas comunidades se pueden ver influenciadas por "el entorno externo", aclarando que se refiere a condiciones intelectuales, ideológicas y económicas, y hasta considera que un cambio en dicho entorno puede tener efectos fructíferos en la investigación (Kuhn, 1977, pp. 335-338). Pero lo cierto es que más allá de esta breve alusión a las condiciones del "entorno externo", la consideración de "lo social" por parte de Kuhn no parece exceder a la comunidad científica misma[5]. Si esta interpretación es correcta, en comparación, el espacio social del ME es más amplio. Si desde el constructivismo se busca cruzar estos muros es porque se sostiene que los grandes cambios científicos se deben buscar en las nuevas preguntas que se posibilitan con un cambio ideológico en la sociedad (Piaget & García, 1982, p. 236). Consecuentemente, los compromisos epistémicos considerados por el constructivismo provienen de un contexto social mucho más amplio que el de la propia comunidad científica. De hecho, se puede criticar que el ME queda caracterizado por una cierta indefinición en sus límites, como en los conceptos de "cultura" y "civilización", como el mismo García ha reconocido (García, 2000, p. 157).

---

5   Críticos como Steve Fuller (2005) o George Reisch (2005) sugieren que esto se debe a que la visión de la ciencia de Kuhn se habría forjado bajo el éxito del proyecto Manhattan: una ciencia financiada por corporaciones industriales-militares pero autorregulada gracias a su alta especialización; una concepción de la ciencia que tiene como sujeto a una comunidad autónoma y que opera dentro de los muros de la academia. En palabras de Fuller: "Para Kuhn, no hay ciencia propiamente dicha, si la comunidad de investigadores no puede fijar sus propios estándares (...). Uno podría decir que tal visión elitista no tiene lugar en el mundo de hoy, donde los costos y beneficios de la ciencia son tan altos como los de cualquier otra política pública. Sin embargo, Kuhn logró triunfar simplemente ignorando este hecho, y dejando a sus lectores con la impresión —o tal vez la confusión— que, digamos, un acelerador de partículas de varios billones de dólares no es otra cosa que un juguete científico" (Fuller, 2005, p. 27).

En síntesis, si bien hay varias similitudes entre los desarrollos de Kuhn y los del constructivismo piagetiano, tales como sostener que la forma en que los científicos observan al mundo depende en gran medida de las teorías que han aceptado, o que el análisis filosófico de la ciencia debe incluir las dinámicas epistémicas y sociales de las comunidades científicas, las consideraciones de ambos programas no se corresponden en sentido estricto, en tanto el ME considera un entramado social más amplio en el que se integran las elaboraciones científicas. Este entramado social incluye concepciones del mundo, visiones religiosas, aspectos normativos y morales, valores éticos y políticos, expresiones de los conflictos y relaciones sociales, que condicionan la elaboración científica. En este sentido, la noción podría considerarse en sí misma un intento de romper con la dicotomía internalismo / externalismo que ha marcado la reflexión de la filosofía de las ciencias desde antes y después de Kuhn[6].

No obstante, creemos que lo dicho hasta aquí no justifica la crítica de Piaget y García que identifica a la epistemología de Kuhn con una "sociología del conocimiento", la cual como mínimo, menosprecia su enorme contribución a la discusión de problemas centrales en este campo, tales como el rol de la comunidad y de los valores (mayormente epistémicos) en el cambio teórico, la relevancia de la historia de la ciencia para su filosofía, la relación entre observación y teoría, entre otros. De hecho, dada la cercanía de estos temas, y de los recorridos que se abren en ambos programas, difícilmente se pueda sostener que en Kuhn no hay una problemática epistemológica.

El marco epistémico en la perspectiva constructivista revisada

La noción de ME adquiere una nueva formulación en el marco de la reelaboración de Rolando García por la que se propone entender las transformaciones del conocimiento con una visión de "sistema complejo" (García, 2000). Dicha reformulación parte de revisar el amplio

---

6   Se podría argumentar que la noción de ME, al lograr poner el foco en el vínculo epistémico entre ciencia y sociedad, escapa a la visión externalista, característica del programa fuerte de la sociología de la ciencia que supone que las condiciones de sociales de producción determinan los desarrollos científicos; y a la vez a una visión internalista, característica de las concepciones herederas del positivismo lógico que reducen las teorías a enunciados del lenguaje, y quitan significado epistemológico al estudio de aquellas relaciones.

abanico de actividades cognitivas exploradas y conceptualizadas por la epistemología genética, ahora enfocadas desde la perspectiva de las relaciones entre 3 subsistemas: el biológico, el cognitivo y el social. Cada subsistema se corresponde con un nivel de organización semi-autónomo, regido por su actividad intrínseca y relativa a su propio dominio material, con transformaciones en sus elementos y estados internos, pero indisociables de las "condiciones de contorno" que le presentan los otros subsistemas. El modelo de evolución de los sistemas complejos es por reorganizaciones en estados sucesivos, en línea con los desarrollos de estructuras disipativas de Ilya Prigogine, una vinculación que el mismo Piaget ya había explorado para su teoría de la equilibración (Inhelder, García & Voneche, 1981).

Como hemos reseñado, la teoría de la equilibración tiene por objetivo central explicar la emergencia de las novedades cognoscitivas. Para Piaget dicha explicación se da en el sentido de una propuesta de mecanismo causal:

> La equilibración no tiene sentido más que como modelo con significación –o al menos intención– causal ya que, en un sistema de autorregulaciones, la perturbación es ya un fenómeno causal que viene a alterar al sujeto, mientras que la compensación es otro fenómeno causal que tiende a anular la perturbación, etc. (Piaget en Inhelder et al., 1981, p. 132).

Lo propio del programa de Piaget es ubicar dichos mecanismos en una visión genética y evolutiva, donde las autorregulaciones no responden a un mecanismo predeterminado y de causalidad lineal, sino que se estabilizan/desestabilizan a lo largo de la historia de la interacción entre un sistema y su entorno (Boom, 2009, p. 137; Piaget en Inhelder et al., 1981, p. 34). La revisión sistémica de García supone la misma intención causal[7] que se observaba en las autorregulaciones sistema/entorno en la formulación de Piaget, aunque ahora se añaden las autorregulaciones de subsistemas con mutua dependencia entre sí y con el sistema total. Lejos de tratarse de un aporte menor, el resultado es

---

7   Se trata de una causalidad no tradicional, donde la linealidad se cambia por un mecanismo circular de vinculación entre niveles (en un balance de relaciones entre partes y órdenes emergentes) y al interior de los mismos. En años posteriores, los modelos de "sistemas dinámicos", han sido incorporados como estándar a las explicaciones del desarrollo psicológico humano, incluida las que retoman una perspectiva post-piagetiana (Castorina, 2014a; Overton, 2014; Witherington, 2007).

una mayor indeterminación en la dirección del desarrollo del sistema, lo que eventualmente parece evitar "el inmanentismo de un equilibrio ideal" de la formulación original de Piaget (Castorina & Baquero, 2005).

Esta perspectiva, si bien hasta ahora sólo explorada en un nivel programático, permite cuestionar algunas críticas comunes a la teoría de Piaget, tales como el papel preponderante de las estructuras en los procesos cognoscitivos, o el rol secundario de "lo social" frente a otros factores, como el biológico. Con respecto al papel predominante de las estructuras, si bien el mismo Piaget ya había dado respuesta a esta crítica, esta reformulación profundiza la dinamicidad de las estructuras, ahora entendidas como los estados estacionarios de una organización, cuyo equilibrio es dinámico ya que intervienen sobre él las relaciones de otros sistemas. Con respecto al rol de lo social y cultural, se observa una fuerte revalorización, en tanto son justamente las condiciones de contorno sociales las que modulan las actividades psíquico-cognitivas, resultando en una indeterminación de la dirección hacia la que se dirige el progreso del conocimiento, algo que ya reclamaban algunos seguidores de Piaget como Chapman (1992). De hecho, la perspectiva de sistema complejo obliga a explorar con el mismo nivel de relevancia todas las posibles relaciones entre subsistemas: ya no sólo las relaciones entre el biológico y el psicológico –que valieron la crítica de "biologicista" al programa piagetiano–, ni las relaciones entre el subsistema psicológico-cognitivo y el social-cultural que refuerza García, sino también las relaciones entre los procesos biológicos y los sociales, en la línea de los nuevos desarrollos de la neurociencia cultural (Chiao et al., 2010; Kolstad, 2015).

De la mano de esta reelaboración en términos de sistema complejo de la teoría constructivista, la conceptualización del ME adquiere un mayor nivel de abstracción y precisión que la presentada en *Psicogénesis e historia de la ciencia*, lo que le permite generalizarse y diversificarse con respecto a sus implementaciones y sus alcances, además del análisis de la sociogénesis del conocimiento científico. En lo que queda de este apartado nos interesa señalar algunas de estas en 3 contextos específicos: (1) el del análisis psicogenético –como una cosmovisión que enmarca la significación y reelaboración del conocimiento a lo largo de la vida de un individuo–; (2) en la reflexión metateórica –como supuestos ideológicos a analizar en el ciclo metodológico de un programa teórico o disciplinar–; y (3) en el contexto de la investigación interdisciplinaria –como acuerdos valorativos y de supuestos epistemológicos y ontoló-

gicos básicos para la construcción del problema a indagar– (Becerra &
Castorina, 2016a).

(1) En lo que respecta al nivel del análisis psicogenético, orientado
al desarrollo y transformación de los esquemas e ideas elementales infantiles hasta el pensamiento adulto, el ME refiere al contexto social e
ideológico de significados que envuelven a los objetos de conocimiento
y que pueden suministrar una orientación o constituir un límite a las acciones cognoscitivas del individuo. Este nivel de análisis no se encuentra
desarrollado en la obra de García.

En los últimos años, algunas investigaciones psicogenéticas han señalado la necesidad de diversificar y especificar la relación cognitiva,
pasando de una versión diádica sujeto-objeto hacia una de carácter tría-
dica que incluya también las posibles relaciones y prácticas en las que
el sujeto se inserta con otros al relacionarse con el objeto de conocimiento, y al contexto de las significaciones sociales y culturales que enmarcan a dichas prácticas (Castorina, 2008, 2014b; Martí & Rodríguez,
2012). Así, se han ensayado programas de investigación que, más allá
de lo planteado por Piaget, buscan complementar la indagación de la
psicología del desarrollo con teorías sociales o psicosociales en torno
a imaginarios compartidos, como es la teoría de las representaciones
sociales elaborada por Moscovici, Jodelet, o Duveen, entre otros (Castorina & Barreiro, 2010; Psaltis, Duveen & Perret-Clermont, 2009; Zittoun,
Gillespie, Cornish & Psaltis, 2007). Estos esfuerzos de colaboración involucran el abandono del sujeto epistémico piagetiano, y su reemplazo
por un sujeto psicosocial inserto en relaciones sociales asimétricas con
otros sujetos. A partir de sus intercambios, las representaciones sociales que los orientan pueden restringir o condicionar la actividad constructiva de los individuos. Un ejemplo de esto son las investigaciones de
Leman y Duveen (Leman, 1998; Psaltis & Duveen, 2006) que enfrenta-
ron a distintos pares de niños y niñas al experimento de conservación
de líquidos, pidiéndoles que arribasen a una conclusión conjunta tras
discutir sus apreciaciones. Entre los resultados a los que arribaron se
encuentra que las representaciones y las expectativas de género condicionan las conclusiones a las que arriban los niños y niñas cuando deben discutir sus desacuerdos. Ahora bien, incluso estas investigaciones,
que se centran en las representaciones sociales, no han considerado el
espacio social más amplio al que refiere la noción de ME, vinculado con
las concepciones del mundo o la ideología.

Encontramos un ejemplo muy claro de la relación entre la ontogénesis de las nociones sociales, las representaciones sociales y las creencias ideológicas en las indagaciones empíricas de Barreiro y uno de nosotros (Barreiro & Castorina, 2015). Allí se buscó precisar y brindar evidencia acerca de la relación entre la creencia del mundo justo –específicamente, la caracterización del mundo como un lugar en el que cada uno obtiene lo que merece, ocultando los mecanismos sociales que generan las injusticias–, y las representaciones sociales de la justicia (ver capítulo de Castorina y Barreiro en este libro). Los resultados indican que, en nuestra sociedad, la representación social de la justicia sería hegemónicamente retributiva, en línea con la creencia del mundo justo. Esto supone un rechazo a una concepción más distributiva de la justicia, vinculada a la búsqueda de equidad e igualdad por medio del derecho y la ley. Ahora bien, más allá de este sentido común, se pueden observar algunas diferencias si dividimos las respuestas en dos grupos, de acuerdo al nivel de apego a la creencia del mundo justo: los individuos con un apego menor a esta creencia consideran la justicia como una institución social, con errores y problemas en su funcionamiento cotidiano, que permite el orden y regula la libertad de los individuos; esta idea está ausente en quienes presentan mayor apego a la creencia de un mundo justo, quienes por el contrario, la asocian a una experiencia más individual. Esta es una idea claramente ideológica, ya que supone una imagen invertida o fetichizada de la justicia, donde se esconde su carácter histórico y social, presentándose a los individuos como una idea naturalizada, posibilitada por una visión ideológica que justifica el *status quo* y la desigualdad en nuestra sociedad (Barreiro & Castorina, 2015; Castorina & Barreiro, 2006).

Otros estudios, como, por ejemplo, los de autores como Wainryb o Turiel, han señalado que el desarrollo de nociones y juicios morales se encuentra condicionado por creencias que varían de cultura a cultura (Wainryb, 1991; Wainryb & Turiel, 1993). De este modo, las diferencias en evaluaciones morales de individuos de distintas culturas se ven condicionadas por informaciones distintas que el individuo considera para evaluar dichos juicios. Así, por ejemplo, se ha sostenido que una cultura que evalúa como moralmente relevante a ciertas prácticas, como el apego a un código de vestimenta, a diferencia de otra cultura que no la consideraría como una práctica de carácter moral, se orienta por supuestos informacionales distintos, tales como la creencia de la primera cultura en que los ancestros sufren por las acciones de sus parientes vivos. En este sentido, el juicio moral de la violación de un código de vestimenta no implicaría una noción de daño diferente, pero sí una distinta consideración de los actores sociales plausibles de ser dañados (Elliot Turiel, Killen & Helwig, 1987).

(2) Otro nivel de análisis es el que se da en relación a la meta-teoría de las investigaciones disciplinarias, que involucra el examen crítico de los presupuestos ontológicos y epistemológicos, así como de los valores no epistémicos que, indirectamente y sin determinarlos, condicionan las interacciones entre los componentes del ciclo metodológico de las investigaciones de un campo particular. Para nosotros, el objetivo de este enfoque particular es indagar las formas en que el ME es asimilado en el ciclo metodológico sobre: la formulación de preguntas y problemas de la investigación; la construcción de las unidades de análisis; la evaluación de los modelos explicativos que se ponen en juego; la selección y el diseño de métodos y técnicas empíricas; y hasta el alcance del uso o la aplicación de las teorías en el mundo social. Este tipo de análisis continúa y avanza sobre el tratamiento de García[8] en torno a las disputas de la física contemporánea (García, 1997), considerando ahora nuevos problemas.

Esta línea de análisis ha sido profusamente explorada por uno de nosotros para explicitar la intervención de los ME en el proceso de investigación en la psicología del desarrollo y la psicología social, así como sus tensiones respecto del estudio de los conocimientos social (Castorina, 2003, 2007, 2008, 2010, 2019). En estos campos se observa la hegemonía de un ME heredero del pensamiento moderno y cartesiano, que

---

8 Una buena definición de García acerca de la dirección de estos análisis los encontramos en relación a la sociología: "El primer problema que se le plantea al epistemólogo que analiza la producción de los sociólogos consiste en establecer, para casos y autores bien determinados: (1) Cuál es el dominio empírico al cual se está refiriendo el sociólogo en cuestión; (2) Cuál es el material empírico aceptado por el sociólogo como referente 'objetivo' para describir las situaciones específicas que caracterizan los temas a explicar; (3) Qué tipos de conceptualizaciones y construcciones teóricas utiliza el sociólogo, y cuál es su teoría explicativa (en particular, cuáles son las suposiciones básicas explícitas o subyacentes). A partir de allí, el epistemólogo se enfrenta al problema de considerar la capacidad explicativa de la teoría, lo cual significa confrontar las explicaciones ofrecidas, así como sus implicaciones, con los hechos que se trata de explicar. (...) Lo que significa llegar finalmente al meollo del problema. Porque es allí donde se pone de manifiesto el marco epistémico del investigador" (García, 2001, p. 618). En dicho campo, se pueden consultar los muy buenos trabajos de Fernando Cortés (Cortés, 1991, 2001).

tiende a disociar mente y cuerpo, representación y realidad, y –más relevante para nuestra discusión– a individuo y sociedad. Frente a este ME se observa uno opuesto, cuya estrategia se orienta a establecer relaciones dialécticas entre los componentes de estas –y otras– dualidades. El primer ME ha condicionado, por ejemplo, a una gran parte de la historia de la psicología del desarrollo, particularmente en la psicología computacional, y también a la psicología social cognitiva. En ambos casos se ha constituido como unidad de análisis a un individuo aislado y escindido de sus condiciones sociales y de su contexto cultural, haciendo foco en sus procesamientos internos de información. Desde el punto de vista de los métodos, la investigación busca variables dependientes e independientes, sin mayor interés por los sentidos subjetivos o culturales, e infravalorando los métodos cualitativos. El segundo ME subyace, entre otras, a la teoría de las representaciones sociales, y a las teorías del desarrollo de los conocimientos en la perspectiva post-piagetiana, en la escuela socio-histórica que prosigue la obra de Vygotsky, y en algunas psicologías culturales. En estos casos, y en otros, se entiende que el conocimiento es construido en relación con otros agentes sociales, de modo que lo importa indagar son las subjetividades enmarcadas en las redes de relaciones y significados sociales compartidos. Estos ME se separan, en última instancia, también por los valores políticos y éticos por los que se orientan, en tanto los primeros afirman como valor, o curso de acción deseable, la promoción del individualismo o el control de los comportamientos, mientras que los segundos, buscan dar voz a los grupos subordinados. en el caso de las investigaciones de Barreiro, referidas más arriba, los valores se vinculan con la hegemonía de los mecanismos de subordinación, como puede ser la afirmación de la justicia retributiva– (Castorina, 2019).

En este nivel de análisis, la indagación del ME exige la reflexión de los investigadores, ya que ellos son quienes ofician de epistemólogos de su disciplina al analizar críticamente las condiciones sociales en las que se desenvuelven sus investigaciones, y que pueden también vincularlas con las dificultades de la producción del conocimiento en el propio campo. En este sentido, la orientación del análisis del ME se emparenta con conceptos tales como los de "marco teórico" y "metateoría" desarrolladas por Willis Overton (2012), o incluso los "axiomas" y su intervención en las interacciones del ciclo metodológico según Valsiner (2014). Aunque, a diferencia de Overton, y coincidiendo con la conceptualización de Valsiner, la caracterización del ME tiene la particularidad de enfatizar el vínculo de estos aspectos meta-teóricos con las condiciones sociales y políticas de producción de las ciencias que, como dijimos, remiten a un espacio social más amplio que el de las comunidades científicas.

(3) Una tercera instanciación que nos interesa señalar es el estudio de la intervención del ME en las investigaciones interdisciplinarias, tales como las que formula García en *Sistemas complejos* (2006). Este tipo de investigaciones presentan un desafío para el conocimiento científico, ya que involucran problemáticas que suponen situaciones para las cuáles es imprescindible que se consideren sus diferentes procesos o componentes en forma "interdefinida" (García, 2006, p. 21) Para ello, requieren de la integración de marcos conceptuales provenientes de las disciplinas físico-naturales, tanto como de las ciencias sociales. Aquí "interdisciplina" adquiere un significado particular: involucra una metodología –una forma de proceder en la investigación, congruente con un enfoque teórico y epistemológico– que busca lograr un análisis integrado de los procesos que tienen lugar en un sistema complejo y que explican su comportamiento y evolución como totalidad organizada (García, 2006, p. 88).

De acuerdo con este autor, la construcción del problema de referencia supone recortes (del material empírico considerado, de los estados posibles del sistema a modelar, etc.). En el caso de la investigación interdisciplinaria, antes que por recortes teóricos, metodológicos o empíricos asociados a una mirada disciplinar, se delimita por preguntas que suponen un posicionamiento político-valorativo de los miembros del equipo y a su experiencia social de la problemática. Las preguntas detrás de este enfoque son claramente de naturaleza valorativa, ética y política: ¿qué aspecto de la realidad se nos aparece como problemático?; ¿cómo deseamos que sea la realidad?; ¿por qué queremos intervenir? Esto implica, en nuestra opinión, la forma más evidente de la relación ciencia-sociedad: ¿qué tipo de ciencia queremos? y ¿al servicio de qué problemáticas? García llama a este enfoque el ME de la investigación, al que define como "(...) el conjunto de preguntas o interrogantes que un investigador se plantea con respecto al dominio de la realidad que se ha propuesto estudiar. Dicho ME representa cierta concepción del mundo y, en muchas ocasiones, expresa la jerarquía de valores del investigador" (García, 2006, p. 36). De esta manera, los estados ideales de los problemas que se pretenden indagar interdisciplinariamente, es decir, los valores sociales y objetivos políticos que guían la investigación, juegan un rol central a la hora de regular la dinámica de interacción entre aportes disciplinarios. Debemos recordar que, al menos en la propuesta de la Teoría de los Sistemas Complejos de García, el objetivo explícito de la investigación interdisciinaria es "(...) realizar un diagnóstico integrado diagnóstico integrado, que provea las bases para proponer acciones concretas y políticas generales alternativas que permitan influir sobre la evolución del sistema" (García, 2006, p. 94).

En este sentido, el ME de las investigaciones interdisciplinarias se expresa tanto en el modo de plantear la problemática –incluyendo la consideración de posibles cursos de acción–, como en construir una representación del sistema –incluyendo la evaluación y la relación de los distintos aportes disciplinarios–, y en las distintas decisiones –tanto de naturaleza epistémica, como en torno a cuestiones organizativas, y hasta en su extensión hacia la acción política– que guían el desarrollo del proyecto.

Desafíos abiertos para el concepto de marco epistémico

Para cerrar este trabajo, nos interesa señalar brevemente algunos desafíos para los 4 niveles de análisis mencionados en los que se utiliza la noción de ME: (1) el estudio de la sociogénesis del conocimiento científico; (2) el del análisis psicogenético; (3) la reflexión metateórica en los procesos de investigación; y (4) en el contexto de la investigación interdisciplinaria. Particularmente, buscamos especificar algunos desafíos, cuyas eventuales respuestas contribuirían al avance en la conceptualización y la utilización de esta categoría.

(1) En primer lugar, nos referimos al espacio intelectual inicial en el que se elabora el concepto de ME: el de la epistemología genética, en tanto una teoría del conocimiento que recurre a la historia del conocimiento científico. Este objetivo, primigenio de la obra de Piaget, elaborado luego en la colaboración con García y en la obra del segundo posterior a la muerte de Piaget, se encuentra hoy –hasta donde conocemos– sin continuación ni actualización.

En el campo de la filosofía de las ciencias y la epistemología, en las décadas del '60 y '70, García pretendió polemizar con los más lúcidos adherentes y críticos del empirismo, tales como Carnap, Quine, o Russell, o –como vimos–Kuhn. Hoy el contexto de discusión epistemológico es otro. Por mencionar dos campos con una presencia avasallante sobre otros, nos podemos referir a un fuerte experimentalismo cientificista, y nuevas formas del naturalismo en las neurociencias, así como el empirismo predominante en los estudios a través de *big data*. También, desde entonces, se han registrado nuevos actores en la epistemología y la filosofía, como son los estudios sociales de las ciencias, y las epistemologías feministas, que han hecho foco en la relación entre ciencia-sociedad y han problematizado el rol de los valores (no epistémicos) (Gómez, 2014; Longino, 2015). Incluso, las versiones relativistas post modernas que cuestionan la legitimidad de la propia epistemología y de cualquier objetividad que no sea la que establece cada cultura, entre otras, la del filósofo pragmatista Rorty. Hasta se debería mencionar que la misma epistemología constructivista se ha transformado en un campo heterogéneo con programas que, si bien comparten un "aire de familia", tratan con problemas muy diversos referidos a los procesos de conocimiento en diferentes ramas de las ciencias –desde la biología, hasta la psicología y las ciencias cognitivas, pasando por las ciencias sociales–, involucrando tesis y supuestos filosóficos, en muchos casos, en franca oposición (Becerra & Castorina, 2018). Estas transformaciones en la filosofía y la epistemología se presentan como escenarios posibles para la emergencia de nuevos problemas, diálogos y controversias, lo cual podría renovar a la epistemología genético-constructivista, que se originó y ha permanecido en un mundo de debates más bien clásicos.

Por mencionar sólo uno de los tópicos listados, nos podemos referir brevemente a los aportes de las epistemologías feministas al problema del rol de los valores no epistémicos en las ciencias, y la consecuente consideración de la objetividad del conocimiento científico (Anderson, 2012; Douglas, 2007; Harding, 1995; Longino, 2015). En dichos desarrollos se suele entender un conocimiento como "más objetivo" si es que es producto de acuerdos y arreglos intersubjetivos sobre el debate crítico de los distintos puntos de vistas y de las posiciones valorativas de la comunidad científica. En estos casos, apelar a valores políticos y morales, no significa predeterminar los resultados ni condicionar la aceptación o el rechazo de evidencia; sí implica, no obstante, rechazar la neutralidad valorativa como un ideal – rechazo deseable, por cierto, cuando la actividad científica involucra altos riesgos y enormes costos sociales. Al respecto, la noción de ME puede aportar a la discusión, en tanto supone una dura crítica a la disociación positivista entre hechos y valores, llegando a considerar a los valores no epistémicos, a los objetivos políticos y a los estándares morales de los investigadores, como componentes de la investigación en cualquier disciplina, además de advertir que estos se vinculan con los distintos componentes del ciclo metodológico, abogando así por una requerida vigilancia epistemológica.

(2) En segundo lugar, se debe ampliar y precisar, en base a la investigación empírica, los análisis del ME en el estudio psicogenético y en la psicología del desarrollo, y en particular de los conocimientos sociales.

En dicho análisis, el ME refiere a las concepciones del mundo y las ideologías que enmarcan a los objetos de conocimiento y que condicionan su transformación por parte del sujeto. El desafío en este nivel es mayor, en tanto es el uso de la noción de ME menos extendido en la investigación. De hecho, más allá de las investigaciones de Castorina y Barreiro, y la perspectiva de Turiel y Wainrub ya referidas, no pareciera ser un concepto discutido en la psicología del desarrollo. Esta falta de estudios empíricos no ayuda a resolver el verdadero desafío en este nivel de análisis: precisar el mecanismo por el cual opera el condicionamiento de lo ideológico sobre lo cognitivo.

Al respecto de este problema, y en referencia a la relación entre creencias ideológicas y representaciones sociales, algunos autores han adelantado algunas hipótesis posibles. Jodelet (1985) acerca dos consideraciones: primero, señala que frente a la necesidad de dar sentido a fenómenos novedosos, las representaciones sociales, en su actividad de estructuración, pueden "movilizar" contenidos ideológicos o modelos culturales; luego, al ser parte de una elaboración que se da en la comunicación y la interacción entre grupos y con respecto a un objeto en disputa, las representaciones sociales son tributarias de la posición que los sujetos ocupan en la sociedad, de modo que pueden tener funciones ideológicas al legitimar o criticar posiciones sociales. Estas consideraciones abonan a la idea que las representaciones sociales se construyen sobre un trasfondo de ideas más amplias, un horizonte ideológico sobre el que operan los recortes. Buscando avanzar sobre el mecanismo de esta intervención, y siguiendo las investigaciones en torno a la creencia del mundo justo, Doise se refirió a un "filtro" que opera ante el objeto representacional y que protege ilusiones más básicas, tales como que el mundo es ordenado y previsible. En el trabajo de Barreiro y Castorina se da un paso adelante al sugerir que las creencias ideológicas colectivas vinculadas al orden social no sólo sirven de trasfondo para el recorte de las representaciones sociales, sino que también condicionan activamente su producción.

Aun así, la investigación del mecanismo por el que opera el condicionamiento ideológico sobre lo cognitivo se encuentra en un estado muy programático. Tal vez, entonces, convenga ampliar la pregunta y comenzar por indagar más específicamente dicho condicionamiento de las creencias culturales y las prácticas colectivas. En este terreno, existen otros conceptos, algo más elaborados y de mayor difusión en la psicología como, por ejemplo, los conceptos de "obstáculo" o "restricción" (Castorina et al., 2010) –entendidos en un doble sentido: el positivo, por el cual posibilitan el desarrollo de un conocimiento impulsándolo en una cierta dirección; y por el otro el negativo, por el cual se pone límites a la elaboración de ideas. Estas categorías podrían contribuir a precisar las modalidades de intervención de los ME. Sin embargo, esta apelación al diálogo con las ciencias sociales parece difícil si consideramos la dirección hegemónica de las preocupaciones conceptuales y metodológicas de la psicología, hoy bajo fuertes imposiciones institucionales de un ME más cercano a las ciencias naturales –vía las neurociencias– que a las sociales. Para esto es importante un análisis del ME de la disciplina, tema del próximo nivel.

(3) El tercer nivel de estudio del ME es el que se aboca a la tarea de indagar críticamente el quehacer científico. Ahora bien, es claro que este programa no dispone de un conjunto de conceptos bien definidos, ni de un procedimiento claro para los análisis. En algunos trabajos, que se abocan a estos análisis desde esta perspectiva, como los que Fernando Cortés y Manuel Gil Antón recogen en *La epistemología genética y la ciencia contemporánea* (García, 1997), se señala que el objetivo es reflexionar "los dilemas fundamentales (...) en el centro del desarrollo de las diversas disciplinas" (1997, p. 73), tratando luego cuestiones como, por ejemplo, qué se ha entendido por "lo social" en distintos contextos históricos las ciencias sociales latinoamericanas (Yocelevszky, 1997), o si acaso se puede pensar a la sociedad en un nivel distinto al de la interacción y la intersubjetividad, como propone la visión post-humanista de la sociología de Luhmann (Torres Nafarrate, 1997).

Aquí estamos defendiendo una concepción más amplia que el análisis de categorías centrales de las disciplinas, en vistas de que entendemos que el ME se ubica en los supuestos que, asimilados en los componentes y las relaciones dentro del ciclo metodológico de una disciplina o programa teórico particular, condicionan su práctica. Como señalamos, esto incluye desde la conformación de las preguntas y los problemas de indagación, el análisis y dilucidación de sus conceptos centrales, las elecciones metodológicas, las relaciones con otras disciplinas, y hasta las pretensiones de aplicación de las teorías. El ME, en este nivel de análisis, se vuelve una categoría central para explicitar que estos distintos aspectos se encuentran vinculados a cosmovisiones sociales, a supuestos ideológicos y filosóficos, y a los valores éticos y políticos que movilizan la investigación de las comunidades. Al respecto, queremos señalar dos desafíos.

El primero consiste en precisar la noción de ME para definir algunos lineamientos meta-teóricos que permitan caracterizar el análisis, comenzando en formular algunas preguntas[9]: ¿Cuáles son los conceptos centrales de un programa de investigación? ¿Con qué supuestos filosóficos y compromisos ontológicos se enmarcan? ¿Qué conceptos emergentes dan cuenta de sus principales desafíos? ¿Cómo se construye la unidad de análisis? ¿Qué técnicas y métodos de análisis se emplean para la indagación empírica? ¿Qué nuevas fuentes de datos podrían ser consideradas? ¿Con qué otros desarrollos o disciplinas dialoga, y con qué objetivos? ¿Cuáles son los usos y campos de aplicación intencionados para la teoría? ¿A qué proyectos políticos y actores sociales interpela y permite dar voz? Hasta donde conocemos, la indagación en torno a varias de estas preguntas apenas se ha elaborado. Nos permitimos afirmar que, particularmente para las disciplinas psicológicas, atender a estos desafíos será una tarea imposible si es que no se abre al diálogo con las ciencias sociales y humanas, así como con las filosofías.

El segundo desafío surge de considerar que estas preguntas no pueden quedarse sólo en la indagación de supuestos epistemológicos y ontológicos, y desentenderse de la crítica de las condiciones sociales, institucionales y regulativas que se imponen a las prácticas de la investigación. Más arriba nos hemos referido al modo en que los marcos epistémicos se insertan en los ciclos metodológicos favoreciendo ciertos recortes de los objetos de investigación, y guiando las técnicas: así nos hemos referido en este trabajo, por ejemplo, al predominio de técnicas cuantitativas y experimentales, asociadas al objetivismo y el cientificismo, en ciertas corrientes de investigación psicológica centradas en

---

9   Algunas de las cuales han sido exploradas por uno de nosotros en el campo de la psicología, especialmente, en la psicología del desarrollo (e.g., Castorina, 2016).

el individuo. Ahora se trata de señalar que dichos condicionamientos adquieren fuerza normativa a través de regulaciones políticas y administrativas en los distintos espacios institucionales donde se hace ciencia, y que se presentan como los imperativos para hacer una "verdadera ciencia" o una "ciencia rigurosa".

Un ejemplo de esto se puede observar en las relaciones entre disciplinas y algunos campos emergentes. Ya nos hemos referido a la irrupción de las neurociencias y los estudios experimentales cuya influencia en las investigaciones y teorías psicológicas no puede ser minimizada, y cuyo avance debe ser examinado críticamente a fin de evitar cualquier reduccionismo de los fenómenos socio-culturales a los biológicos; o en el campo de las ciencias sociales, al avance del *big data* y la aplicación de técnicas exploratorias / predictivas basadas en inteligencia artificial que tienden a menospreciar el rol de la teoría y el interés explicativo-crítico. En ambos casos se trata de desarrollos que, a fuerza de una retórica que mezcla promesas de objetividad y control, promovido con un alcance propagandístico y de divulgación mucho más amplio que las ciencias, y por parte de nuevos actores del conocimiento ubicados en el sector privado que ejercen una presión desde afuera de la academia, en dirección a la legitimización de ciertos criterios epistémicos. Falta ahora mencionar, como uno de nosotros ha hecho en otro trabajo (Castorina, 2020), que estas exigencias se institucionalizan, como es el caso, cada vez más común en algunas universidades norteamericanas, de incluir un capítulo sobre neurociencias en cualquier proyecto de investigación psicológica para poder ser considerado válido. Todo esto nos permite evidenciar, como sugiere Pierre Bourdieu (1999; Bourdieu & Wacquant, 2005), que la ciencia es un campo de fuerzas, donde los científicos que llevan adelante a los distintos programas se ubican en posiciones desiguales en relación a la distribución del poder, o en este caso, la distribución del financiamiento para la investigación y la capacidad para defender un diseño metodológico coherente con un ME propio.

Ciertamente, el análisis crítico de estas imposiciones es difícil para los investigadores, dadas las condiciones institucionales de producción de las ciencias, donde los vicios cientificistas tienden a obscurecer tales compromisos, y donde la dinámica de las "fábricas de papers" dejan poco espacio para la creación de ideas, favoreciendo la reproducción ritualista (Castorina, 2015; González, 2018). A esto se deben sumar, además, los vicios corporativistas en la gestión de la investigación en muchas universidades, que impiden la democratización de institutos y secretarías de investigación, y que atentan contra la formación de espacios en los que se pueda abrir un diálogo reflexivo con todos los agentes involucrados en la investigación.

Antes de pasar al último nivel de discusión del ME, nos interesa retomar brevemente el problema de las relaciones entre disciplinas y campos emergentes, para dejar planteada una pregunta que, hasta donde conocemos, no ha sido aún considerada, y que vuelve sobre la conceptualización misma del ME: ¿pueden, acaso, transformaciones e innovaciones en aspectos particulares del ciclo metodológico –por ejemplo, nuevas técnicas y métodos, o nuevas fuentes de información y datos– propiciar cambios en los ME? ¿Y en el orden de las relaciones entre disciplinas, tales innovaciones pueden propiciar cambios en materia ideológica, valorativa o filosófica? ¿Pueden nuevos métodos y técnicas, junto a nuevos conceptos, modificar el espacio social del ME? ¿Cuál es el significado de las controversias conceptuales y entre argumentos que expliciten los ME, respecto de las transformaciones en las investigaciones?

(4) Finalmente, nos debemos referir al ME en la investigación interdisciplinaria. Este nivel –por cierto, el más extendido y tal vez el más discutido de los 4 mencionados, dada la recepción que la teoría de los sistemas complejos ha tenido en la comunidad latinoamericana (González, 2018)– también nos enfrenta al desafío de tematizar algunos aspectos que merecen mayor elaboración.

Aquí podríamos repetir la necesidad de mayor elaboración conceptual que mencionábamos como un desafío para otros niveles de análisis, estableciendo un diálogo con otras nociones propuestas en los estudios acerca de la interdisciplina, tales como los "valores epistémicos" (Boix-mansilla, 2006), o "acuerdos acerca de la naturaleza del mundo" (Eigenbrode et al., 2007); o muy especialmente insistir en la necesidad de pensar las condiciones organizaciones e institucionales de la colaboración interdisciplinaria, incluido el problema de la publicación de los resultados en un mundo académico caracterizado por la especialización que acota los espacios de publicación de temas transversales, tiempos de elaboración muy cortos para permitir la correcta integración y discusión de diferentes miradas, y hasta el problema de la cantidad y el orden de la autoría, y su posterior evaluación para la carrera de cada investigador. Más aún, para remarcar el carácter social y valorativo del ME, nos detenemos brevemente en la necesidad de "abrir" la "interdisciplina de expertos" que propone García a un diálogo con las comunidades involucradas en el problema hacia el que se orienta el proyecto. Aquí el desafío reside en incluir el punto de vista de los actores sociales involucrados, con los sentidos y objetivos políticos que atribuyen a las situaciones sociales. Esta participación se propone tanto en la construcción del problema, como en la discusión y evaluación de los escenarios alternativos, y muy especialmente en vista de las eventuales transformaciones en las políticas públicas, que son la imprescindible culminación para buena parte de las investigaciones interdisciplinarias. Para facilitar estos intentos otros autores han propuesto –con distinto nivel de elaboración y ensayo– la incorporación de técnicas de modelado participativo (Amozurrutia, 2012; Rodríguez Zoya, 2017) o el uso de técnicas cualitativas (Espejel et al., 2011), en el momento epistémico; y la organización de talleres y grupos de trabajo con las comunidades locales en el momento prospectivo, para asegurar que las acciones y políticas sugeridas cuenten con la legitimidad suficiente como para poder ser implementadas[10]. Un desafío subsiguiente es el de comenzar a vincular la reflexión de estas experiencias y su impacto en la noción de ME, con otros desarrollos que se están dando en torno al estudio de la participación pública de los objetivos, costos y riesgos de las investigaciones científicas (Collins & Evans, 2002; Gómez, 2014; Kitcher, 2001).

---

10 Hemos desarrollado más este punto en otro trabajo (Becerra & Castorina, 2016b).

Referencias bibliográficas

Amozurrutia, J. A. (2012). *Complejidad y sistemas sociales: un modelo adaptativo para la investigación interdisciplinaria*. México: UNAM, Centro de Investigaciones Interdisciplinarias en Ciencias y Humanidades.

Anderson, E. (2012). Feminist Epistemology and Philosophy of Science. In *Stanford Encyclopedia of Philosophy*. [https://doi.org/10.1007/978-1-4020-6835-5].

Barreiro, A. & Castorina, J. A. (2015). La Creencia en un Mundo Justo como Trasfondo Ideológico de la Representación Social de la Justicia. *Revista Colombiana de Psicologia*, *24*(2), 331-345. [https://doi.org/10.15446/rcp.v24n2.44294].

Becerra, G. & Castorina, J. A. (2016a). Acerca de la noción de "marco epistémico" del constructivismo. Una comparación con la noción de "paradigma" de Kuhn. *Revista Iberoamericana de Ciencia, Tecnologia y Sociedad*, *11*(31), 9-28.

Becerra, G. & Castorina, J. A. (2016b). Una mirada social y política de la ciencia en la epistemología constructivista de Rolando García. *Ciencia, Docencia y Tecnología*, *27* (52), 329-350.

Becerra, G. & Castorina, J. A. (2018). Towards a Dialogue Among Constructivist Research Programs. *Constructivist Foundations*, *13* (2), 191-218. Retrieved from [http://www.univie.ac.at/constructivism/journal/13/2/191.becerra].

Bird, A. (2002). Kuhn's wrong turning. *Studies in History and Philosophy of Science*, *33*(3), 443-463. [https://doi.org/10.1016/S0039-3681(02)00028-6].

Boix-mansilla, V. (2006). Interdisciplinary work at the frontier: An empirical examination of expert interdisciplinary epistemologies. *Issues in Integrative Studies*, *31* (24).

Boom, J. (2009). Piaget on Equilibration. In U. Müller, J. I. M. Carpendale & L. Smith (Eds.), *The Cambridge Companion to Piaget* (pp. 132-149). New York: Cambridge University Press.

Bourdieu, P. (1999). *Meditaciones pascalianas*. Barcelona: Anagrama.

Bourdieu, P. & Wacquant, L. (2005). *Una invitación a la sociología reflexiva*. [https://doi.org/10.1017/CBO-9781107415324.004].

Brunetti, J. & Omart, E. B. (2010). El Lugar de la Psicología en la Epistemología de Kuhn: La posibilidad de una psicología de la investigación científica. *Cinta de Moebio. Revista de Epistemología de Ciencias Sociales*, *38*, 110-121.

Castorina, J. A. (2003). Las epistemologías constructivistas ante el desafío de los saberes disciplinares. *Psykhe*, *12* (2), 15-28.

Castorina, J. A. (2007). El significado del análisis conceptual en psicología del desarrollo. *Epistemología e Historia de La Ciencia*, Vol. 13, 13, 132-138. Córdoba: Universidad Nacional de Córdoba.

Castorina, J. A. (2008). El impacto de las representaciones sociales en la psicología de los conocimientos sociales: problemas y perspectivas. *Cadernos Da Pesquisa*, *38* (135), 757-776.

Castorina, J. A. (2010). La Dialéctica en la Psicologia del Desarrollo: Relevancia y Significacion en la Investigacion. *Psicologia: Reflexao e Critica*, *23* (3), 516-524.

Castorina, J. A. (2014a). La explicación para las novedades del desarrollo psicológico y su relación con las metateorías. En A. Talak (Ed.), *La explicación en psicología* (pp. 57-76). Buenos Aires: Prometeo.

Castorina, J. A. (2014b). La psicología del desarrollo y la teoría de las representaciones sociales. La defensa de una relación de compatibilidad. En J. A. Castorina & A. V. Barreiro (Eds.), *Representaciones sociales y prácticas en la psicogénesis del conocimiento social*. Buenos Aires: Miño y Dávila Editores.

Castorina, J. A. (2015). Condiciones institucionales y gestión académica de la investigación en la universidad pública. *Sinéctica*, (44), 2-14.

Castorina, J. A. (2019). ¿La teoría de las representaciones sociales se puede interpretar como un paradigma? Una discusión crítica. En S. Seidmann & N. Pievi (Eds.), *Identidades y conflictos sociales* (pp. 347-358). Buenos Aires: Editorial de Belgrano.

Castorina, J. A. (2020). The Importance of Worldviews for Developmental Psychology. *Human Arenas*. [https://doi.org/10.1007/s42087-020-00115-9].

Castorina, J. A. & Baquero, R. J. (2005). *Dialéctica y psicología del desarrollo. El pensamiento de Piaget y Vigotsky*. Buenos Aires: Amorrortu Editores.

Castorina, J. A. & Barreiro, A. V. (2006). Las representaciones sociales y su horizonte ideológico. Una relación problemática. *Boletín de Psicología*, 86, 7-25.

Castorina, J. A. & Barreiro, A. V. (2010). La investigación del pensamiento de sentido común y las representaciones sociales: Aspectos epistemológicos y metodológicos. Material interno del Curso de Posgrado: Proyectos en Acción: *Técnicas, métodos y claves para la investigación en Ciencias Sociales*. Buenos Aires: CAICYT.

Castorina, J. A., Barreiro, A. V., Horn, A., Carreño, L., Lombardo, E. & Karabelnicof, D. (2010). La categoría de restricción en la psicología del desarrollo:

revisión de un concepto. En *Desarrollo del conocimiento social. Prácticas, discursos y teoría* (pp. 237-255). Buenos Aires: Miño y Dávila.

Chapman, M. (1992). Equilibration and the Dialectics of organization. In H. Beilin & P. Pufall (Eds.), *Piaget's Theory: Prospects and Possibilities* (pp. 39-59). London: Psychology Press.

Chiao, J. Y., Hariri, A. R., Harada, T., Mano, Y., Sadato, N., Parrish, T. B. & Iidaka, T. (2010). Theory and methods in cultural neuroscience. *Social Cognitive and Affective Neuroscience*, 5 (2-3), 356-361. [https://doi.org/10.1093/scan/nsq063].

Collins, H. M. & Evans, R. (2002). The Third Wave of Science Studies: Studies of Expertise and Experience. *Social Studies of Science*, 32 (2), 235-296.

Cortés, F. (1991). La perversión empirista. *Estudios Sociológicos*, 9 (26), 365-373.

Cortés, F. (2001). Nociones de la epistemología genética aplicadas a temas de discusión en las ciencias sociales. Un par de ejemplos. *Estudios Sociológicos*, *XIX*, 641-651. [http://www.jstor.org/stable/10.2307/40420684].

Cortés, F. & Antón, M. G. (1997). El constructivismo genético y las ciencias sociales: Líneas básicas para una reorganización epistemológica. En R. García (Ed.), *La epistemología genética y la ciencia contemporánea. Homenaje a Jean Piaget en su centenario* (pp. 69-90). Barcelona: Gedisa.

Douglas, H. (2007). Rejecting the Ideal of Value-Free Science. In J. Dupre, H. Kincaid & A. Wylie (Eds.), *Value-Free Science: Ideal or Illusion* (pp. 120-139). Oxford: Oxford University Press.

Eagleton, T. (1997). *Ideología. Una introducción*. Buenos Aires: Paidós.

Eigenbrode, S. D., O'Rourke, M., Wulfhorst, J. D., Althoff, D. M., Goldberg, C. S., Merrill, K., Bosque-Pérez, N.

A. (2007). Employing Philosophical Dialogue in Collaborative Science. *BioScience, 57* (1), 55. [https://doi.org/10.1641/B570109].

Espejel, B. O., Berhmann, G. D., Frich, B. A., Antonio, M., Guzmán, E. & González, M. (2011). Sistemas complejos e investigación participativa . Consideraciones teóricas , metodológicas y epistémicas para el estudio de las Organizaciones Sociales hacia la Sustentabilidad. *Sociedades Rurales, Producción y Medio Ambiente, 11* (22).

Fuller, S. (2005). *Kuhn vs. Popper. The Struggle for the Soul of Science.* New York: Columbia University Press.

García, R. (1997). *La epistemología genética y la ciencia contemporánea: homenaje a Jean Piaget en su centenario* (R. García, Ed.). Barcelona: Gedisa.

García, R. (2000). *El conocimiento en construcción: De las formulaciones de Jean Piaget a la teoría de sistemas complejos.* Barcelona: Gedisa.

García, R. (2001). Fundamentación de una epistemología en las ciencias sociales. *Estudios Sociológicos, XIX* (57), 615-620. [http://www.jstor.org/stable/10.2307/40420681].

García, R. (2006). *Sistemas complejos. Conceptos, método y fundamentación epistemológica de la investigación interdisciplinaria.* Barcelona: Gedisa.

Gómez, R. (2014). *La dimensión valorativa de las ciencias. Hacia una filosofía política.* Bernal: Universidad Nacional de Quilmes.

González, J. A. (2018). *¡No está muerto quien pelea! Homenaje a la obra de Rolando V. García Boutigue.* México D.F.: Centro de Investigaciones Interdisciplinarias en Ciencias y Humanidades.

Harding, S. (1995). "Strong objectivity": A response to the new objectivity question. *Synthese, 104* (3), 331-349. [https://doi.org/10.1007/BF01064504].

Inhelder, B., García, R. & Voneche, J. (1981). *Jean Piaget. Epistemología genética y equilibración.* Madrid: Fundamentos.

Jodelet, D. (1985). La representación social: fenómenos, conceptos y teoría. En S. Moscovici (Ed.), *Psicología Social II* (pp. 17-40). Barcelona: Paidós.

Kitchener, R. F. (1985). Genetic epistemology, history of science and genetic psychology. *Synthese, 65* (1), 3-31. Retrieved from [http://www.springerlink.com/index/LK06P24727M38R72.pdf].

Kitchener, R. F. (1987). Genetic epistemology, equilibration and the rationality of scientific change. *Studies In History and Philosophy of Science Part A, 18* (3), 339-366.

Kitcher, P. (2001). *Science, Truth, and Democracy.* Oxford: Oxford University Press.

Kolstad, A. (2015). How Culture Shapes Mind, Neurobiology and Behaviour. *British Journal of Education, Society & Behavioural Science, 6* (4), 255-274. [https://doi.org/10.9734/bjesbs/2015/13241].

Kuhn, T. S. (1970). *The Structure of Scientific Revolutions.* Massachusets: Cambridge University Press.

Kuhn, T. S. (1977). *The essential tension. Selected studies in scientific tradition and change.* Chicago: The University of Chicago.

Kuhn, T. S. (1985). *The copernican revolution. Planetary astronomy in the development of Western thought.* Massachusets: Cambridge University Press.

Kuhn, T. S. (2000). *The road since the structure.* Chicago: The University of Chicago.

Kuhn, T. S. (2007). *La estructura de las revoluciones científicas*. México: Fondo de Cultura Económica.

Leman, P. (1998). Social Relations, social influence and the development of knowledge. *Society*, *7*, 41-56.

Longino, H. (2015). The social dimensions of scientific knowledge. In N. Zalta (Ed.), *Stanford Encyclopedia of Philosophy*, Vol. spring 201. Retrieved from [http://plato.stanford.edu/archives/spr2015/entries/scientific-knowledge-social].

Martí, E. & Rodríguez, C. (2012). *After Piaget*. New Jersey: Transaction Publishers.

Newton-Smith, W. H. (1981). The rationality of science. In *Rationality, Relativism and the Human Sciences*. Retrieved from [http://link.springer.com/chapter/10.1007/978-94-009-4362-9_8].

Overton, W. F. (2012). Evolving scientific paradigms: Restrospective and prospective. In L. L'Abate (Ed.), *Paradigms in Theory Construction* (pp. 31-66). New York, NY: Springer New York.

Overton, W. F. (2014). The Process-Relational Paradigm and Relational-Developmental-Systems Metamodel as Context. *Research in Human Development*, *11* (4), 323-331. [https://doi.org/10.1080/15427609.2014.971549].

Piaget, J. (1970). *Genetic epistemology*. New York: The Norton Library.

Piaget, J. (1971). *El estructuralismo*. Buenos Aires: Proteo.

Piaget, J. (1998). *La equilibracion de Las estructuras cognitivas. Problema central del desarrollo*. México: Siglo XXI.

Piaget, J. & García, R. (1982). *Psicogenesis e historia de la ciencia*. Mexico: Siglo XXI.

Psaltis, C. & Duveen, G. (2006). Social relations and cognitive development: The influence of conversation type and representations of gender. *European Journal of Social Psychology*, *36* (3), 407-430. [https://doi.org/10.1002/ejsp.308].

Psaltis, C., Duveen, G. & Perret-Clermont, A. N. (2009). The social and the psychological: Structure and context in intellectual development. *Human Development*, *52* (5), 291-312.

Reisch, G. (2005). *How the Cold War Transformed Philosophy of Science. To the Icy Slopes of Logic*. Cambridge: Cambridge University Press.

Rodríguez Zoya, L. G. (2017). Contribución a la crítica de la teoría de los sistemas complejos: bases para un programa de investigación. *Estudios Sociológicos*, *XXXVI* (106), 73-98.

Torres Nafarrate, J. (1997). Lineamientos para la comprensión de un nuevo concepto de sistema (la perspectiva de Niklas Luhmann). En R. García (Ed.), *La epistemología genética y la ciencia contemporánea: homanaje a Jean Piaget en su centenario* (pp. 185-202). Barcelona: Gedisa.

Turiel, E., Killen, M. & Helwig, C. (1987). *Morality: Its structure, functions, and vagaries*. In J. Kagan & S. Lamb (Eds.), *The emergence of morality in young children* (pp. 155-243). University of Chicago Press.

Valsiner, J. (2014). Needed for cultural psychology: Methodology in a new key. *Culture and Psychology*, *20* (1), 3-30. [https://doi.org/10.1177/1354067X13515941].

Wainryb, C. (1991). Understanding Differences in Moral Judgments: The Role of Informational Assumptions. *Child Development*, *62* (4), 840-851. [https://doi.org/10.2307/1131181].

Wainryb, C. & Turiel, E. (1993). Conceptual and informational features in moral decision making. *Educational Psychologist*, *28* (3), 205-218. [https://doi.org/10.1207/s15326985ep2803_2].

Witherington, D. C. (2007). The Dynamic Systems Approach as Metatheory for Developmental Psychology. *Human Development, 50* (2-3), 127-153. [https://doi.org/10.1159/000100943].

Yocelevszky, R. (1997). Sociogénesis y sociología: el cambio de paradigma en las ciencias sociales latinoamericanas. En R. García (Ed.), *La epistemología genética y la ciencia contemporánea: homanaje a Jean Piaget en su centenario* (pp. 153-170). Barcelona: Gedisa.

Zittoun, T., Gillespie, A., Cornish, F. & Psaltis, C. (2007). The metaphor of the triangle in theories of human development. *Human Development, 50* (4), 208-229. [https://doi.org/10.1159/000103361].

CAPÍTULO II

Las condiciones históricas de la construcción de conocimientos: una mirada foucaulteana[1][2]

Tomás Baquero Cano

"(...) a todos esos agorafóbicos de la historia y del tiempo,
a todos esos que confunden ruptura e irracionalidad (...)"
Michel Foucault, *La arqueología del saber*

"Para nosotros, la historia es el laboratorio epistemológico
de la ciencia"
Rolando García, *Los problemas de conocimiento son uno solo*

Introducción

Una especie de denuncia recorre de principio a fin *La arqueología del saber*: a la hora de pensar, la costumbre de suponer tantas formas previas de continuidad debería inquietarnos. Costumbre que nos hace rápidamente tomar tal o cual objeto como punto de partida, como sitio desde el cual pensar sus transformaciones, procesos, límites, como cuestiones secundarias respecto de él. Es la denuncia de que eso que pensamos, sea lo que sea, ya esté dado, como si la problematización fuera un punto de llegada y no el comienzo de todo trabajo. Por eso, la arqueología foucaulteana comienza por deshacerse de toda evidencia inmediata de unidad, ya tome la forma del libro, la obra, el autor, una ciencia o una disciplina: las recibe intranquila, sospecha de que sean simples contornos neutrales que irían a ser llenados con el pensar. Lejos

---

1   Quisiera agradecer la lectura atenta, amistosa y sumamente valiosa de Tono Castorina y Matías Abeijón.

2   Parte de la escritura aquí presente se incluyó en dos artículos: "Fetichismo de las disciplinas: un diálogo entre Michel Foucault y Rolando García", *Revista Kula. Antropólogxs del Atlántico Sur*, 2019 y "Crítica práctica y sujetos de conocimiento: de *La arqueología del saber* al perspectivismo en la genealogía", *PSocial. Revista de Investigación en Psicología Social*, 2018.

de ser una invitación al relativismo, donde valdría lo mismo cualquier distinción, se trata de la pregunta concreta por la historicidad de las categorías que utilizamos en el pensamiento, llevada hasta sus últimas consecuencias: no categorías que, además, tienen una historia, sino ya siempre historia en la que emergen y se constituyen modos de pensar. La profundidad de este texto foucaulteano de fines de los '60 quizás radique allí: a partir de la pregunta por la historicidad de los modos del pensar no podemos más que constatar que lo continuo, lo idéntico, lo que se repite, como también las rupturas, "lejos de manifestar esa inercia fundamental y tranquilizadora a la cual nos gusta referir el cambio, son ellos mismos activa y regularmente formados" (Foucault, 1969, p. 227).

El problema con las continuidades supuestas en el pensamiento, entonces, no será tanto la "existencia" o no de estos objetos de conocimiento (como a veces se le quiere hacer decir a Foucault), sino la dificultad que suponen a la hora de pensar y conocer la novedad. Se trata de una manera muy especial de atender a la crítica –a la vez kantiana y anti-kantiana– que no busca hacernos sospechar inútilmente de todo punto de partida para el conocimiento, sino introducir una consideración sobre esta suerte de inercia de las formas que muchas veces parecen inmutables, casi atemporales: ese "suelo silencioso e ingenuamente inmóvil" desde el que pensamos (1966, p. 18). El libro como forma no porta ya dudas como las que cargaba el principio de nuestra era, donde la autoría de un escrito que circula entre escuelas solo podía ser confirmada por un círculo amistoso ligada a toda una forma de vida (Hadot, 1995). Sin embargo, esta dimensión histórica no nos lleva tampoco a desagregarlo y dejar de contar con él: como advierte Judith Revel, leer a Foucault como una apología de la discontinuidad del pensamiento haría que perdamos de vista la presencia de un "verdadero pensamiento de lo discontinuo" (2010, p. 18).

Se trata del problema de lo actual, de la posibilidad de conocer hoy. Giorgio Agamben ha dicho en su artículo "¿Qué es lo contemporáneo?" que "la vía de acceso al presente tiene necesariamente la forma de una arqueología" (2009, p. 17). La tarea comienza con la arqueología porque, en principio, se tratará de que toda consideración crítica sobre el presente debe siempre comenzar por constatar esta historicidad de todo aquello que se presenta como universal o como fundamento naturalizado. Es decir, la mirada arqueológica muestra esta ausencia de fundamento, ausencia de *arché*, para reconducir estas continuidades a su carácter histórico. Por eso quizás, para nuestro interés, no se trate tanto de celebrar coincidencias con las producciones de Foucault o buscarlo como autoridad, sino recuperar este problema del pensamiento que, según creemos, no es en ningún caso un trabajo especulativo, sino que tiene la intención de trabajar en función de la investigación y la práctica concreta. Dadas ciertas condiciones para el conocimiento, tanto individuales como al nivel de las disciplinas científicas, la arqueología foucaulteana permite gestar una interrupción posible de esta inercia histórica de las ideas, al nivel del *saber*, que busca algo tan costoso como lo es, a un momento dado, el "establecer una posibilidad" (Foucault, 1969, p. 150). Es, en definitiva, la pregunta acerca de cómo es que algo nuevo puede concebirse a un determinado momento, ¿tiene o no tiene el pensamiento algo que hacer allí en medio de las prácticas y las investigaciones concretas? Seguimos –o al menos intentamos seguir– aquella máxima que escribe Foucault en su prólogo a la edición en inglés de *El Anti-Edipo*, a propósito de la acción política, pero con idéntico sentido para la investigación:

> No utilices el pensamiento para anclar una práctica política en la Verdad; no utilices la acción política para desacreditar, como mera especulación, una línea de pensamiento. Utiliza las prácticas políticas como intensificadores del pensamiento, y las teorías como multiplicadores de las formas y de los dominios para la intervención de la acción política. (1983, p. 14).

Ciencia y saber o acerca de las dos historias de la verdad

El canónicamente denominado período arqueológico foucaulteano ha sido objeto de diversas críticas en su época, especialmente a raíz de *Las palabras y las cosas* (1966), que dejan ver sus efectos en la distinción entre ciencia y saber, a la que Foucault consigna el anteúltimo apartado de *La arqueología del saber* (1969) (Castro, 2015, 1995). El propio Piaget no habría sido la excepción y quizás sea un claro vocero de aquellas críticas: "la última palabra de la arqueología de la razón es que la razón se transforma sin razón" (1974, p. 154). Rápidamente observamos este problema que señala Revel (no sin buenas razones), se confunde allí la discontinuidad del pensamiento con un pensamiento de lo discontinuo. Y para salir de ese atolladero pensamos que es necesario reconstruir esta diferencia que existe en Foucault entre ciencia y saber que dará lugar, cuatro años después, a lo que nombrará como "dos historias de la verdad" (1973, p. 15).

El *saber* es un concepto estratégico en el pensamiento de Foucault, tanto en su propia obra como también para quienes deseamos pensar con él, desde él. Es, en suma, el territorio específico al que se dirige y que al mismo tiempo funda la arqueología. Definido como "el conjunto de elementos formados de manera regular por una práctica discursiva" (1969, p. 237), señala que la arqueología no se dirige directamente a disciplinas científicas, sino a discursos[3]. Se pregunta por las reglas que dieron lugar, en las prácticas discursivas concretas, a aquello de lo que puede hablarse en una época, a la producción de sus objetos y de selecciones teórica. Aborda los procesos y los efectos que hacen que algo sea aceptable a un momento dado en el conocimiento, las condiciones históricas que hicieron posible su emergencia (1978, p. 52), "aquello *a partir de lo cual* han sido posibles conocimientos y teorías" (1966, p.15, el subrayado es nuestro). Nombra como "descripción del archivo" al trabajo de definir estas reglas que en una época dada definieron de qué se habló, cómo esto se conservó, su apropiación por individuos e instituciones, las formas en que se reactivaron discursos de otras épocas (1968, p. 681). Decimos pues que el *saber* es un concepto estratégico porque abre todo un territorio paralelo al de las disciplinas científicas y en diálogo con ellas: dentro del magma general y extenso del saber de una época, de aquello de lo que puede hablarse, habrá prácticas cotidianas y, además, determinados discursos que podrán devenir científicos. La ciencia se "localiza" en el dominio del saber, tiene en él sus raíces en tanto parte de determinadas coordenadas históricas que hacen posible que algo pueda pensarse, pero instalando sus propios umbrales de epistemologización y cientificidad (Foucault, 1969, p. 242).

---

3   Los discursos, en Foucault, no se definen por lo que "se ha querido decir" ni lo que ha "quedado callado" (1968, p. 685), sino por las reglas de formación de sus objetos, la definición de umbrales a partir de los cuales se instalan en ellos nuevas reglas (de validación científica, por ejemplo) y la posibilidad de definirlos según su relación con otros discursos y con el contexto extra discursivo en el que funcionan: "instituciones, relaciones sociales, coyuntura económica y política" (1968, p. 676). Estas últimas "no 'se reflejan', ni 'se traducen', ni 'se expresan' en los conceptos, los enunciados y los métodos (…): modifican las reglas de formación" (1968, p. 690). En un encuentro internacional realizado por el *Centre Michel Foucault* cuatro años después de su muerte tiene lugar una pequeña discusión sobre la noción de "discurso": se oscila entre pensarlo como una clara inspiración estructuralista (proveniente de Lévi-Strauss y Saussure), con mayor o menor especificidad en su propio trabajo, o también, sugiere Paul Veyne, podría tratarse simplemente de una moda lingüística (Frank, 1988).

Un ejemplo interesante para ilustrar esta distinción y hacerla palpable –extensamente comentado por su importancia en la ciencia médica– es el caso de Ignaz Semmelweis. En pleno siglo XIX, en donde la existencia de los microorganismos era algo impensado, podían efectuarse procedimientos médicos sin ningún tipo de método de asepsia, en condiciones de higiene que –inconcebibles hoy– no inquietaban en absoluto. Nos dice Hempel: "Semmelweis se sentía angustiado al ver que una gran proporción de las mujeres que habían dado a luz en esa división contraía una seria y con frecuencia fatal enfermedad conocida como fiebre puerperal o fiebre postparto" (1966, p. 16). Ilustra que, en 1844, las cifras llegaban al 8,2% de los partos (260 muertes anuales), pero sin embargo en otra maternidad del mismo hospital el porcentaje apenas pasaba del 2%. Entre hipótesis de la época que incluían la atmósfera, la psicología y las pacientes yacían de espaldas o de costado, logra entrever luego de descartar y experimentar diversas hipótesis que era la "materia cadavérica" que portaban los propios médicos la que causaba la enfermedad (que atendían parturientas luego de realizar una autopsia apenas habiéndose higienizado). A tal punto se trataba de otras condiciones de posibilidad para el conocimiento que estas teorías fueron rechazadas –entendidas como una culpabilización injustificada al cuerpo médico– y la vida de Semmelweis se quebró, alejándolo de su profesión y también de su salud mental. Aproximadamente treinta años después, los microorganismos entran dentro de las conceptualizaciones científicas vigentes y su figura es reivindicada. Nos interesa preguntar, entonces, ¿qué quiere decir preguntarse qué era "posible" pensar a un determinado momento? El saber en Foucault busca lidiar con una difícil noción, que es la de *a priori histórico*: haciendo estallar el pensamiento kantiano, se intenta nombrar cómo las mismas condiciones de posibilidad de que algo sea pensado son a su vez históricas (Castro, 2013). Esta barrera no atañe, como dijimos, solamente al conocimiento científico, sino que son las condiciones de lo que puede pensarse en una época en sentido amplio.

Es frecuente en Foucault situar dos momentos históricos como referencia para, produciendo una suerte de perspectiva, preguntarse por la transformación que ha tenido lugar: de algún modo es el trabajo a realizar al intentar aproximarnos al trabajo de Semmelweis, separarnos del rechazo que la ausencia de higiene en los procedimientos médicos nos produce. De modo esquemático, tan sólo como una aproximación que quizás no deberíamos llevar muy lejos, el caso de Semmelweis ilustra la diferencia que existe entre las posibilidades históricas de que algo sea pensado, el territorio arqueológico que se dirige a los modos en los que las prácticas discursivas producen sus objetos y los modos no discursivos en que estos circulan (por ejemplo, la institución hospitalaria); y, por otro lado, cómo en determinadas condiciones, a partir de cierto territorio del saber, algunos conocimientos pueden atravesar umbrales que los conviertan en conocimiento científico. Así, estos umbrales de epistemologización, dirá Foucault (1969, p. 242), implican ciertas "normas de verificación y coherencia" específicas que, al ser alcanzados, dejando de depender únicamente del territorio del saber, alcanzan un estatuto propio, suponen ciertos umbrales también de "cientificidad" (1969, p. 243). Con el nacimiento de las ciencias humanas, para Foucault, la filosofía "ha perdido su estatus privilegiado en relación con el conocimiento en general y la ciencia en particular. Ha dejado de legislar, de juzgar" (1967, p. 580). La arqueología no se ocupará de ello, sino de cómo estos umbrales han sido atravesados, bajo qué condiciones de posibilidad, ¿cómo fue posible que a un momento dado los microorganismos, que eran algo impensable, devengan pensables y objeto posible de un estudio científico?, ¿de qué se trata esta transformación de lo que se piensa en una época que, aun sin conocimientos científicos precisos, nos hace repugnarnos hoy con esa ausencia de asepsia? Pregunta que es distinta tanto a la epistemología y a la historia de las ideas –tal como las concibe Foucault, y desde luego no sin nutrirse de ellas–, que no es ni un trabajo sobre las reglas de validación de ese conocimiento científico ni tampoco una historia de las influencias y las continuidades en los conocimientos: la arqueología se sitúa en este extraño sustrato que reúne lo trascendental y lo histórico.

Esta distinción entre ciencia y saber nos interesa particularmente porque permitiría quizás delimitar la autonomía de los conocimientos científicos y, al mismo tiempo, analizar sus raíces en el saber, en el marco amplio de lo históricamente posible. Esta distinción llevará luego a que Foucault pueda hablar, como anticipamos, de dos historias de la verdad:

> La primera es *una historia interna de la verdad*, que se corrige partiendo de sus propios principios de regulación: la historia de la verdad tal como se hacen en o a partir de la historia de las *ciencias*. Por otra parte, creo que en la sociedad, o al menos en nuestras sociedades, hay otros sitios en los que se forma la verdad, allí donde se definen un cierto número de reglas de juego a partir de las cuales vemos nacer ciertas formas de sub-

jetividad, dominios de objeto y tipos de *saber*. Por consiguiente, podemos hacer a partir de ello *una historia externa, exterior, de la verdad*. (1973, p. 15, los subrayados son nuestros).

Es necesario sin embargo aclarar en qué lugar del pensamiento foucaulteano nos encontramos. Si bien Foucault alimenta su perspectiva de la historia de las ciencias en general, su trabajo ha sido realizado escogiendo "discursos que tienen, no la estructura epistemológica más fuerte (matemática o física), sino el campo de positividad más denso y más complejo (medicina, economía, ciencias humanas)" (1968, p. 688). Esta historia "interna", entendida como "historia epistemológica de las ciencias" es la que, según indica Foucault, realizan Canguilhem y Bachelard (1969, pp. 247-248). En su caso, su intención era hacer una "historia del discurso" (1968, p. 680), por lo tanto su proyecto arqueológico se dirigió, o bien a analizar los modelos teóricos que son comunes a diferentes discursos en una misma época (la *episteme*[4] en *Las palabras y las cosas*) o bien a buscar las relaciones de un discurso y el dominio no discursivo que le corresponde (el discurso médico y sus condiciones materiales en *El nacimiento de la clínica*) (Foucault, 1967b, p. 590). Podemos encontrar ya en esta etapa arqueológica elementos de este aspecto "externo", por ejemplo, al observar que "el discurso clínico no se formula en los mismos lugares, no tiene los mismos procedimientos de registro, no se difunde, no se acumula, no se conserva ni se refuta del mismo modo que el discurso médico del siglo XVIII" (1968, p. 678): nuevo lugar de la asistencia hospitalaria como lugar de observación posible, nuevo modo de enseñar la medicina, nuevo rol del discurso médico en las políticas poblacionales (1968, p. 690). Sin embargo, una de las principales limitaciones metodológicas de la arqueología consiste en su dificultad para comprender los modos en que estas transformaciones ocurren (Dreyfus y Rabinow, 2001). Es el posterior período genealógico –que introduce nociones como la de *dispositivo*– el que hace posible concebirlas, donde la consideración de lo extra discursivo es cada vez mayor.

---

4   La *episteme* corresponde a lo que Foucault ha llamado un espacio inter discursivo de análisis, "es el conjunto de las relaciones que se pueden descubrir, para una época dada, entre las ciencias cuando se las analiza en el nivel de las regularidades discursivas" (1969, p. 249) y, por lo tanto, "un campo abierto y sin duda indefinidamente descriptible de relaciones" (1968, p. 676). Esto es así al punto en que, a dos años de *Las palabras y las cosas*, Foucault indica estar trabajando en *otra* arqueología de las ciencias humanas, pues él ha hecho tan sólo *una* (1968, p. 676).

Nuestra intención es entonces dirigirnos a la transición hacia ese período, para poder abrir la pregunta por la transformación, pero aun así deseamos conservar este registro específico de la arqueología a causa de su posibilidad de atender al dominio del conocimiento científico. Creemos que allí están los elementos para atender a la idea de una "historia externa de la verdad", pero tomar esas herramientas para una relectura de sus escritos arqueológicos que intente pensar al mismo tiempo la transformación y la especificidad del conocimiento científico[5]. De este modo, pensar cómo la contingencia al nivel de la historia "externa" de la verdad, es decir al nivel del saber, puede coexistir sin entrar en tensión con los modos de validación de un conocimiento científico dado. Ciertamente no era algo necesario que a un momento dado sea posible pensar en los microorganismos, ninguna ley histórica condujo hasta allí, lo cual no implica que el conocimiento científico construido sobre esta modificación del saber sea en ningún sentido una mera relatividad. La contingencia de su existencia histórica no implica la contingencia de su estatuto de conocimiento[6].

Estas breves consideraciones nos ponen en condiciones, creemos, de poder introducir algunas de las razones por las que estás preguntas arqueológicas supondrían quizás un aporte a la perspectiva constructivista. Esto, pensamos, particularmente en torno a dos puntos: por un lado, el lugar otorgado a las disciplinas a la hora de pensar la producción de conocimiento y a su vínculo con las restricciones del contexto social y, por otro, a los modos de pensar a los sujetos de conocimiento. Nos dedicaremos a continuación, entonces, a ambos puntos, proponiendo ciertas coordenadas que tal vez hagan posible el *uso* del pensamiento foucaulteano.

---

5   Ilya Prigogine e Isabelle Stengers refieren en un sentido similar a una "historia «externa» de la ciencia, es decir, la descripción de la relación entre la forma y el contenido del corpus científico y el contexto social" (1979, p. 74).

6   Para ilustrar a través del propio Foucault: "eso que durante mucho tiempo fue un callejón sin salida deviene un día una salida; un ensayo lateral deviene un problema central alrededor del cual los otros comienzan a gravitar; un enfoque ligeramente divergente deviene una ruptura fundamental: el descubrimiento de la fermentación no celular –fenómeno marginal en el dominio de la microbiología pasteuriana– no ha marcado una ruptura esencial hasta el día en que se desarrolló la fisiología de enzimas" (1985, p. 770).

Las disciplinas interpeladas

¿Cómo es que, en determinados momentos, bajo ciertas circunstancias, junto a determinadas prácticas, se piensa lo que todavía no es pensado?, ¿qué lugar le cabe allí a quienes investigan en diferentes disciplinas? Con esta pregunta, siguiendo a Foucault en su inquietud sobre las formas de continuidad que adormecen al pensamiento, es entonces que sospechamos de las disciplinas como punto de partida sin más. Sospecha que, quisiéramos proponer, podría ser un punto de aproximación a algunos problemas planteados por Rolando García: sin equiparar los modelos teóricos, creemos supone algunos desafíos e interrogantes que podrían ser tomados como referencia en un sentido y el otro.

Preguntarse por las disciplinas, en cierto sentido, implica preguntarse por la manera en la que sostenemos un diálogo con lo que ya fue pensado, por la inscripción que realiza determinado conocimiento en relación a lo ya dicho. Quizás nos sirva entonces, como telón de fondo, recordar la observación de Heidegger (1988) en relación a la historia del pensamiento. Nos dice que penetrar en esas fuerzas, en la trama de lo que ya ha sido pensado, no se trata simplemente de tomar impulso desde el lugar al que parecería haberse llegado en los proyectos y las intenciones de tiempos pasados, como cosas acabadas, cerradas sobre sí mismas: lo ya pensado es solamente una preparación de lo que es todavía impensado. Lejos de ser algo abstracto, se trata de afirmar que, aquello sobre lo que se produce conocimiento no existe de modo anticipado en las disciplinas que lo abordan.

Rolando García en su libro *Sistemas complejos* explica que la dificultad de partir de las disciplinas como ya dadas, lejos de provenir de reflexiones especulativas, surge a partir de problemas concretos en la investigación en sistemas complejos. Ante un objeto de estudio complejo –en su caso vinculado a los sistemas climáticos y la sequía– se arriba a una gran impotencia en la producción de conocimiento dada la "imposibilidad de considerar aspectos particulares de un fenómeno, proceso o situación a partir de una disciplina específica" (2007, p. 21). La imposibilidad de este encasillamiento hace que determinado problema sea considerado como una *realidad compleja* que hace necesaria para su tratamiento científico toda una reconsideración del modo en que concibe el vínculo entre las disciplinas y sus objetos. Dada la heterogeneidad que los componen atañen a diversos campos disciplinares, la interdisciplina se sitúa entonces como una posibilidad en la investigación en sistemas complejos en tanto no se reduce a la mera suma de perspectivas para abordar un objeto, sino que implica una reformulación del objeto mismo a través de la reconsideración de las preguntas que conducen a la investigación (2007, p. 32). La reunión entre las disciplinas no es simplemente el abordaje, sino también el planeamiento de lo que se investiga: "la integración de estos diferentes enfoques para (es decir previa a) la delimitación de una problemática" (2007, p. 33). Se trata de una estrategia concreta que tiene como primer desafío delimitar la problemática a la que se dirige, entrever *qué* se estudia, lo cual no es un dato arrojado de antemano en las disciplinas tal y como están dadas. Delimitación y diferenciación de las totalidades a estudiar para un posible abordaje disciplinario y posterior integración, constructiva, del objeto (García, 2007, p. 68). Estas problemáticas, incluso, no se dan de modo estático, sino que deben ser reformuladas constantemente.

En esta dirección, García señala que uno de los problemas fundamentales en el trabajo interdisciplinar no recae tanto en las disciplinas en sí mismas, sino en quienes trabajan con ellas. Se trata, de algún modo, de la reflexión sobre la propia pertenencia disciplinar a la luz del diálogo interdisciplinar y de la formulación de los problemas. La consideración que nos interesa es que, dada esta problemática a delimitar, se requiere una "toma de distancia que cada investigador debe realizar con respecto a los objetivos específicos de estudio de su disciplina" (2007, p. 68). Las disciplinas, tanto conceptualmente como en los modos en que vinculan su investigación a las relaciones sociales en general, conllevan ciertos alcances y limitaciones que, en última instancia, recae sobre quienes realizan la labor investigativa. Es esto que aparece como un automatismo del pensamiento que nos hace tomarlas como un punto de partida naturalizado para el conocer, o, al decir de Alicia Stolkiner (1987), el fetichismo que se produce en torno a ellas. No se trata pues de negarlas o desestimarlas, sino de "no dar por natural e inmutable una categorización de las ciencias que surgió ante una demanda social determinada, y quizá, es inútil para otra" (Stolkiner, 1987, p. 315).

Siguiendo a García, se trata de una problemática que requiere al mismo tiempo "de una base conceptual común y de una concepción compartida de la investigación científica y de sus relaciones con la sociedad" (2007, p. 33). Desde luego, es del contexto social de donde proviene la necesidad de un proyecto de estudio, pero, al mismo tiempo, condiciona fuertemente las preguntas que llegan a formularse en él (2007, p. 35). Esto, particularmente cuando se trata de objetos en los cuales los factores sociales cumplen roles importantes o bien donde estos conocimientos influirán directamente en la dimensión social. Quienes investigan parten de determinado contexto social, toman intereses y preguntas de él, posibilidades y limitaciones para formular sus problemas teóricos y, en el caso de las ciencias sociales, se dirigen también a ellos. De allí pues la importancia de considerar la relación ciencia-sociedad.

A partir de la necesidad de poder pensar este vínculo que es al mismo tiempo limitante y habilitante, García gesta junto a Piaget la noción de *marco epistémico*. En *Psicogénesis e historia de la ciencia* los autores dan un sentido amplio a este concepto, como visión o concepción del mundo (*Weltanschauung*), que refiere de un modo más o menos general a las nociones provenientes de lo social que modulan la formulación de las preguntas en la investigación (Piaget y García, 1982). Lo más relevante de esta noción para nuestro interés será la posibilidad que abre para pensar el vínculo con lo social, el rol que éste cumple efectivamente en una investigación. Puede verse esto reflejado en su propia definición, que lo sitúa rápidamente como una noción dedicada a pensar la investigación concreta: es un "sistema de pensamiento, rara vez explicitado, que permea las concepciones de la época en una cultura dada y condiciona el tipo de teorizaciones que van surgiendo en diversos campos del conocimiento" (García, 2000, p. 157), como el "sistema de ideas implícitas o naturalizadas, que se expresa como un juicio sobre lo que se considera 'científicamente aceptable' en un momento histórico determinado" (Piaget y García, 1982, p. 229). Para los autores, la calidad epistémica y la precisión de las formulaciones de problemas, de preguntas, radica fundamentalmente en que los equipos puedan, mediante un esfuerzo de explicitación, trabajar con un marco epistémico "común": revisando, cuestionando, y manteniendo como una exigencia la reflexión sobre sí y sobre su contexto histórico[7].

---

7   Si bien no es el eje del trabajo que nos ocupa, no podemos dejar de mencionar las cercanías entre las nociones de *marco epistémico* en García y Piaget y de *episteme* en Foucault: tanto desde su vertiente kantiana revisitada, como así también de un modo general en relación a la pregunta acerca de la emergencia social-histórica de determinadas condiciones que hacen posibles el conocimiento. Pensamos que, en vistas a poner a trabajar las dos perspectivas en conjunto, buscar su equivalencia resulta estéril, en tanto resulta en el equívoco ya mencionado entre ciencia y saber, que confunde lo que motiva a las dos perspectivas: como en las mencionadas críticas de Piaget a *Las palabras y las cosas*, centradas en la "arbitrariedad" de esta noción (cf. 1974, "Un estructuralismo sin estructuras"). Siguiendo la revisitación de niveles de análisis específicos para el *marco epistémico* de Becerra y Castorina

Decíamos que ciertos desafíos e interrogantes –si no comunes, al menos cercanos– podrían permitir un intercambio de esta perspectiva con los trabajos foucaulteanos. De modo general, parecería encontrarse allí la pregunta por las condiciones históricas y sociales de la construcción de conocimientos que, de modos diversos, le otorgan un rol y un trabajo necesario a la hora de comprender el conocimiento científico. A su vez, aunque también de modo diverso, se trata de formulaciones complejas de esta relación que parecerían arribar a una problemática común: es necesario pensar estas condiciones históricas al mismo tiempo como lo que posibilita la investigación y como lo que, llegado el caso, dificulta su avance. Esto supone un modo muy particular de reflexión o de crítica de los conocimientos actuales, como ha dicho Bachelard: "se conoce *en contra* de un conocimiento anterior" (1938, p. 15). Mismo si en Foucault un nuevo conocimiento estrictamente no se "opone" al anterior (Yuing Alfaro, 2017, p. 165), en cualquier caso se trata de que eso que conocemos hoy debe ser objeto de una reflexión posible para dar lugar a la transformación de los conocimientos. Éste, como intentaremos trabajar en el apartado siguiente, no es un trabajo exterior a la práctica investigativa, sino precisamente interior a ella. Parecería ser posible aproximar en este desafío (antes que en sus modos de sortearlo) la perspectiva de Foucault y la del constructivismo: en tanto las condiciones para la construcción del conocimiento no parten de algún tipo de sujeto epistémico puro que habría sido degradado, sino de "limitaciones" que son al mismo tiempo la posibilidad incluso histórica de estas formulaciones. Se trata de una *restricción* que al mismo tiempo limita y posibilita (Castorina, 2010, p. 45): al mismo tiempo una herramienta y aquello que debemos trabajar.

(2015), pensamos que el diálogo podría establecerse en cada caso según el rol que se le indique en el proceso concreto de investigación, o bien con la noción general de saber o de formación discursiva, o bien el ejercicio de la crítica del presente. Esto es, aquello que situamos como el vínculo entre las condiciones internas de la formación de los discursos científicos, sus condiciones sociales y su vínculo en tanto práctica con otras prácticas no discursivas.

Crítica y reflexión meta-teórica

"No se trata de 'aprender más cosas', sino de 'pensar de otra manera' los problemas que se presentan en la investigación, es decir, de reformular la concepción de la práctica de la ciencia"
Rolando García, *Sistemas complejos*

Partimos entonces –en un sentido realmente amplio– de la pregunta por las condiciones históricas de la producción de conocimiento que al mismo tiempo posibilitan y limitan estos ejercicios. A la hora de pensar la reflexión meta-teórica o la crítica, quizás uno de los primeros desafíos se encuentre en lograr conceptualizar esta relación con la visión del mundo que proviene de lo social de un modo que no quede reducido a una dominación de tipo ideológico que "superar". Probablemente por los aires de época en donde era moneda corriente preguntarse por el vínculo entre la ciencia y lo social, entre la intelectualidad y el poder –pensamos por ejemplo en Althusser o incluso Canguilhem– la pregunta por la "ideología" se encuentra presente tanto en Foucault como en García y Piaget. De algún modo, tanto en el caso del *marco epistémico* como en la arqueología foucaulteana, se intenta pensar este vínculo no como una "imposición" al conocimiento, como determinaciones extrínsecas, sino como condiciones de posibilidad que limitan y a la vez habilitan, punto de partida (acaso materialista) y no mera impureza a disolver (cf. Piaget y García, 1982, pp. 231-232; Foucault, 1975, p. 37).

Ambas perspectivas construyen sus caminos para dar cuenta de este punto. A través de la noción de *Weltanschauung*, entendida como visión del mundo, Piaget y García sostienen que si bien no se trata de una "imposición", el problema que plantea el *marco epistémico* es aun así un problema ideológico (1982, p. 234). Por su parte, Foucault descarta esta noción, que considera parte de una historia de las ideas ajena a su labor (1963, p. 19; 1969, p. 93). Respecto a la noción de "ideología", esta discusión es amplia y abunda muchas veces en lecturas que intentan encontrar una lógica de aparato de Estado inconfesada en sus lecturas sobre el poder (cf. Žižek, 2008), lo que es, a nuestro entender, injusto. Sin ánimos de entrar en esta discusión, nos interesa preguntarnos si no resulta de mayor potencia, quizás paradójicamente, dirigir estos interrogantes sobre lo ideológico más a la etapa arqueológica que a la genealógica. En particular a los comentarios realizados en *La arqueología del saber*, pues es precisamente allí donde Foucault vuelve a ubicar el vínculo de los discursos con lo extra discursivo. Pensamos que en estas distintas posiciones respecto a esta noción (ya sean caracterizadas como visión del mundo o en el caso que veremos de Foucault), en cierto sentido los modos de abordar el problema de la ideología suponen al mismo tiempo modos específicos de pensar estrategias para sortear obstáculos al advenimiento de lo nuevo, es decir, modos de lidiar con ella. Es allí que querríamos encontrar la posibilidad de alimentar la reflexión meta-teórica.

Siguiendo a Castorina (2007), pensamos que la reflexión meta-teórica no es una herramienta extra-disciplinar, sino interna a la propia disciplina; o al menos sin lugar a dudas en el caso de la psicología. Es allí, por ejemplo, que la noción de *marco epistémico* puede funcionar como herramienta concreta que apoye la revisión de los supuestos implícitos de quienes investigan, de quienes producen teoría (Becerra y Castorina, 2015). Nos interesa por ello esa pequeña acotación hecha por García, cuando dice que se trata de un sistema de pensamiento *rara vez explicitado*. No es necesario considerar que allí se esté anunciando que esto sea efectivamente realizable para dejar entrever el problema: ¿qué tipo de vínculo crítico somos capaces de sostener con aquellos obstáculos que impiden la novedad en el conocimiento cuando se trata, al mismo tiempo, de las condiciones que hacen posible nuestro propio conocimiento?, ¿la revisión de nuestras propias condiciones para conocer provendrá de prácticas y reflexiones que parten de esas mismas condiciones?, ¿cómo se piensa una "distancia" con aquello que limita y al mismo tiempo posibilita? Aquí es donde, a nuestro entender, Foucault podría ser un interlocutor interesante para estas preguntas, a partir del modo en que –en su propio proyecto y para sus propios fines– ha logrado formularlas y ponerlas a trabajar.

Si bien Foucault no se expresa positivamente al respecto, creemos que es posible pensar el problema de la ideología a partir de él, desde su etapa arqueológica, precisamente en el centro de la problemática que ya señalamos: en *La arqueología del saber* Foucault afirma que "si la cuestión de la ideología puede ser planteada a la ciencia es en la medida en que ésta, sin identificarse con el saber, pero sin borrarlo ni excluirlo, se localiza en él" (1969, p. 241)[8]. En la medida en la que distinguimos estos dos niveles, estas dos historias de la verdad, ¿cómo pensar los efectos

---

8   El propio Canguilhem, en el prefacio de su libro *Ideología y racionalidad en la historia de las ciencias de la vida*, señala –a propósito de *La arqueología del saber*– que han sido para él de mucha utilidad sus "análisis relativos a la ideología científica" (1977, p. 10).

al nivel de la ciencia de esta segunda historia de la verdad, de las pujas que se dan en el saber, el punto de su entrecruzamiento?, ¿qué implica, para Foucault, la inscripción de una ciencia en la esfera general del saber? Ante todo, dirá, "la cuestión su existencia como práctica discursiva y de su funcionamiento entre otras prácticas" (1969, p. 241). Las prácticas discursivas se insertan, para el autor, dentro del dominio general de todas las prácticas, discursivas o no: las apropiaciones, los usos, las interacciones fortuitas no sólo no son ajenas a ellas, sino que son verdaderos "elementos formadores" (1969, p. 92) al nivel del saber. Esto, como hemos mencionado, implica este modo particular de pensar los usos y las apropiaciones de los discursos, pero también modificaciones tan concretas como fue para el discurso de la medicina la puesta en tela de juicio de la estructura de los hospitales a principios del siglo XIX (¿es el hospital o la vida social el mejor lugar para sanar?) o el modo en que se gestiona su enseñanza universitaria y/o limita el ejercicio de la medicina por parte de legos (1963, pp. 67-82). Discusiones híbridas que hacen al mismo tiempo a lo disciplinar y a lo social, a los problemas que el discurso médico podrá plantearse: no se trata de reflejos o traducciones, sino de que "se modifican las reglas de formación" (1968, p. 690).

A propósito de una crítica a esta distinción entre prácticas discursivas y no discursivas, Laclau y Mouffe (1985) hacen una acotación muy rigurosa a un pasaje de Foucault: si todas estas instancias llamadas no discursivas "no están simplemente yuxtapuestas por una serie de contingencias históricas, es porque él [el discurso de la medicina] hace uso constante de este grupo de relaciones" (Foucault, 1969, p. 74). Aun si cumplen un rol formador, todos estos niveles como lo técnico, lo institucional, podrían articularse únicamente en relación al discurso de la disciplina en cuestión. Se trata en parte del lugar que se le otorgue a la idea de *discurso* –muy cara para lxs autorxs del comentario–, pero pensamos que aun conservando esta distinción con lo no discursivo agrega un matiz: si bien participa a las transformaciones, su inscripción en los modos que en el conocimiento se estructura dependen del modo en que éste logre articularlos (Laclau y Mouffe, 1985, p. 123). No obstante, se trata de la práctica discursiva "en tanto que práctica" (Foucault, 1969, p. 74): aún se trata –tomando la aguda y precisa observación– de poder pensar esta articulación que realiza el discurso de esta o aquella ciencia con el campo general del saber.

La reflexión sobre la práctica de investigación, de algún modo, podría pensarse como eso que al nivel del saber (y no en su carácter interno) permite aproximar los problemas científicos a los políticos. En el caso de la reflexión de quienes realizan investigación interdisciplinaria, el trabajo permanente de explicitación del marco epistémico implica, por ejemplo, que "se generen interacciones al interior del grupo de investigadores" (García, 2007, p. 67). Lo cual contempla "una apertura a métodos, conceptos y lenguajes poco familiares" (2007, p. 68) que, al mismo tiempo que permitan elaborar un marco conceptual común, contribuyan con "el desarrollo de una *práctica* convergente" (2007, p. 67, subrayado en el original). El punto que nos interesa es que la reflexión sobre el rol como integrante de una disciplina en un contexto social y político específico y las implicancias que esto tiene para la formulación de hipótesis y teorías posee este carácter que pertenece de un lado a la disciplina y de otro al contexto histórico en general. La noción de marco epistémico intenta nombrar ese trabajo de explicitación de "una normatividad extradisciplinaria de contenido social que involucra lo que 'debería hacerse'", a partir de sus "implicaciones prácticas" (2007, p. 106)[9]. Esto, lejos de ser simplemente una discusión metodológica, atiende a la preocupación por García acerca del modo en que se forman y conciben su labor quienes trabajan en ciencias sociales, particularmente en latinoamérica (2007, pp. 109-112).

En cierto sentido, como intento de aproximación, podríamos reunir las dos inquietudes. De un lado, ¿qué lugar ocupa la práctica investigativa de la que participo en el conjunto general de las prácticas? y, por otro, al intentar concebirla, ¿cómo sostener un vínculo crítico con lo que hace posible pensar y lo que no, cuando son las mismas condiciones desde las que formulo la crítica? Esta *rara explicitación*, creemos, podría pensarse al modo de una exigencia crítica. Como en la reformulación problemática constante que señala García, es una pregunta que nunca puede darse por acabada y que implica un trabajo permanente de reflexión y ensayo. En este punto, tal vez, algunas de las reflexiones de Foucault acerca de la posibilidad de trabajar sobre las propias con-

---

9   García distingue entre este tipo de normatividades que son "implícitas" y las que, por ejemplo, establece un ministro de economía, imponiendo cierto tipo de racionalidad a la investigación: "la normatividad juega a dos puntas: por un extremo, está implícita en el marco epistémico a partir del cual se genera la teoría; pero luego la teoría se utiliza para fundamentar la 'legitimidad' o la 'racionalidad' de las normas que se aplican" (2007, p. 107). Si bien son problemas paralelos, aquí nos interesa dirigirnos al aspecto implícito, al cual García dedica el problema de la "toma de distancia" de quienes investigan.

diciones en las que pensamos y conocemos podrían ser de utilidad para expandir ciertas preguntas y posibilidades de investigación.

Quisiéramos entonces dirigirnos a un modo de pensar la "crítica del presente" que Foucault introduce en su ¿Qué es la Ilustración?, hacia 1984. Si bien podría parecer un salto que no se corresponde con la predominancia del período arqueológico que estamos utilizando, Foucault (1985) ha dicho que, a su entender, la historia de las ciencias tal como la practican Canguilhem y Bachelard posee en esta pregunta su inspiración, como ejercicio para delimitar las posibilidades actuales de la ciencia tras el papel que jugó la razón en los despotismos de principios del siglo pasado. Allí Foucault arroja elementos para analizar y reflexionar sobre los límites de lo que hoy es posible pensar, para "una crítica de lo que decimos, pensamos y hacemos, a través de una ontología histórica de nosotros mismos" (1984b, p. 104). Un trabajo sobre lo actual que parte de la renuncia de la explicitación "total" de nuestros límites históricos. Es junto a la investigación que produce nuevos conocimientos que esta actitud crítica puede avanzar, pues "esa actitud histórico-crítica debe ser también una actitud experimental" (1984b, p. 105). La profundidad aparece cuando, retomando los aspectos arqueológicos que mencionamos (señalados por Foucault aquí en 1984) este "límite" son las condiciones de lo que es posible pensar en una época dada. Una vez más, es Kant quien aparece: si Kant se ocupó de explorar los límites de las condiciones bajo las que podemos conocer para evitar sobrepasarlos, para evitar el error[10], Foucault opondrá a esta crítica la posibilidad de pensar estos límites no para respetarlos, sino para ensayar su franqueamiento posible. Para ello busca ubicar, a través de un trabajo histórico (a la vez arqueológico y genealógico), la contingencia que nos hizo ser lo que somos, a partir de la cual obtener la posibilidad de concebir su transformación (1984b, p. 105). Esta crítica, para Foucault, no puede ser meramente especulativa, sino que debe estar articulada con la práctica. No se trata de que ella tenga el papel de una crítica universal, pues "no es en nombre de una práctica política que es posible juzgar la cientificidad de una ciencia" (1968, p. 691), sino de pensar la articulación de un discurso científico con su contexto, cómo

---

10 Respecto a esta crítica: "su utilidad, en lo que respecta a la especulación, sería verdaderamente sólo negativa; serviría, no para el ensanchamiento, sino sólo para la depuración de nuestra razón, y la mantendría libre de errores; con lo cual ya se gana muchísimo" (Kant, 1787, p. 79).

éstos –que son prácticas discursivas– "se encuentran en un sistema de correlaciones con otras prácticas" (1968, p. 693)[11].

Este tipo de trabajos sobre las propias condiciones históricas, como mencionábamos, no se dirigen a su explicitación, sino a la posibilidad de su transformación. Una práctica crítica, del presente, que en relación a otras prácticas quizás pueda contribuir a la multiplicación de líneas de trabajo. Llegado a este punto, a nuestro entender, resta una última consideración para intentar trabajar con este modo de la crítica. Así como abre la posibilidad de pensar las propias condiciones en las que conocemos, también su radicalidad implica que en ellas no solamente se construye lo que conocemos, sino también nosotrxs mismxs como sujetos. Esa "toma de distancia" con los modos naturalizados con los que conocemos es, en Foucault, también una toma de distancia respecto de nosotrxs mismxs, ¿qué pasa con el sujeto que sostiene un vínculo crítico con aquellas condiciones históricas a partir de las que conoce?

El problema del sujeto de la crítica

Al avanzar hacia la denominada etapa genealógica, hacia esa posibilidad de pensar las transformaciones, el lugar de esta "práctica entre prácticas" adquiere un carácter más específico. En 1973, en *La verdad y las formas jurídicas*, Foucault señalará que el trabajo sobre los discursos posee dos aristas: una que refiere a los hechos lingüísticos y a sus reglas de construcción (más cercana, si se quiere, a los años precedentes) y, por otro lado, otra que busca entrever cómo está allí presente una lucha, todo un "juego estratégico de acción y reacción" (1973, p. 13). Se trata de la introducción de un dinamismo que busca pensar ya no tanto en los términos sincrónicos en los que la arqueología trabaja, sino más bien las transformaciones, dando lugar a la llamada genealogía donde habrá que hablar del saber ya siempre ligado al poder, como saber-poder (1975, p. 37). Como dirá posteriormente, se trató del estudio de "los juegos de

---

11 Si bien el problema kantiano está presente desde el inicio en los problemas foucaulteanos, observa Poster que allí donde Foucault acaba colocando la *práctica* como lugar determinante de la crítica "se acerca más a Marx que a Kant" (1988, p. 303). Cf. "Los resultados y todos los productos de la consciencia no brotan por obra de la crítica espiritual (…), sino que sólo pueden disolverse mediante el derrocamiento práctico de las relaciones sociales reales" (Marx y Engels, 1932, p. 40). Como antes mencionamos, Foucault disiente de lo que llama el "marxismo universitario de Francia", pero aun así la introducción de la dimensión práctica parecería confirmar el comentario de Poster.

verdad unos en relación con otros (...), seguido por el de los juegos de verdad en relación con las relaciones de poder" (1984, p. 12).

En este sentido, la noción de *poder* se introduce reuniendo toda esta serie de dinamismos de los discursos: su relación como práctica entre otras prácticas, su vínculo con elementos institucionales, políticos, entre otros. También aquí, entonces, Foucault buscará pensar una relación entre las prácticas sociales y la producción de conocimiento que no reduzca al segundo a ser un mero reflejo de las primeras, intentará rechazar eso que llama el "marxismo universitario de Francia" (1973, p. 12), esa "oposición violencia-ideología" (1975, p. 37). Para Foucault, "todo punto de ejercicio de un poder es al mismo tiempo un lugar de formación, no de ideología, sino de saber" (1973b, p. 269). En cierto sentido, aun si implica la introducción de la "genealogía" como método, no se trata de problemas distintos a los que nos referimos antes. Hay, sin duda, la introducción de la pregunta por este juego de fuerzas que, tal como señala Foucault (1973), proviene de su lectura de Nietzsche y viene a preguntarse por esta dinámica propia de las prácticas sociales. Pero la relación con el poder no es de ningún modo el de la exterioridad de una imposición respecto al saber.

Aquí, al iniciar la labor específica de pensar estas transformaciones, Foucault introduce una nueva observación sobre los sujetos. Hasta el momento, cerca de *La arqueología del saber*, Foucault utilizaba la noción, quizás todavía demasiado estructuralista, de "posiciones de sujeto" (1969, p. 268) constitutivas de los enunciados posibles en un momento histórico dado: "los sujetos que discurren forman parte del campo discursivo –tienen allí su lugar (y sus posibilidades de desplazamiento), su función (y sus posibilidades de mutación funcional)" (1968, p. 680). Ahora, en el texto de 1973, a la reflexión sobre la emergencia de los nuevos objetos de conocimiento se añade, con la misma relevancia, la reflexión sobre la aparición de nuevos sujetos de conocimiento, históricos, en función de las prácticas sociales. Así, arribamos a la consideración de que los sujetos de conocimiento tampoco están dados antes de su constitución histórica, que sostienen también un vínculo con estas condiciones de posibilidad. Pero es muy importante –a pesar de introducir la noción de *poder*– seguir sosteniendo la perspectiva que abordamos al comienzo: así como el poder no se "impone" al saber, tampoco a los sujetos. No se tratará de intentar "liberarse" de este entramado de saber-poder, pues no se trata de una imposición, si no de las mismas condiciones históricas de posibilidad que hemos mencionado, que ahora poseen además un dinamismo. Para los sujetos se tratará también de preguntarnos qué quiere decir mantener un vínculo crítico con aquello que es al mismo tiempo lo que limita y posibilita, pero no ya respecto al conocimiento de un objeto, sino al propio lugar del sujeto.

El punto central es nuevamente que las prácticas y las relaciones sociales no sean pensadas como un oscurecimiento respecto de los sujetos, sino como su condición de posibilidad. Pero, además, los sujetos de conocimiento son este punto en el que, de modo muy concreto, se articula el contexto y la construcción de conocimientos: son ellos quienes producen conocimiento. Así, los sujetos se sitúan en este lugar que triangula con el poder y el saber de un modo muy preciso: "no hay verdad si usted no encuentra un punto de vista donde ella es posible" (Deleuze, 1986, p. 143). Se trata de la emergencia contingente de ciertas condiciones en las que algo podrá ser dicho, en que la verdad puede ser dicha. Pero es sumamente importante detenernos aquí en que no se trata de un relativismo, sino, como ha señalado Foucault (1972, p. 30) de un "perspectivismo" que remite a Nietzsche y en última instancia a Leibniz. No quiere decir que todo conocimiento sea contingente y que simplemente vaya a ser forzado a través de ciertas relaciones de poder: el cruce con el poder no se da al nivel de la ciencia y la epistemología, sino al nivel del saber. Desde luego existe una relación a veces "muy directa", en tanto una política es capaz de desmantelar toda una investigación (a través de la persecución, el desfinanciamiento), pero lo que esta noción de poder-saber intenta introducir implica ciertas "relaciones indirectas", ya que "los enunciados de un discurso científico no pueden ya ser considerados como la expresión inmediata de una relación social o una situación económica" (1968, p. 691). El poder no se dirige a la historia interna de la verdad, que es propia de las ciencias, sino a la historia externa, del saber como condición de posibilidad del conocimiento científico: "ni en Nietzsche ni en Leibniz el perspectivismo significará «a cada uno su verdad», significará el punto de vista como condición de manifestación de la verdad" (Deleuze, 1986 p. 143). Desde luego, no se trata aquí de dar una última palabra para estas discusiones a partir de esta "historia externa", sino de avanzar en una perspectiva que pueda sostener y abrir estas preguntas manteniendo siempre este límite de la autonomía de los conocimientos científicos.

No se trata entonces de la arbitrariedad de un sujeto en su ejercicio del poder: se trata de las condiciones concretas que hacen posible un proceso de subjetivación. Primero existe el punto de vista, es decir, el entramado de saber y poder que, en segundo término, hace posible que un sujeto se constituya allí. Al decir de Deleuze, "el punto de vista es más profundo que aquel que se sitúa en él" (1986, p. 34). Estrictamente no es más que la insistencia de que el pensamiento siempre se constituye en los límites de sus posibilidades históricas de existencia, pero a esto se le añade que los propios sujetos están incluidos en estas transformaciones históricas. Ya no serán ellos, con su lucidez y sus mentes frescas, quienes se dirijan a enunciar el nuevo saber: toda emergencia de una novedad proviene de una transformación en la que ellos mismos serán transformados: "nadie es pues responsable de una emergencia, nadie puede vanagloriarse de ella, ésta se produce siempre en el intersticio" (Foucault, 1971, p. 17). En cierto sentido, el último elemento de la crítica será que para que algo nuevo sea dicho es a su vez necesario un nuevo sujeto, un nuevo proceso de subjetivación.

A modo de cierre

Hemos intentado reconstruir algunos problemas en torno a las condiciones históricas de construcción del conocimiento que puedan servir para aproximar ciertas reflexiones foucaulteanas a la tradición constructivista. Sin buscar homologarlas ni generar controversias entre ellas, nuestra intención ha sido aproximar el modo en que han formulado y trabajado aspectos de la relación, en sentido amplio, entre el conocimiento y su vínculo con lo político y lo social.

A fines de ubicar en Foucault el vínculo entre las disciplinas y sus contextos sociales, en primer lugar, hemos intentado reconstruir el lugar que tiene la ciencia en la arqueología foucaulteana, diferenciándola de la noción de saber. Buscamos reponer respecto a este último su vínculo con la herencia kantiana para precisar la idea de una "condición histórica de posibilidad" de lo que puede pensarse en una época para situar allí la inscripción de la ciencia, con sus propios umbrales de epistemologización. Allí, intentamos situar la pregunta histórica por estas condiciones "internas" a la ciencia (pertenecientes a la epistemología o la historia de las ciencias), diferenciándola de una historia "externa", para ubicar allí la posibilidad de pensar la contingencia y las transformaciones de un modo que no contradigan la autonomía de los conocimientos científicos. Luego, hemos situado algunas características fundamentales del modo en que Rolando García concibe la relación entre las disciplinas y el contexto social. Partiendo de sus observaciones sobre la investigación interdisciplinaria, intentamos reponer las razones que llevan a la importancia de reflexionar y trabajar sobre este vínculo por parte de quienes investigan (particularmente en el caso de las ciencias sociales). Entonces, mencionamos algunas de las características fundamentales de la noción de marco epistémico formulada por Piaget y García, y su lugar para pensar este vínculo. En tercer lugar, intentamos reconstruir –a partir observaciones que los autores han hecho sobre la "ideología"– algunas características y dificultades de la pregunta por las propias condiciones históricas de posibilidad de conocer. Buscamos enfocar esta problemática en el trabajo de "explicitación" del marco epistémico, en el caso de García, y, en Foucault, en un posible vínculo entre la arqueología y su noción de crítica del presente. Al mismo tiempo que la importancia –incluso política, social– de sostener este trabajo como exigencia permanente, hemos intentado destacar el carácter paradójico que supone el hecho de que esta reflexión o crítica de las condiciones históricas con las que pensamos provenga, a su vez, de esas mismas condiciones. Para ello, buscamos aproximar los interrogantes de Foucault a los problemas que plantea la noción de *restricción* en la construcción de conocimientos (que refiere a aquello del contexto que limita y posibilita a la vez). Por último, hemos intentado reconstruir brevemente a partir de Foucault el lugar del sujeto en este tipo de reflexión crítica. Buscamos ubicar allí un punto central de la problemática: si toda posibilidad de un nuevo conocimiento implica una transformación de las condiciones que lo harán posible, lo que Foucault añade –en su perspectiva– es la necesidad de que el mismo sujeto que conoce se transforme, en tanto hace parte de estas condiciones. Es la consideración de que, si seguimos a Foucault, toda producción de conocimiento va de la mano de la posibilidad de un proceso de subjetivación.

Si bien no es una novedad aproximar a Foucault a estas problemáticas quisiéramos, a modo de cierre, explicitar de dónde proviene el interés por ello. En su reciente trabajo, *Los usos de Foucault en la Argentina*, Mariana Canavese observa que la recepción de Foucault se realiza de modo intermitente en los primeros tiempos de su obra, alcanzando cierta masividad recién a principios de los ochenta, con *Vigilar y castigar* (1975): "la aparición de un análisis centrado en el poder, como el que ofrecía ese libro, marcaría una apropiación local de las ideas de Foucault determinada por el terrorismo de Estado, amarrada a los dispositivos de represión y control social" (Canavese, 2015, p. 97). Tal vez por eso, es frecuente encontrar en Foucault un punto de llegada del pensamiento: utilizar sus nociones para señalar disciplinamientos, dispositivos, la omnipresencia del poder. Desde luego, estas denuncias las más de las veces son fundamentales y encienden las prácticas, pero otras tal vez clausuran la posibilidad de seguir pensando, como si al hablar del "poder" comprendiéramos demasiado rápido y las problemáticas se cerrasen en torno a él, como su última palabra. Quizás, si leyéramos a Foucault sin saber qué iríamos a encontrar, no sacaríamos hoy –o al menos no tan rápido– la conclusión de que es el filósofo del poder. Por eso hemos intentado dirigirnos en esa dirección, otorgando la centralidad de nuestra reconstrucción al *saber*: partir de sus interrogantes y avanzar en función de sus necesidades.

En este trabajo hemos intentado aproximar la discusión en torno a la noción de *marco epistémico* y a la práctica de investigación, pero desde luego la perspectiva foucaulteana podría utilizarse como herramienta para abrir preguntar en general acerca de construcción de conocimiento, incluso en la vida cotidiana. Si tenemos en mente al *saber*, la pregunta por condiciones históricas de posibilidad, una afirmación como la siguiente resulta quizás más aguda y menos obvia: desde una perspectiva foucaulteana "la capacidad de constituirse uno mismo como sujeto de conocimiento depende de la intervención en el presente" (Poster, 1988, p. 301). Es la posibilidad –para nada romántica y con plena densidad histórica– de ubicar que las cosas, a veces, bajo ciertas condiciones, pueden ser de otra manera. No que "podrían ser" o que "nos gustaría" que fuesen de otra manera: se trata de la conceptualización de una posibilidad histórica, de una transformación posible hoy y de un modo de trabajar con ella, de señalarla y de cuidarla. Como decía Blanchot, la posibilidad de "temporizar" las amenazas actuales (1986, p. 16) no para preguntarnos si cualquier otra cosa sería posible, sino cómo intervenir este presente tal y como es. Esto, entonces, no se trata de un sujeto que disputa dentro de una trama de poder y que, él mismo, logra adquirir otra posición o saber. La ocasión presente de *constituirse* como sujeto de conocimiento supone esta mirada que abarca tanto las regularidades propias de eso que se conoce, la trama de las prácticas en que se realiza, las ideas que tenemos sobre lo que podría o debería realizarse, la dimensión institucional, política, económica. No es sino en su conjunto que posibilitan cierta (y no otras) maneras de conocer y subjetivarse. Está claro pues por qué indagar estas condiciones no se tratará de una "explicitación" consumada, sino de un trabajo permanente que intente ubicar el punto posible de su transformación.

Para no abandonar la "subjetivación" en una abstracción tal vez podamos ilustrar esto con la participación de Foucault en el *Grupo de Información sobre las Prisiones*, teniendo a la vista que aunque se trata ante todo de una intervención política se ubica precisamente en el período de su obra en que nos centramos. En 1971, se le había pedido que coordine una "comisión de investigación" sobre una situación de detención por razones políticas. Aceptó, pero a condición de que sea un grupo de información, "una manera de insistir a la vez en la experiencia colectiva de pensamiento y en una toma de la palabra de los detenidos" (1971b, p. 169). Como observa Judith Revel, el interés de la experiencia no radicó tanto en los logros arrancados al poder, sino en la posibilidad de restituir la palabra, de generar las condiciones para que otros modos de constituirse como sujetos sean posibles (2010, pp. 130-133). Es por eso que Deleuze ha dicho en una entrevista que si algo hemos aprendido de Foucault es "la indignidad de hablar en nombre de otros" (Foucault, 1972, p. 86).

¿Hasta dónde extendemos la lectura de las condiciones que están haciendo posible determinado modo de conocer y no otro?, ¿cómo se anudan en una unidad de análisis estos elementos a la vez individuales, disciplinares, sociales, históricos?, ¿qué tan amplio es el espectro con el que evaluamos las posibles intervenciones para transformar estos modos de conocer y pensar?, ¿qué tanto confiamos en las transformaciones subjetivas que podamos producir –en nosotrxs mismxs y en otrxs– y en los modos de conocer que catalizan, aun si no los prevemos de antemano?, ¿qué posibilidades tenemos para "tomar distancia" cuando es necesario dar lugar a nuevos modos de pensar nuestra práctica y nuestra disciplina en función de los desafíos que encontramos?, ¿qué tanto estamos dispuestxs a abandonar los modos en que pensamos cuando una situación lo exija?, ¿qué tanta energía dedicamos a la inercia de las ideas que ya conocemos en vez de a la rigurosidad de una disciplina que se transforma o a lo que una época habilita a pensar?

Referencias bibliográficas

Agamben, G. (2009). ¿Qué es lo contemporáneo? En *Desnudez*. Buenos Aires: Adriana Hidalgo, 2011.

Bachelard, G. (1938). *La formación del espíritu científico. Contribución a un psicoanálisis del conocimiento objetivo*. Buenos Aires: Siglo XXI, 1975.

Becerra, G. y Castorina, J. A. (2015). El condicionamiento del "marco epistémico" en distintos tipos de análisis constructivista. En *Filosofía e historia de la ciencia en el Cono Sur: Selección de trabajos del IX Encuentro y las XXV Jornadas de Epistemología e Historia de la Ciencia* (pp. 101-107). Córdoba: Universidad Nacional de Córdoba.

Blanchot, M. (1986). *Michel Foucault tel que je l'imagine*. Paris: Éditions fata morgana.

Canavese, M. (2015). *Los usos de Foucault en la Argentina: recepción y circulación desde los años cincuenta hasta nuestros días*. Buenos Aires: SigloXXI.

Canguilhem, G. (1977). *Idéologie et rationalité dans l'histoire des sciences de la vie*. Paris: VRIN.

Castorina, J. A. (2007). Introducción. En J. A. Castorina (Comp.), *Cultura y conocimientos sociales. Desafíos a la psicología del desarrollo*. Buenos Aires: Aique.

Castorina, J. A. (2010). La investigación de los conocimientos sociales: la crítica de sus condiciones sociales y sus supuestos filosóficos. En J. A. Castorina (Comp.), *Desarrollo del conocimiento social. Prácticas, discursos y teorías*. Buenos Aires: Miño y Dávila.

Castro, E. (1995). *Pensar a Foucault. Interrogantes filosóficos de La arqueología del saber*. Buenos Aires: Biblos.

Castro, E. (2013). Foucault, lector de Kant (prefacio). En M. Foucault, *Una lectura de Kant. Introducción a la antropología en sentido pragmático*. Buenos Aires: Siglo XXI.

Castro, E. (2015). *Introducción a Foucault*. Buenos Aires: Siglo XXI.

Deleuze, G. (1985). *El saber. Curso sobre Foucault I*. Buenos Aires: Cactus, 2013.

Deleuze, G. (1986). *El Leibniz de Deleuze. La exasperación de la filosofía*. Buenos Aires: Cactus, 2006.

Dreyfus, H. y Rabinow, P. (2001). *Michel Foucault: más allá del estructuralismo y la hermenéutica*. Buenos Aires: Nueva Visión.

Foucault, M. (1963). *El nacimiento de la clínica. Una arqueología de la mirada médica*. Buenos Aires: Siglo XXI, 2008.

Foucault, M. (1966). *Las palabras y las cosas. Una arqueología de las ciencias humanas*. Buenos Aires: Siglo XXI, 2014.

Foucault, M. (1967). La philosophie structuraliste permet de diagnostiquer ce qu'est «aujourd'hui». En *Dits et écrits I. 1954-1969*. Paris: Gallimard, 1994.

Foucault, M. (1967b). Sur le façons d'écrire l'histoire. En *Dits et écrits I. 1954-1969*. Paris: Gallimard, 1994.

Foucault, M. (1968). Réponse à une question. En *Dits et écrits I. 1954-1969*. Paris: Gallimard, 1994.

Foucault, M. (1969). *La arqueología del saber*. Buenos Aires: Siglo XXI, 2013.

Foucault, M. (1971). Nietzsche, la genealogía, la historia. En *Microfísica del poder*. Madrid: La Piqueta, 1992.

Foucault, M. (1971b). Manifiesto del GIP. En *El poder, una bestia magnífica. So-*

bre el poder, la prisión y la vida. Buenos Aires: Siglo XXI, 2012.

Foucault, M. (1972). Los intelectuales y el poder. En *Microfísica del poder*. Madrid: La Piqueta, 1992.

Foucault, M. (1973). *La verdad y las formas jurídicas*. Buenos Aires: Gedisa, 2013.

Foucault, M. (1973b). *La sociedad punitiva*. Buenos Aires: Fondo de Cultura Económica, 2016.

Foucault, M. (1975). *Vigilar y castigar. Nacimiento de la prisión*. Buenos Aires: Siglo XXI, 2009.

Foucault, M. (1976). *Historia de la sexualidad I: La voluntad de saber*. Buenos Aires: Siglo XXI, 2012.

Foucault, M. (1978). *Que'est-ce que la critique?* France: VRIN, 2015.

Foucault, M. (1983). Preface. En G. Deleuze y F. Guattari, *Anti-Edipus: Capitalism and schizophrenia*. Minneapolis: University of Minnesota.

Foucault, M. (1984). *Historia de la sexualidad II: El uso de los placeres*. Buenos Aires: Siglo XXI, 2016.

Foucault, M. (1984b). *¿Qué es la Ilustración?* Madrid: La Piqueta, 1996.

Foucault, M. (1984c). Le style de l'histoire. En *Dits et écrits IV. 1980-1988*. Paris: Gallimard, 1994.

Foucault, M. (1985). La vie: l'expérience et la science. En *Dits et écrits IV. 1980-1988*. Paris: Gallimard, 1994.

Frank, M. (1988). El concepto de discurso en Foucault. En AA.VV., *Michel Foucault, filósofo*. Barcelona: Gedisa, 1990.

García, R. (2000). *El conocimiento en construcción. De las formulaciones de Jean Piaget a la teoría de sistemas complejos*. Barcelona: Gedisa.

García, R. (2007). *Sistemas complejos*. Barcelona: Gedisa.

Hadot, P. (1995). ¿Qué es la filosofía antigua? México: Fondo de Cultura Económica, 1998.

Heidegger, M. (1988). *Identidad y diferencia*. Barcelona: Editorial Anthropos.

Hempel, C. G. (1966). *Filosofía de la ciencia natural*. Madrid: Alianza, 2003.

Kant, I. (1787). *Crítica de la razón pura* (trad. Mario Caimi). Buenos Aires: Colihue, 2014.

Laclau, E. y Mouffe, Ch. (1985). *Hegemonía y estrategia socialista. Hacia una radicalización de la democracia*. Madrid: Siglo XXI, 1987.

Marx, K. y Engels, F. (1932). *La ideología alemana*. Barcelona: Grijalbo, 1970.

Piaget, J. (1974). *El estructuralismo*. Barcelona: Oikos-Tau, 1980.

Piaget, J. y García, R. (1982). *Psicogénesis e historia de la ciencia*. México: Siglo XXI.

Poster, M. (1988). Foucault, el presente y la historia. En AA.VV., *Michel Foucault, filósofo*. Barcelona: Gedisa, 1990.

Prigogine, I. y Stengers, I. (1979). *La nueva alianza. Metamorfosis de la ciencia*. Madrid: Alianza, 2004.

Revel, J. (2010). *Foucault, un pensamiento de lo discontinuo*. Buenos Aires: Amorrortu, 2014.

Stolkiner, A. (1987). De interdisciplinas e indisciplinas. En Nora Elichiry (Comp.), *El niño y la Escuela-Reflexiones sobre lo obvio*. Buenos Aires: Nueva Visión.

Yuing Alfaro, T. (2017). *Tras lo singular: Foucault y el ejercicio del filosofar histórico*. Viña del Mar: CENTALES Ediciones.

Žižek, S. (2008). El espectro de la ideología. En *Ideología: un mapa de la cuestión*. Buenos Aires: Fondo de Cultura Económica.

CAPÍTULO III

El contexto en los estudios sobre la construcción de conocimiento de los niños y niñas.
Una aproximación a sus usos y sentidos desde la antropología social y la psicología genética[1*]

Mariana García Palacios, Paula Shabel,
Axel Horn y José Antonio Castorina

Introducción

Hace más de 10 años, nuestro equipo de investigación, compuesto por psicólogos, sociólogos y antropólogas, indaga acerca de la construcción de diversos conocimientos sociales en los niños y niñas, por ejemplo, en el estudio de construcción de conocimiento religioso y las ideas infantiles de intimidad, política y justicia. Para ello hemos venido sosteniendo un diálogo interdisciplinario entre la antropología social y la psicología genética que reconoce críticamente los aportes de la psicología piagetiana. Justamente, muchas de nuestras producciones conjuntas anteriores se ocuparon de las relaciones entre los conocimientos infantiles y las prácticas sociales en ambas disciplinas, considerando que los niños y niñas construyen diversos significados acerca del mundo social y los modifican en tanto partícipes activos de las prácticas sociales (García Palacios y Castorina, 2010, 2014; Horn y Castorina, 2010; García Palacios, Horn y Castorina, 2014 y 2015). En todas nuestras aproximaciones hemos partido del supuesto teórico de que la construcción de conocimiento se realiza *en contexto*. Sin embargo, revisando la bibliografía existente acerca de estas problemáticas y pese a que la gran mayoría de los estudios recurre a la idea de contexto, consideramos que no se ha explicitado suficientemente los alcances y

---

1 Este trabajo es una revisión de los artículos "Uses and Meanings of 'Context' in Studies on Children's Knowledge: A Viewpoint from Anthropology and Constructivist Psychology" (en Integrative Psychological and Behavioral Science, 52) y "El contexto en la construcción de conocimiento. Una aproximación a su estudio desde la psicología del desarrollo y la antropología" (en Espacios en Blanco, 27).

límites de dicha noción. En este sentido, creemos que no se ha elucidado qué implicancias tiene cada una de sus definiciones posibles a la hora de analizar su vínculo con la construcción cognoscitiva. El contexto aparece, parafraseando a Althusser (1967), como un concepto *en estado práctico*. De aquí surgió la necesidad de profundizar la discusión interdisciplinaria sobre el significado de esta categoría, y sobre los problemas que deja abiertos en la investigación psicológica y antropológica, en los niveles meta-teórico, teórico y metodológico.

Con este fin, intentaremos examinar con cierto rigor en las próximas páginas qué se entiende por contexto, cuál es su alcance y qué vinculaciones mantiene con las "construcciones individuales". En términos muy generales, puede afirmarse que, si en las teorías antropológicas la preocupación por el estudio del "contexto" ha sido central desde sus inicios, en las primeras investigaciones de la psicología genética esta preocupación pasó a segundo plano, al concentrar los esfuerzos por dilucidar los aspectos más individuales y aquellos considerados universales de la construcción cognoscitiva. Sin embargo, entendemos que tanto esta tradición de estudios sobre la construcción cognoscitiva de la psicología genética como los marcos desarrollados por la antropología social, deben ser recuperados y reexaminados a la luz de esta nueva problemática. En este sentido, nuestra intención última es arribar a un marco teórico conceptual común y una estrategia metodológica con los aportes de ambas disciplinas.

En primer lugar, entonces, desarrollaremos aquí cómo ha sido entendida la noción de contexto en antropología social y luego, estableceremos los significados que le han sido otorgados al contexto en psicología. En segundo lugar, y teniendo en cuenta revisiones disciplinares anteriores, analizaremos las relaciones posibles entre el contexto y la construcción de conocimientos para luego defender la tesis de que el primero restringe o hace las veces de un catalizador para el segundo. Por último, siguiendo esta misma línea, y haciendo referencia a nuestras propias indagaciones empíricas, examinaremos la influencia de la consideración del contexto en los procedimientos metodológicos en investigaciones de cada disciplina y sus consecuencias para pensar algunas modalidades de colaboración entre ambos campos.

Los usos del contexto en la antropología social y en la psicología genética

Desde principios del siglo XX, mientras la antropología social[2] afianzaba su oficialización en la academia bajo la escuela funcionalista, se desarrolló una idea de contexto que se tornó fundamental para el análisis antropológico de los rituales, las instituciones y la totalidad de la vida de *los Otros* en sus propios parámetros. Se consideró que para comprender a los *nativos* había que viajar y convivir con ellos, estudiando *en contexto* los distintos grupos humanos. La observación directa pasó a ser, de este modo, el único método posible de investigación (Krotz, 1988). Desde los pioneros trabajos de Malinowski (1922/2001), viajar a las aldeas, hablar los idiomas locales y vivir el día a día se constituyó como la base de la antropología moderna poniendo en el centro de la escena los contextos de producción de los conocimientos que, sin embargo, no llegaron a conceptualizarse sistemáticamente como tales. Aun así, podemos inferir que para esta corriente de pensamiento el contexto está íntimamente ligado a las leyes y las normas que regulan las distintas instituciones de una sociedad. El "contexto" adquiere una forma homogénea a lo largo y ancho de cada cultura/sociedad con la que se trabaja. Es una totalidad externa en relación con el sujeto que pareciera no incidir en ella, más que para utilizar dichas reglas e instituciones como base de referencia del accionar individual.

Ya en la segunda década del siglo XX, la nueva corriente del particularismo histórico incorporó la variable histórica a los análisis, produciendo otra noción de contexto novedosa para la antropología. Boas (1981) y sus discípulos cuestionaron la idea de la herencia biológica como determinante e incluso condicionante del desarrollo humano y enfatizaron el devenir histórico particular de cada grupo como factor de influencia. Se postuló la universalidad del pensamiento humano y la

---

2   Merece ser mencionada la aproximación de Duranti (Duranti, 2001; Goodwin y Duranti, 1992) dentro de la antropología lingüística, quien, influenciado por el desarrollo de la pragmática, propone una noción de contexto dada por los actos de habla, que no solo dicen cosas, sino que también las hacen. En esta misma línea, los escritos de Hutchins y Goodwin (2011) utilizan la categoría de interacción encarnada (*embodied interaction*) para analizar la interacción social y la cognición compartida, asumiendo que los contextos se componen de esas interacciones sociales y la materialidad de los cuerpos y elementos culturales de las que están hechas.

diversidad cultural se asoció a las particularidades que cada grupo imprime de acuerdo con sus historias específicas.

Las corrientes estructuralistas, por su parte, explican los fenómenos sociales a partir de la comprensión de las estructuras mentales universales que exceden cualquier análisis contextual, pero también cualquier análisis histórico y particular de los pueblos. Lévi-Strauss (1977) sostuvo que el pensamiento humano universal funciona categorizando el mundo en forma binaria y que cada grupo social *llena* esos compartimientos cognitivos con sentidos particulares. Podría pensarse que el contexto aparece aquí como el marco cultural que produce dichos sentidos del mundo, moldeando las categorías del pensamiento con contenidos específicos, pero estos sólo son relevantes para la explicación de los mecanismos mentales de pensamiento.

Por otro lado, la antropología simbólica, que se desarrolló en los 60´s a partir de los escritos de Geertz, hizo énfasis en el significado de los hechos sociales en los términos en los que los propios actores sociales *nativos* los interpretan. La disciplina se volcó entonces al estudio de los símbolos como entidades de sentido colectivas sin desdibujar en ellos a los sujetos productores de los mismos, como sí lo había hecho el funcionalismo. Aquí, el contexto podría entenderse como aquella trama de sentidos compartidos por un grupo que significa los *hechos sociales* de una forma particular. Estos símbolos compartidos conforman la cultura local en tanto "contexto dentro del cual pueden describirse todos esos fenómenos de manera inteligible" (Geertz, 2001, p. 78). La disciplina se dedicó entonces a interpretar sentidos para conocer los diversos contextos culturales. Esta nueva mirada sobre la realidad le dio a la noción de contexto características más heterogéneas que, sin embargo, no alcanzaron para llegar a reconocer las formas desiguales que adquieren las relaciones sociales en dichos contextos cotidianos y, por ello, cada configuración cultural sigue siendo presentada como un todo armónico.

En cambio, las desigualdades sociales fueron sistemáticamente estudiadas por las corrientes marxistas en antropología, que se desarrollaron sobre todo en la década del '70, aportando a la noción de contexto una perspectiva macro, atendiendo a la existencia de una estructura social que genera desigualdades, ya sean de clase, de género, etaria, etc. (Boivin, Rosato y Arribas, 2006; Godelier, 2000). En este sentido, un gran aporte del marxismo al estudio del contexto es la introducción de la noción de escalas (Ortner, 1984). Al colocar al capitalismo en el centro de la escena mundial las investigaciones comenzaron a pensar el nivel local de relaciones que hacen a cada grupo social en diálogo con niveles más amplios de relaciones coloniales, imperialistas, de comercio internacional, etc. que influyen necesariamente en la cotidianeidad de dicho grupo: "la humanidad constituye un total de procesos múltiples interconectados y que los empeños por descomponer en sus partes a esta totalidad, que luego no pueden rearmarla, falsean la realidad" (Wolf, 2005, p. 15). La idea de contexto en la disciplina se modificó entonces para incluir las historias y los presentes de dominación de cada grupo estudiado necesariamente inserto en múltiples redes de contacto que influyen en sus procesos de producción y reproducción social.

Siguiendo esta línea, ciertas corrientes, que también recuperan una tradición weberiana de las ciencias sociales, generaron un corpus teórico en relación con *la práctica/praxis.* La premisa del enfoque es que la estructura desigual es un escenario condicionante en el que se dan las disputas de poder, pero que también recupera el estudio de la agencia como productora, reproductora y transformadora de aquella estructura (Ortner, 1984). Al centrarse en las prácticas humanas sin perder de vista sus circunstancias de producción, la noción de contexto se profundiza para comprender tanto las condiciones materiales como simbólicas de un determinado grupo y las formas en las que estas interactúan en cada acción humana conformando los sistemas estructurantes de cada sociedad.

En síntesis, en antropología social las menciones al contexto son múltiples. Si bien puede considerarse que el interés por estudiar diferentes problemáticas socioculturales *en contexto* aparece prontamente en la historia de la disciplina, no siempre han sido claros los significados y alcances que se le han dado al concepto: el contexto puede ser "la cultura", "las relaciones sociales", "las interacciones", "el sistema socioeconómico", etc. Para avanzar en la presente conceptualización revisaremos las nociones de contexto utilizadas en la psicología genética y propondremos puntos de diálogo entre ambas disciplinas.

Por su parte, en las primeras investigaciones de la psicología genética[3] el contexto no ha sido seriamente considerado en la mayoría de

---

3 Contamos también con los desarrollos de otros campos de la psicología, como es el caso de la psicología discursiva, de la cual Potter (2000) es uno de sus principales referentes. El autor atiende al carácter retórico de un mundo que se define durante las prácticas discursivas entre los participantes de un diálogo. Se puede decir que las construcciones discursivas son examinadas en el contexto de su ocurrencia como construcciones situadas, con atención a la acción social cuya descripción llevan a cabo los analistas y los participantes. Según esta perspectiva, el análisis se ocupa de la manera en que las representaciones son construidas en el uso y en la orientación de la

los casos. Según Lave (2001), aunque las psicologías que han estudiado los procesos cognitivos individuales puedan incorporar en su análisis la consideración del contexto, éste sería un frustrado "perfeccionamiento", ya que todos sus supuestos se basan en el estudio de los procesos internos e individuales. Particularmente, estas consideraciones constituyen una advertencia para la psicología constructivista de Piaget, que no consideró las condiciones contextuales al estudiar los desarrollos de los sistemas de conocimiento. En esta línea, y en consistencia con la perspectiva relacional, los psicólogos postpiagetianos introdujeron el contexto en la elaboración de ideas sin que ello constituya un añadido extraño y artificial a la propia teoría (Psaltis, Duveen y Perret Clermont, 2009).

En sus primeros trabajos, Piaget (1932) realiza aproximaciones a la problemática en cuestión, sin que puedan ser consideradas como un estudio propiamente contextual. Sostuvo la existencia de una correspondencia entre pensamiento individual y las relaciones sociales, como "caras de la misma moneda" (Psaltis, Duveen y Perret Clermont, 2009), por ser expresiones diferentes de la misma coordinación de acciones. Siguiendo a Psaltis, Duveen y Perret Clermont (2009), se puede plantear que al suponer que el pensamiento es inescindible de las interacciones sociales, Piaget se evitó examinar lo específico de las relaciones sociales en juego. Más aún, no tuvo en cuenta los contextos culturales que limitaban y posibilitaban esos procesos cognoscitivos. En definitiva, en Piaget primó la tesis de un desarrollo general debido a la actividad constructiva de un sujeto epistémico que permaneció independiente de los avatares de las condiciones específicas –sociales y culturales– en las cuáles se elaboraba el conocimiento. Justamente, la tradición de autores postpiagetianos se caracterizó por la emergencia de diferentes intentos por situar la construcción cognoscitiva en situaciones que se pueden considerar como contextuales. Psaltis, Duveen y Perret Clermont (2009) identificaron tres generaciones de estudios que modificaron la tradición piagetiana original.

Una primera generación se vincula con el estudio de los conflictos socio-cognitivos (Doise, Mungny y Perret-Clermont, 1975). Estas investigaciones pusieron de relieve que los conflictos suscitados en las interacciones sociales son tan importantes y constitutivos de conocimiento

acción como obtener invitaciones o asignar culpabilidad. También encontramos en esta línea a Margaret Donaldson (1979), que pone de relieve los contextos comunicativos en los que se suceden los procesos de construcción de conocimiento para ubicar al lenguaje oral y no oral (gestos, miradas) como constitutivos de dichos procesos.

como los conflictos cognitivos. Particularmente, mostraron cómo el diálogo entre niños y/o niñas cuyo pensamiento expresaba diferentes niveles de conceptualización producía un avance en los sujetos de niveles menos avanzados en el desarrollo de una invariante operatoria. Tales descentraciones cognoscitivas eran suscitadas por el intercambio comunicacional con niños de niveles más avanzados. Es decir, no sólo podía explicarse el desarrollo cognoscitivo por los conflictos que el sujeto vivenciaba individualmente en los diferentes aspectos observados de una situación, sino que también debían tenerse en cuenta las inconsistencias que se producían en las interacciones con otros.

Una segunda generación de los estudios postpiagetianos (Schauber-Leoni, Perret-Clermont y Grossen, 1992) "abre la caja negra" de las interacciones y las expectativas contextuales alrededor de estas interacciones. Esto es, muestra cómo el contexto de interacciones comunicativas entre entrevistador y entrevistado incide en las elaboraciones que hace el niño o la niña en ella, dejando de ser entendido como una interacción neutra culturalmente. Es decir, los niños y niñas, en su interacción comunicativa con el entrevistador o entrevistadora interpretan, junto con las preguntas acerca del objeto, las intenciones del entrevistador o entrevistadora.

Finalmente, una tercera generación abordó la construcción de operaciones intelectuales poniendo en juego las representaciones sociales que restringen la construcción de conocimientos. Estos estudios analizaron la intervención, por ejemplo, de las representaciones de género como condicionantes del proceso cognoscitivo. Así, mostraron que una niña de un nivel más avanzado en la adquisición de una noción tardará más tiempo y tendrá que recurrir a una mayor cantidad de argumentos para convencer a un niño de nivel menos avanzado. En cambio, cuando se invierte la ecuación, es decir cuando un niño con desarrollo más avanzado intenta convencer a una niña con desarrollo menos avanzado, lo logra más rápidamente. Las consecuencias de estos estudios serían, por un lado, que las representaciones sociales son parte de la elaboración cognoscitiva y la contextualizan, en el sentido de limitarla o posibilitarla; por el otro, el considerar al contexto más amplio de las representaciones sociales y las prácticas sociales modifica la noción misma de sujeto epistémico. Ya no estamos ante un sujeto abstracto, sino ante un actor social con sus expectativas e identificaciones. La actividad cognoscitiva estructura y es estructurada por las relaciones triádicas entre el objeto de conocimiento, el individuo social y los otros (Psaltis, Duveen y Perret-Clermont, 2009).

La preocupación por la incorporación del contexto en los estudios postpiagetianos también se sostuvo sobre la base de la influencia de las corrientes inspiradas en el pensamiento de Vigotsky. Sin embargo, como señala Cole (2003), aún dentro de la psicología cultural el concepto de contexto es polisémico y por ello ha dado lugar a confusiones dentro de las corrientes socio-históricas y la psicología cultural, e incluso a muy diversos enfoques. Dicho de modo algo simplificado, este autor sugiere dos principales versiones: una primera, que entiende el contexto como un ambiente exterior al individuo con el que este interactúa y lo influye en diferentes sentidos. En esta dirección se referencia tanto al "contexto familiar" como al "contexto histórico" que influye en el desarrollo psicológico. En la segunda versión, a la que adhiere el propio Cole (2003), el niño y el contexto se constituyen mutuamente siendo las dos partes que, en sus relaciones, constituyen una totalidad. Siguiendo esta última perspectiva, la separación del niño y el contexto se hace muy discutible y presenta dificultades analíticas. De todos modos, continua sin quedar definido cabalmente a qué se hace referencia con *contexto*.

Otros autores (Rogoff, 1997 y Lave, 2001), que también se inspiraron en la obra de Vigotsky, desarrollaron la teoría de la actividad situada y sostienen que

> (...) los contextos son sistemas de actividad. Un sistema de actividad integra al sujeto, el objeto y los instrumentos (herramientas materiales y también signos y símbolos) en un todo unificado (...) que incluye relaciones de producción y comunicación, distribución, intercambio y consumo. (Lave, 2001, p. 30).

Consideramos que esta perspectiva, a diferencia de la desarrollada por Cole, da mayor relevancia a las relaciones concretas entre los componentes de una totalidad dinámica, es decir, el sistema de actividad constituido históricamente. Rogoff (1997) estudia el aprendizaje considerando el triángulo alumno, contenido a aprender y contexto. Este último podría ser considerado como la totalidad de elementos que participan del aprendizaje situado. No se acepta que el contexto esté constituido por factores externos a una actividad diferenciable, intelectual, sino que se toma a la situación o el evento escolar como "el texto" del aprendizaje. Lo que este enfoque subraya es la interdependencia de aquellos componentes de la actividad de aprender, es decir que constituyen una trama inescindible. En este sentido, el pensamiento de los individuos no puede examinarse como algo separado de la acción, las circunstancias y la meta. De este modo, si el contexto no es exterior sino constitutivo a las acciones humanas, la unidad de análisis es la participación guiada, los individuos activos que participan con otros en una actividad culturalmente organizada, que se propone el desarrollo de una participación más madura de los miembros menos experimentados.

Por su parte, Engeström (1999 y 2001) propone una teoría de la actividad, derivada de las ideas de Leontiev. Según esta versión, los componentes de la actividad son el sujeto, el instrumento, el objeto y la comunidad de referencia, que son los que comparten la misma actividad, las reglas de división de tareas y normas de la comunidad. El aprendizaje es el efecto de esas relaciones entre los componentes. Según esta perspectiva, un objeto no es el mismo objeto si está situado en un contexto no escolar que si está situado en un contexto escolar. En el sentido antes mencionado, la actividad "es contextual y está orientada hacia la comprensión de prácticas locales históricamente específicas, sus objetos, sus artefactos mediadores y su organización social" (Engeström, 1999, p. 113). El pensamiento de este autor refleja una teoría cultural de la mente donde la cognición se redistribuye entre formas de actividad conjunta próximas y a distancia, y el pensamiento se da tanto entre individuos como dentro de ellos.

En definitiva, aun teniendo en cuenta estos desarrollos conceptuales, la problemática de las relaciones entre contexto y construcción de conocimiento –tanto de estructuras operatorias como de conceptos específicos– sigue en pie. Nos preguntamos entonces, ¿a qué llamamos precisamente contexto de la construcción cognoscitiva?; ¿cómo interviene el contexto sobre la producción?; ¿se trata de una influencia causal, de una simultaneidad, o de una condición de *contorno*?; otra cuestión podría ser ¿cuáles son las consecuencias de la explicitación de la noción de contexto para la metodología de una investigación? Estos interrogantes nos llevan recuperar ciertos nuevos aportes de la antropología para avanzar en el análisis del significado de la noción de contexto y de sus relaciones con la construcción cognoscitiva.

Las relaciones entre contexto y construcción de conocimiento

Habiendo realizado una revisión de las conceptualizaciones de la noción de contexto de cada disciplina pasaremos a exponer nuestra postura sobre las relaciones que se producen entre éste y los procesos de construcción de conocimiento.

En investigaciones anteriores realizadas conjuntamente (García Palacios y Castorina, 2010, 2014; García Palacios, Horn y Castorina, 2015; García Palacios, Shabel, Horn y Castorina, 2018) hemos resaltado el marco dialéctico que relaciona estas dos nociones enlazando los procesos cognitivos individuales al entorno social en el que estos se producen, tanto en términos de la escala macro histórica, como en la micro social que hacen a cada situación. Desde esta perspectiva, la construcción de conocimiento no puede analizarse "independientemente del significado que tiene el contexto para los interlocutores" (García Palacios, Horn y Castorina, 2014, p. 55).

Desde el marco epistémico relacional que asumimos, cuestionamos los estudios que marcan una escisión entre el contexto y los fenómenos psicológicos, que plantean otras teorías en este campo y que podemos ubicar en dos grupos, así como lo hace Valsiner (2014). En una versión, la atención se centra únicamente en los fenómenos psicológicos que se aíslan del contexto social, como puede verse en algunas lecturas literales de la psicología genética (Delval, 1989) así como las corrientes cognitivas (Hirschfel, 2002). Dentro de la antropología, también el paradigma evolucionista y las corrientes naturalistas mantuvieron una postura similar al considerar los desarrollos cognitivos escindidos de sus contextos, entendiendo que el pensamiento humano se determina por la raza a la que cada uno pertenece

De acuerdo con la segunda perspectiva, las condiciones contextuales actuarían exteriormente al proceso psicológico determinándolo desde afuera. Aquí, los fenómenos culturales eliminan una relativa autonomía de los procesos cognoscitivos, ya que los determinarían, tal como plantean ciertas corrientes del culturalismo y sociologicismo. Así, por ejemplo, los estudios sobre socialización se han caracterizado por implicar una noción de sociedad como conjunto de reglas y sentidos que se supone existen independientemente de los individuos, los cuales son luego "socializados" (Pires, 2010) de manera pasiva. Esta perspectiva también sería compatible con la primera versión de Cole que desarrollamos en el primer apartado.

Estas dos perspectivas comparten un cierto reduccionismo: los fenómenos psicológicos son interpretados únicamente o bien en términos de contexto o bien como mero producto de los propios fenómenos psicológicos. Estos enfoques presuponen un postulado ontológico escisionista, que ha caracterizado en buena medida la historia, tanto de la psicología del conocimiento como de la antropología. Este es la separación tajante o dicotómica de los componentes de la experiencia con el mundo, sea el individuo de la sociedad, o la situación histórica, la naturaleza de la cultura.

Por el contrario, rescatamos las propuestas de Toren y Valsiner, que provienen de los campos de la antropología y la psicología respectivamente para desarrollar nuestra perspectiva sobre la relación entre contexto y construcción de conocimiento. Valsiner (Valsiner, 2014; Cabell and Valsiner, 2014), por su parte, se inspira en la perspectiva sistémica de Vigotsky, para plantear las condiciones que hacen posibles la dinámica de los cambios psicológicos en el campo semiótico. Así, argumenta en favor de una relación interactiva entre los fenómenos psicológicos y el contexto sociocultural, articulándolos en una mutua determinación, es decir, el contexto condicionando la vida psicológica y viceversa. Esta propuesta supera las dos primeras versiones, postulando las condiciones del vínculo de catalización entre fenómenos psicológicos y contexto, en el procesos semiótico que caracteriza a la psicología cultural. Se trata de condiciones que posibilitan y limitan la transformación de los significados.

La idea de catálisis permite pensar un contexto que no determina de modo lineal un desarrollo, pero que hace posible o refuerza una determinada dirección, es decir que ésta sólo se produce en presencia de ciertas condiciones materiales y simbólicas, a la vez que dichas condiciones no garantizan la dirección del pensamiento ni la acción, solo la posibilitan. Una de las aristas más originales de esta concepción es que esas condiciones catalizadoras pueden precisarse. Es decir, el contexto ofrece una condición para la transformación del significado que elaboran los sujetos, en tanto limitantes o posibilitantes de la actividad cognoscitiva. El contexto no determina el pensamiento, pero este no podría producirse del modo en que lo hace si no se dan aquellas condiciones contextuales. En palabras del propio Valsiner:

> Es importante señalar que el concepto de catálisis semiótica es un proceso que pone de relieve las relaciones sistémicas entre las partes, y especifica cómo la relación de estas partes construye, como una totalidad (gestalt), las condiciones necesarias, pero no suficientes, para producir una transformación cualitativa de un fenómeno psicológico. (2014, p. 12).

De este modo, es posible diferenciar, en este planteo, el concepto de catálisis y de causalidad, dado que las relaciones que se plantean aquí no son lineales, sino que la catálisis propone condiciones de posibilidad y no de finalidad.

Esta propuesta presenta puntos de acuerdo con el planteamiento de Toren (1990, 1996, 2012) para la antropología. Según esta autora, todos somos sujetos activos en las construcciones cognoscitivas "no solamente porque está en la naturaleza humana construir sentidos sobre todo aquello que nos afecte, sino porque cada uno busca activamente información sobre la que pueda actuar la mente" (1996, p. 61, traducción propia). Pero esa información está siempre mediada por las relaciones sociales en las que cada sujeto está inmerso. De este modo, entendemos que estas conceptualizaciones manifiestan una contribución al histórico debate disciplinar sobre las relaciones entre naturaleza y cultura, afirmando que nuestra capacidad de producir cultura es innata a la vez que todo aquello que conocemos sobre nuestra naturaleza es un producto cultural y llega a sostener la necesidad de abandonar el debate en términos binómicos y producir una perspectiva superadora para los estudios de construcción de conocimiento. Furth explica que, para Toren, el conocimiento es "producido en el desarrollo" no es innato ni impuesto desde el exterior (1990, p. 977). O sea que, siguiendo a Piaget, los hombres y mujeres tienen la capacidad de simbolizar, y las mentes humanas funcionan generando conocimientos en tanto sentidos del mundo, a la vez que éstos están siempre "comprometidos con los sentidos que otros han hecho y están haciendo" (Toren, 1990, p. 979), por lo que debemos siempre analizarlos en el nexo de dichas relaciones. Así, se discute el enfoque de la socialización, mencionado anteriormente, ya que el análisis pasa a centrarse no en "la cultura" o "la sociedad" como conceptos abstractos, sino en personas que son a la vez sujetos activos e históricos, y objetos de la acción de otros; producto y productores de significados que aún cuando pueden ser infinitamente variables, no son arbitrarios (Pires, 2010).

A partir de estas reflexiones podemos asumir que mientras niños y niñas van aprehendiendo "la cultura de los adultos", también la van modificando. Esto le otorga un protagonismo novedoso a la infancia en la conformación del mundo social, que queremos rescatar como eje de las futuras investigaciones en ambas disciplinas. De este modo, se piensa el contexto en tanto *socialidad* –concepto que intenta aprehender los procesos sociales dinámicos en los cuales están insertas las personas

(Pires, 2010)–, abriendo una dialéctica interesante entre los sujetos, que no pierden su agencia en la construcción de conocimiento, pero que se consideran atravesados por procesos sociales que generan sentidos del mundo, y sobre los cuales se construye conocimiento en una actividad necesariamente creativa. Entonces, no hay copias exactas de los sentidos que se aprenden en la *socialidad*, sino apropiación con cambios mínimos, lentos (Wagoner, 2008) y siempre históricos que se desenvuelven en las relaciones sociales y son tomados de ellas, así como modificaciones de aquel sentido social[4]. La pregunta por los procesos de construcción de conocimiento abre así el interrogante "por aquello que somos capaces de descubrir" en tanto hombres y mujeres sociales (Toren, 2012, p. 22, traducción propia) y se aleja de un análisis centrado en los posibles dispositivos de procesamiento de la información con los que actúa la mente humana individual, dado que es esta misma una constante producción social.

Esta perspectiva nos lleva a pensar que los sentidos construidos en cualquier escenario social son variables según cada sujeto, pero nunca arbitrarios, porque llevan la marca de donde vinieron. A su vez, este análisis no se limita a las relaciones sociales y objetos presentes, sino que asume que los niños y niñas son sujetos históricos con un pasado colectivo que también se materializa en sentidos que circulan y que se apropian formando los conocimientos, incluso cuando los adultos no los dicen explícitamente y hasta los niegan. La historia se presenta en este esquema como "lo que pasó pero persiste, inherente en los productos de la acción humana" (Toren, 1990, p. 979), lo que significa que existe una dimensión temporal que no debemos perder de vista a la hora de analizar los procesos de construcción de conocimiento porque tiene efectos concretos en la producción de sentidos. Aquello que significó un problema dentro de un grupo, que generó un conflicto y fue nocivo, tendrá algo de esa carga en las siguientes generaciones, incluso, si nadie habla al respecto en forma clara y consciente.

En este sentido, Toren afirma que "cualquier ser humano es, en todos los aspectos de su ser, un producto transformador dinámico de su pasado y está situado en relación a todos los otros (jóvenes y viejos, vivos

---

4   En este mismo sentido, en el campo de la antropología y la educación, Rockwell (1995 y 1996) propuso el concepto de apropiación, que da relevancia al entramado de sentidos que se construye entre los conocimientos que circulan en un espacio determinado (escuela, familia, etc.) y lo que los sujetos, conscientes o no, hacen con ellos según sus necesidades y posibilidades.

y muertos) cuyas ideas y prácticas están contribuyendo para estructurar las condiciones de su existencia presente" (2012, p. 22). Con esto queremos resaltar el hecho de que existen diversas escalas diacrónicas y sincrónicas que deben considerarse en los estudios cognitivos, tal como lo postularon los antropólogos marxistas descriptos anteriormente (Wolf, 2005). Al respecto, Achilli (2013) subraya que la noción de "contexto" no supone, entonces, un mero contorno *externo* a las relaciones y procesos cotidianos, sino que es necesario pensar *relacionalmente* "(…) la interacción de distintos niveles contextuales que, mutuamente, se van configurando y configuran las condiciones y límites de los procesos y relaciones que nos interesan" (2013, p. 44).

Diálogos entre la antropología social y la psicología genética para una metodología de investigación

La concepción de contexto que hemos elaborado en el apartado anterior impacta en la puesta en práctica de nuestras metodologías de investigación y nuestras unidades de análisis. Cabe aclarar que la elección de los procedimientos metodológicos depende no sólo del problema bajo estudio, sino también del marco meta-teórico que se ha asumido, como en este caso es el marco epistémico relacional. En este sentido, el hincapié está puesto, tanto en la psicología genética como en la antropología social, en construir articulaciones entre componentes antes disociados, como conocimientos individuales y prácticas sociales o contextos culturales. Dichas articulaciones consisten en las interrelaciones y/o antagonismos que son constitutivos de los enfoques adoptados por el investigador. Por ello, también se plantea que las unidades de análisis deben corresponderse con el problema a indagar.

Según lo planteado en este escrito, la apelación al contexto implica una transformación en la metodología en lo referido, por ejemplo, a las unidades y las escalas del análisis. En este sentido, las unidades de análisis de las relaciones entre conocimiento y contexto suponen una complejización: no se limitan a las interacciones entre sujeto y objeto, sino que se examinan tres componentes: el sujeto y el objeto de conocimiento, así como las prácticas sociales que sitúan la producción de conocimientos. En otras palabras, es preciso construir unidades de análisis que incorporen las particularidades de las ideas infantiles, en términos de los procesos de construcción de significados en una dialéctica de la integración y diferenciación conceptual; el objeto de ese conocimiento, que emerge o no de la propia experiencia social de los sujetos; las prácticas sociales realizadas en una institución determinada, con ciertas normas, o en un contexto social, que también incluye las representaciones sociales, no tratadas en detalle en este texto (García Palacios, Horn y Castorina, 2015).

Teniendo en cuenta esta problematización y con el fin de aprehender estas interrelaciones, las líneas de indagación empíricas llevadas a cabo por los autores incorporaron estrategias metodológicas que no han sido comúnmente contempladas en sus tradiciones disciplinares. Nos referimos a las investigaciones realizadas desde el campo de la psicología, que analizan la construcción de los niños sobre el derecho a la intimidad (Horn) y, desde la antropología, que se centran en la construcción del conocimiento religioso (García Palacios).

El contexto en las investigaciones sobre derecho a la intimidad

Siguiendo el enfoque de la psicología genética crítica, la investigación de Horn se refiere a las ideas infantiles sobre el derecho a la intimidad en la escuela (Horn, 2013; Horn y Castorina, 2010; Horn et al., 2013). Este derecho, reconocido en la Convención Internacional sobre los Derechos del Niño (1989), tiene carácter incondicional, pues no está sujeto a ninguna circunstancia que se deba cumplir para poder gozar de él. En la mencionada investigación se indaga cómo entienden los niños y niñas escolarizados ese derecho. El análisis muestra que existen diferentes ideas infantiles al respecto. Por ejemplo, algunos niños y niñas, en mayor medida los más pequeños (entre 7;23 y 8;6 años), reconocen la existencia de un espacio personal, pero no del derecho a su resguardo. Es decir, estos niños y niñas consideran que poseen un ámbito de vida exclusivamente personal, pero las autoridades escolares pueden acceder a él. También se encontró que algunos niños y niñas (muchos de ellos entre 8;6 y 12;6 años) comienzan a establecer una expectativa de que los adultos respeten la vida íntima infantil, pero condicionada, ya sea por el comportamiento de los alumnos o por la intención benefactora del o la maestra. Por ejemplo, el niño o niña entiende que los alumnos tienen informaciones personales que deben ser respetadas sin intromisión adulta; sin embargo, consideran que esta privacidad está limitada ya sea por el desempeño escolar o porque la intervención del o la maestra en la vida íntima del alumno le reportará un bien. Por último, sólo algunos sujetos, por lo general los mayores (11;6 a 12;6 años), parecen entender el derecho a la intimidad con independencia de las consecuencias positivas o negativas que traería aparejada su vulneración y del cumplimiento infantil de la normativa escolar. De todos modos, son pocos los sujetos que llegan a considerar la incondicionalidad del derecho, y lo hacen sólo en algunos momentos de la entrevista; así, coexiste la incondicionalidad con versiones condicionadas del derecho.

Además, en la investigación realizada por Horn (2013) se puso de manifiesto un proceso constructivo que da lugar a ciertos grados de abstracción en las ideas infantiles dentro de los parámetros de la práctica social. La escasa aparición de ideas incondicionadas sobre el derecho a la intimidad en los niños y niñas estudiados resulta compatible con el limitado reconocimiento de la incondicionalidad de este derecho en la escuela. Esto nos sugiere que las ideas y sus características no son independientes del contexto social en el que ellas se elaboran, sino que ese contexto restringe dicha elaboración:

> (...) sin aquella intervención de la institución no sería factible la construcción de ideas sobre la autoridad. A la vez, dicha intervención orienta la propia elaboración infantil, direccionándola hacia nociones consistentes con la presión normativa de la escuela. (Horn et al., 2013, p. 201).

Entonces la intimidad no es una noción que los niños y niñas copian y pegan de la realidad, de los discursos que escuchan o de la Convención (que en general desconocen), sino que realizan una elaboración propia en relación con el objeto particular de conocimiento (y su historia), los saberes previos que ellos mismos poseen y el contexto de producción de los nuevos conocimientos: "el niño produce conocimiento y construye un espacio privado en tanto en las prácticas sociales en las que participa se reconocen algunos de estos espacios" (Horn y Castorina, 2010, p. 197).

Con el objetivo de analizar, entonces, las características del contexto social en las que las ideas se producen y las formas que estas adquieren en relación con él, decidimos realizar una serie de entrevistas clínicas donde se le presentaron a niños y niñas pequeñas historias o narrativas que se producían habitualmente en el contexto escolar. En otras palabras, se contaba en las entrevistas a los niños y niñas situaciones escolares cotidianas en las una autoridad escolar vulneraba el espacio privado de un alumno o alumna. De este modo, las entrevistas clínicas fueron modificadas, en esta investigación, para atrapar las particularidades del objeto de conocimiento en cuestión.

Estos primeros resultados nos demuestran que el problema del contexto en las investigaciones psicológicas, lejos de considerarse concluido, requiere nuevas reflexiones. En primer lugar, el contexto de la entrevista sigue teniendo cierta artificialidad en tanto no es el mismo contexto en el que se producen las ideas. Es decir, que para considerar las ideas que el sujeto tiene acerca de su derecho a la intimidad sería ingenuo homologar lo que el niño o la niña dice en una entrevista es meramente lo que piensa acerca del objeto sobre el que se le pregunta, sin siquiera considerar que esas ideas están a su vez mediadas por la entrevista con el investigador/a. Esto nos condujo recientemente a acompañar las entrevistas con observaciones de lo que sucedía en las escuelas en la que los/as entrevistados/as participaban y, de esa manera, comenzar a analizar las relaciones entre ideas infantiles y prácticas institucionales. El trabajo continúa, así como las reflexiones interdisciplinarias que lo han guiado hasta aquí.

El contexto en las investigaciones sobre conocimiento religioso

Guiada por una aproximación antropológica, en la investigación de García Palacios (2012, 2014) se analizaron, entre otras cuestiones, los sentidos que los niños y niñas de un barrio indígena (toba/*qom*) en Buenos Aires asocian con ir a la iglesia. En el contexto de una etnografía se realizaron entrevistas del método clínico crítico con niños y niñas acerca de su participación en las iglesias del barrio. En la investigación puede verse que ir a la iglesia forma parte de la cotidianeidad tanto de niños como de adultos en el barrio, pero los sentidos que le otorgan a dicha actividad no son los mismos. El primer subgrupo, de hasta ocho años de edad aproximadamente, asoció el ir a la iglesia únicamente con el cantar y danzar. Si bien estas acciones continúan siendo mencionadas, a partir del siguiente subgrupo de niños entrevistados, desde los nueve años, comienzan a incorporarse las referencias a la Biblia, a Jesús, a Dios y a la oración.

Un aspecto que es importante señalar aquí es que, de acuerdo a los hallazgos de García Palacios (2012), los niños y niñas se vinculan con las oraciones, la Biblia y la figura de Jesús desde muy temprano en su vida, desde antes de los nueve años, edad en la que empiezan a mencionar estos aspectos en la entrevista. En este punto, es necesario considerar las experiencias formativas de los niños y niñas, como los cultos y actividades en las iglesias, la música que suena cotidianamente en el barrio, los videos que circulan en las distintas casas, la presencia de la Biblia, las oraciones. Al relevar etnográficamente, principalmente mediante observación participante, estas experiencias formativas, se pone de manifiesto que desde muy pequeños, los niños aprender a orar, por ejemplo cuando tienen miedo. Así, el hecho de que la oración y la Biblia no hayan sido mencionadas por lo niños y niñas menores a nueve años a la hora de dar cuenta de lo que se hace en la iglesia, no implicaría su desconocimiento, pero sí que no son cuestiones necesariamente vinculadas. En tanto la actividad constructiva que los sujetos realizan acerca de los objetos propuestos socialmente se basa en sus experiencias de interacción con ellos (Castorina, 2005), no resulta extraño que para los niños y niñas el objeto oración no aparezca en un primer momento como algo de la iglesia –o asociado a ella en términos de exclusividad– pues según sus propias experiencias orar sería algo que pertenece a diferentes ámbitos. El proceso que parece darse aquí con el tiempo es el de la asociación de la iglesia y sus actividades (cantar y danzar) con lo religioso (la Biblia, Jesús, Dios, la oración). Así, se evidencia una actividad reconstructiva por parte de los niños y niñas (Castorina, 2005) que llegan a asociar las actividades de la iglesia con nuevos significados que, para los creyentes adultos, estarían vinculados naturalmente, en el sentido de que los dan por sentado.

Metodológicamente, es fundamental señalar que en el caso de la investigación antropológica sobre el conocimiento religioso la utilización de la observación participante fue prevista desde el comienzo, ya que las indagaciones estuvieron enmarcadas en una etnografía. De este modo, antes de realizar las entrevistas con los niños y niñas, se llevaron a cabo extensos períodos de trabajo de campo, por lo que la mayoría de las preguntas surgieron de la observación previa de las interacciones de los niños y niñas entre sí y con los adultos en distintos espacios formativos. Otras preguntas surgieron de los materiales documentales recopilados durante la investigación, como por ejemplo los libros de lectura y ejercitación que los chicos y chicas utilizan en sus clases, los folletos de difusión de las iglesias, etc. Es más, entender las concepciones locales referidas a los modos de construir la niñez resulta fundamental, pues de este modo la indagación es sensible a las diversas características esperadas socialmente en los niños y niñas, y no se estructura de antemano de acuerdo a una división etaria arbitrariamente impuesta por el investigador (García Palacios, 2014). Así, en la investigación acerca del conocimiento religioso, realizada con niños y niñas de un barrio toba (*qom*), organizamos a los sujetos que iban a ser entrevistados siguiendo la concepción sobre la niñez en los grupos tobas/*qom*, en las dos grandes categorías en las que se subdivide la *nogotshaxac* ("la manera de ser niño o joven") (Hecht, 2010).

De acuerdo con los presupuestos principales de la teoría antropológica, desarrollamos una primera etapa del trabajo como introducción a los universos de sentidos de los sujetos con los que se interactúa en el campo, para luego ir ahondando en algunos de los puntos más salientes y que resulten de interés para la investigación. Justamente, luego de reconstruir las prácticas sociales en las que participan los niños y niñas, consideramos necesario recurrir al método clínico-crítico, ya que permite precisar algunos aspectos centrales en una investigación que intenta indagar el proceso de construcción de determinados conocimientos. Un ejemplo de ello es el rol de las justificaciones y contra-argumentos en las entrevistas (García Palacios y Castorina, 2014). Esto permite conocer con mayor precisión si los niños y niñas sostienen un determinado punto de vista con cierta certeza. Es probable que una etnografía pueda dar cuenta de puntos de vista contrapuestos, pero probablemente por sí misma no permitiría ahondar en la relación entre estas ideas, si ambas no se reflejan en una práctica concreta.

En definitiva, las líneas de investigación desarrolladas, en el campo de la psicología genética una y en el de la antropología social la otra, han recurrido a herramientas metodológicas que usualmente no habían sido tenidas en cuenta en cada tradición disciplinar, con el fin de superar los enfoques escisionistas y poder aprehender la relación entre las construcciones de los niños y niñas y las prácticas sociales. En ambas disciplinas se adopta un mismo marco epistémico para recortar unidades de análisis, por lo que se vuelven metodológicamente compatibles: se constituyen unidades de análisis congruentes con el presupuesto teórico de que existe una relación dialéctica entre el sujeto y el contexto. De esta manera, la construcción de conocimiento individual y el contexto solo se comprenden en relación, en lugar de simples agregados. En este sentido, la dialéctica no es estrictamente una teoría sino una metodología para el abordaje de los problemas de la investigación.

Este modo de examinar los procesos en juego en el desarrollo no sustituye a los métodos específicos de investigación empírica en psicología y antropología, sino que es un instrumento para constituir la teoría. Se trata de una perspectiva que orienta la investigación científica y reelabora sus resultados. Desde este punto de vista, comprender un objeto de investigación equivale a ser consciente de una unidad concreta de las determinaciones opuestas que lo constituyen, en la totalidad de sus interrelaciones y las contradicciones que lo encarnan. De ahí que el estudio de un proceso de conocimiento en contexto debe abordar el movimiento de esa relación, reconstruyéndola según su historia y la complejidad de sus nexos (Bang, 2008). En este sentido, cobran valor las estrategias de investigación "en el campo", ya que son capaces de mostrarnos a personas insertas en relaciones sociales con otras personas y los efectos que estas interacciones necesariamente tienen sobre los individuos que construyen conocimientos (Pires, 2010). A su vez, esta perspectiva nos obliga a ver que los individuos no reproducen las pautas culturales aprendidas, sino que son reelaboraciones propias de cada sujeto las que se juegan en la praxis humana, reelaboraciones mediadas siempre por el contexto material y simbólico en el que dichas pautas culturales circulan.

Conclusiones

Este artículo ha revisado una de las cuestiones centrales para las ciencias sociales y humanas contemporáneas: ¿Cómo analizar sistemáticamente la construcción de conocimiento como un fenómeno contextual? Particularmente, se ha precisado el significado de dicho concepto para la psicología genética y para la antropología social. Los argumentos y el análisis han conducido a defender tanto una tesis dialéctica para la relación contexto y conocimiento, como a asumir una posición metodológica que afirma unidades de análisis dinámicas en sus interrelaciones.

A partir de los puntos de encuentro de ambas disciplinas, podemos sintetizar ciertos postulados teóricos sobre los procesos de construcción de conocimiento de niños y niñas *en contexto*. Afirmamos que el contexto funciona como catalizador en tanto posibilita y limita la construcción de conocimiento de los sujetos y que un buen análisis del contexto no se compone solamente de las relaciones sociales que "se ven", sino también de todas aquellas dimensiones espacio-temporales que pueden no ser tan evidentes, pero que tienen efectos concretos sobre la realidad. Aseveramos también, que los procesos de construcción se producen en contexto, a la vez que los sujetos van transformando dicho contexto con los saberes allí producidos, generando una dialéctica que nos previene siempre de perder de vista la fuerza de la agencia en los desarrollos cognitivos. El contexto puede ser considerado un conjunto de relaciones sociales en constante movimiento, es posible insistir en "que son las prácticas sociales las que sitúan a los objetos a ser conocidos en sistemas previos de significación social" [Castorina, 2005; García Palacios y Castorina, 2010). Esas prácticas limitan o posibilitan la construcción de conocimiento, generan o no intereses, búsquedas, profundizaciones o alejamientos de dichos procesos. Dicha tesis es compatible con la idea de socialidad de Toren (1990), así como de catalización de Valsiner (2014), que nos lleva a afirmar que el contexto influye no solamente en los sentidos que le damos al mundo, sino también en las definiciones de lo que vale la pena o no ser conocido, aquello a lo que se le presta o no atención, que genera o no curiosidad.

Como parte de la discusión epistemológica y metodológica, hemos establecido que en ambas disciplinas puede adoptarse un mismo marco epistémico para recortar unidades de análisis, lo que las vuelve metodológicamente compatibles al construir unidades de análisis congruentes con el presupuesto teórico de que existe una relación dialéctica entre el sujeto y el contexto. Aun así, el contexto sigue siendo problemático en muchos aspectos y abierto a revisiones conceptuales y metodológicas, especialmente en lo referido a la construcción y el análisis de datos de las investigaciones empíricas que se han propuesto la contextualización de las actividades de los sujetos. Por otra parte, subsisten dificultades en el análisis del contexto por su polisemia y sus usos en diversas disciplinas y corrientes, y por las distintas dimensiones de análisis a las que da lugar. Justamente, el diálogo que se ha emprendido entre las disciplinas pretende contribuir a precisar las caracterizaciones del contexto y establecer sus diferencias en función de la naturaleza de los problemas que se han planteado.

Referencias bibliográficas

Achilli, E. (2013). Investigación socioantropológica en educación. Para pensar la noción de contexto. En N. E. Elichiry (Comp.), *Historia y vida cotidiana en educación* (pp. 89-132). Buenos Aires: Manantial.

Althusser, L. (1967). *La revolución teórica de Marx*. México: Siglo XXI.

Bang, J. (2008). Building a new house out of old materials and with sharpened tools. *Culture & Psychology*, Vol. 14, N. 1, 45-46.

Boas, F. (1981). Curso de antropología general. *Boletín de Antropología Americana*, 3 (2), 149-170.

Boivin, M., Rosato, A. & Arribas, V. (2006). *Constructores de Otredad*. Buenos Aires: Antropofagia.

Cabell, K. R. & Valsiner, J. (Eds.) (2014). The catalyzing mind: Beyond models of causality. *Science & Business Media*. New York: Springer. [https://doi.org/10.1007/978-1-4614-8821-7].

Castorina, J. A. (2005). La investigación psicológica de los conocimientos sociales. Los desafíos a la tradición constructivista. En J. A. Castorina (Coord.), *Construcción conceptual y representaciones sociales. El conocimiento de la sociedad* (19-44). Buenos Aires: Miño y Dávila.

Cole, M. (2003). Vygotsky and context. Where did the connection come from and what difference does it Make? *Biennial Conferences of the International Society for Theoretical Psychology*. Istanbul, Turkey.

Delval, J. (1989). La representación infantil del mundo social. En E. Turiel, I. Enesco & J. Linaza (Comps.), *El mundo social en la mente infantil* (pp. 245-328). Madrid: Alianza.

Doise, W., Mugny, G. & Perret-Clermont, A. N. (1975). Social interaction and the development of cognitive operations. *European Journal of Social Psychology*, 5 (3), 367-383. [https://doi.org/10.1002/ejsp.2420050309].

Donaldson, M. (1979). *La mente de los niños*. Madrid: Morata.

Duranti, A. (2001). *Linguistic anthropology: A reader*. UK: Wiley.

Engeström, Y. (1999). Innovative learning in woks team: Analyzing cycles of knowledge creation in practice. En Y. Engeström (Ed.), *Perspectives on Activity Theory* (pp. 377-404). Cambridge: Cambridge University Press. [https://doi.org/10.1017/CBO9780511812774.025].

Engeström, Y. (2001). El aprendizaje expansivo en el trabajo: hacia una reconceptualización teórica de la actividad. *Journal of Education and Work, 14* (1), 1-16.

Furth, H. G. (1994). On childhood cognition and social institutions. Man, 29(4), 976-978. 206 Integr Psych Behav (2018) 52:191-208 Author's personal copy.

García Palacios, M. (2012). Religión y etnicidad en las experiencias formativas de un barrio toba de Buenos Aires. Tesis Doctoral (Antropología). Facultad de Filosofía y Letras, Universidad de Buenos Aires, Argentina.

García Palacios, M. (2014). Going to the churches of the Evangelio: Children's Perspectives on Religion in an Indigenous Urban Setting in Buenos Aires. *Childhood's Todays*, 8 (1), 1-25.

García Palacios, M. & Castorina, J. A. (2010). Contribuciones de la etnografía y el método clínico-crítico para el estudio de los conocimientos sociales de los niños. En J. A. Castorina (Coord.), *Desarrollo del Conocimiento Social* (pp. 83-111). Buenos Aires: Miño y Dávila.

García Palacios, M. & Castorina, J. A. (2014). Studying children's religious knowledge: Contributions of ethnography and the clinical-critical method. *Integrative Psychological and Behavioral Science*, 48 (4), 462-478.

García Palacios, M., Horn, A. & Castorina, J. A. (2014). Prácticas sociales, cultura e ideas infantiles. Una convergencia entre la antropología y la psicología genética crítica. *Estudios de Psicología*, 36, 211-239.

García Palacios, M., Horn, A. & Castorina, J. A. (2015). El proceso de investigación de conocimientos infantiles en psicología genética y antropología. *Revista Latinoamericana en Ciencias Sociales, Niñez y Juventud*, 13 (2), 865-877.

García Palacios, M., Shabel, P., Horn, A. & Castorina, J. A. (2018). Uses and Meanings of "Context" in Studies on Children's Knowledge: A Viewpoint from Anthropology and Constructivist Psychology. *Integrative Psychological and Behavioral Sciences*, 52 (2), 191-208.

Geertz, C. (2001). *La interpretación de las culturas*. Barcelona: Gedisa.

Godelier, M. (1974). *Economía, fetichismo y religión en las sociedades primitivas*. México: Siglo XXI editores.

Godelier, M. (2000). *Cuerpo, parentezco y poder. Perspectivas antropológicas*. Quito: Ediciones Abya Yala.

Goodwin, C. & Duranti, A. (1992). Rethinking context: An introduction. In A. Duranti & C. Goodwin (Eds.), *Rethinking context* (pp. 12-48). Cambridge: Cambridge University Press.

Hecht, A. C. (2010). *Todavía no se hallaron hablar en idioma. Procesos de socialización lingüística de los niños en el barrio toba de Derqui, Argentina*. Múnich: Lincom Europa.

Hirschfel, L. A. (2002). ¿La adquisición de categorías sociales se basa en una competencia dominio-específica o en transferencias de conocimientos? En L. A. Hirschfel y S. A. Gelman (Coords.), *Cartografía de la mente. La especificidad de dominio en la cognición y en la cultura* (Vol. I, pp. 285-328). Gedisa: Barcelona.

Horn, A. (2013). Las ideas infantiles sobre el derecho a la intimidad y las prácticas escolares. Dissertation, Master Degree (Education), Faculty of Philosophy and Letters, University of Buenos Aires, Argentina.

Horn, A. & Castorina, J. A. (2010). Las ideas infantiles sobre la privacidad. Una construcción conceptual en contextos institucionales. *Desarrollo del conocimiento social. Prácticas, discursos y teoría* (pp. 191-214). Buenos Aires: Miño y Dávila.

Horn, A., Helman, M., Castorina, J. A. & Kurlat, M. (2013). Prácticas escolares e ideas infantiles sobre el derecho a la intimidad. *Cadernos de Pesquisa*, 43 (148), 198-219.

Hutchins, E. & Goodwin, C. (Eds.) (2011). *Embodied interaction. Language and body in the material world*. Cambridge: Cambridge University Press.

Krotz, E. (1988). Viajeros y antropólogos: aspectos históricos y epistemológicos de la producción de conocimientos antropológicos. *Nueva Antropología*, 9 (33), 17-52.

Lave, J. (2001). La práctica del aprendizaje. En S. Chaiklin y J. Lave (Comps.), *Estudiar las prácticas. Perspectivas sobre la actividad y contexto* (pp. 15-45). Buenos Aires: Amorrortu.

Lévi-Strauss, C. (1977). *Antropología estructural*. Buenos Aires: Eudeba.

Malinowski, B. (1922/2001). *Los argonautas del Pacífico Occidental*. Buenos Aires: Ediciones Península.

Ortner, S. (1984). Theory in anthropology since the sixties. *Comparative Studies in Society and History*, 26 (1), 126-166. [https://doi.org/10.1017/S0010417500010811].

Piaget, J. (1932). *El criterio moral en el niño*. Madrid: Morata.

Pires, F. (2010). O que as criancas podem fazer pela antropología? *Horizontes Antropológicos*, (34, 1), 137-157.

Potter, J. (2000). Post-cognitive psychology. *Culture & Psychology*, Vol. 10 (1), 31-37.

Psaltis, C., Duveen, G. & Perret-Clermont, A. (2009). The social and the psychological: Structure and context in intellectual development. *Human Development*, 52 (5), 291-312. [https://doi.org/10.1159/000233261].

Rockwell, E. (1995). De huellas, bardas y veredas: una historia cotidiana en la escuela. En E. Rockwell (Coord.), *La escuela cotidiana* (pp. 130-157). México: FCE. Integr Psych Behav (2018) 52:191-208 207 Author's personal copy.

Rockwell, E. (1996). La dinámica cultural en la escuela. En A. Álvarez (Ed.), *Hacia un currículum cultural. La vigencia de Vygotski en la educación* (pp. 87-112). Madrid: Infancia y Aprendizaje.

Rogoff, B. (1997). Los tres planos de la actividad socio cultural: apropiación participativa, participación guiada y aprendizaje. En J. Werstch & E. del Río (Eds.), *La mente sociocultural. Aproximaciones teóricas y aplicadas* (pp. 111-128). Madrid: Fundación Infancia y Aprendizaje.

Schubauer-Leoni, M. L., Perret-Clermont, A. N. & Grossen, M. (1992). The construction of adult child intersubjectivity in psychological research and in school. In M. V. Cranach, W. Doise & G. Mugny (Eds.), *Social representations and the social bases of knowledge* (Vol. 1, pp. 69-77). Cambridge: Hogrefe & Huber Publishers.

Toren, C. (1990). *Making sense of hierarchy. Cognition as social process in Fiji.* London: London School of Economics.

Toren, C. (2006). *Mind, materiality and history.* London: Routledge.

Toren, C. (2012). Antropologia e Psicologia. *Revista Brasileira de Ciencias Sociais,* 27 (80), 21-36. [https://doi.org/10.1590/S0102-69092012000300002].

UNICEF (1989). Convention on the rights of the child. UN General Assembly.

Valsiner, J. (2014). Breaking the arrows of causality: The idea of catalysis in its making. In K. Cabell & J. Valsiner (Eds.), *The catalyzing mind. Beyond models of causality* (pp. 17-32). NY: Springer. [https://doi. org/10.1007/978-1-4614-8821-7_2].

Wagoner, B. (2008). Developing Bdevelopment in theory and method. In E. Abbey & R. Diriwätcher (Eds.), *Innovating genesis: Microgenesis and the constructive mind in action* (pp. 39-61). Charlotte: Information Age Publishers.

Wolf, E. (1982). *Europa y la gente sin historia.* Madrid: Fondo de Cultura Económica.

CAPÍTULO IV

La contribución de la teoría de las representaciones sociales al estudio del desarrollo moral

José Antonio Castorina y Alicia Barreiro

Introducción

Los presupuestos filosóficos, incluidos los de las diversas éticas, así como las posiciones políticas e ideológicas asociadas, han orientado –de modo explícito o implícito– las investigaciones psicológicas sobre el desarrollo de los juicios morales. Si bien no determinan los resultados empíricos obtenidos, condicionan el modo de formular los problemas y recortar el dominio moral bajo estudio, así como los métodos y las unidades de análisis. Tales presupuestos constituyen condiciones necesarias, pero no suficientes, porque el proceso de investigación psicológica tiene rasgos epistémicos relativamente autónomos (Castorina, 2020). Además, ellos influyen, por ejemplo, en la defensa o rechazo de la universalidad del desarrollo de los conocimientos morales; en si se considera o no a la vida cotidiana en las entrevistas utilizadas en las investigaciones, o en el modelo explicativo para el desarrollo. Es posible identificar relaciones de ida y vuelta entre los supuestos filosóficos y el proceso de investigación psicológica, de modo tal que las dificultades y datos imprevistos (incluso ciertos cambios metodológicos), así como las controversias teóricas y las aportaciones de otras disciplinas, pueden conducir a los investigadores a revisar aquellos supuestos de base (Castorina, 2020; Valsiner, 2012).

En principio, podrían considerarse cuatro niveles de análisis de las relaciones entre la filosofía y las concepciones del mundo o ideologías con respecto a los estudios de psicología del desarrollo moral. Tales niveles suelen interconectarse en los estudios empíricos, y no siempre se los puede distinguir nítidamente. En primer lugar, las tesis de la ética, desplegadas en la historia del pensamiento filosófico, han orientado más o menos explícitamente, a toda investigación en psicología del desarrollo moral, desde la teoría deontológica de la tradición kantiana, la ética de las virtudes de origen aristotélico, hasta el utilitarismo inglés, el comunitarismo de Taylor o la ética discursiva de Habermas. Estas versiones mantienen una aguda competencia entre sí a través de la historia de la filosofía, sin que haya una primacía definitiva de alguna de ellas. Específicamente, con respecto a la investigación psicológica, los supuestos filosóficos son asimilados al ciclo metodológico –que abarca los hechos construidos, los fenómenos estudiados, la propia intuición del investigador y las teorías y métodos de un programa de investigación (Valsiner, 2012)–. Dicho de otro modo, constituyen el núcleo duro de todo programa de investigación en psicología moral (Barreiro y Castorina, 2012, 2014). No determinan el resultado de las investigaciones, pero condicionan fuertemente el modo de formular los problemas y las unidades de análisis. Las filosofías mencionadas han sido utilizadas por los psicólogos, no siempre de modo explícito, y cabe plantear al menos una pregunta: ¿De qué modo intervienen en las decisiones que se adoptan en la investigación psicológica? Por ejemplo, la ética kantiana basada en el deber, ha influenciado las investigaciones de Piaget (1932/1971), pero involucrando compromisos religiosos, ya que participó en debates teológicos durante su juventud, dónde no tenía sentido asumir perspectivas que se centraban en la virtud o en cálculos utilitarios. En el protestantismo liberal del que participaba Piaget, Dios es inmanente a la consciencia individual y a sus relaciones con el prójimo, habitando en los individuos como pensamiento y habilitando el libre examen de su consciencia, llegando así a ser sujetos autónomos y responsables de sus actos. Las escasas referencias de Piaget a la ética kantiana se explican porque esta se asoció en su interpretación con el pensamiento protestante, que planteaba una moral inmanente a la consciencia, mientras que en Kant los juicios morales tenían que ver con principios universales (Faigenbaum, Castorina, Helman y Clemente, 2007) El pensamiento kantiano, además, fue asumido muy especialmente por Kohlberg, quien siguió también las ideas de Rawls, un renovador contemporáneo de la misma filosofía, y que tuvo amplia repercusión en las investigaciones psicológicas.

Un segundo nivel de análisis se ocupa de la influencia de la investigación psicológica sobre la propia ética filosófica. Se intenta vincular a esta última con los estudios del desarrollo moral, para "recuperarlos" y lograr una reformulación de las tesis de la ética, con el propósito de darles una mayor credibilidad indirecta, como sería el caso de Habermas (1976). Su tesis filosófica básica es que la interacción comunicativa entre los individuos es la estructura básica de la experiencia humana, pero a la vez exige cierta justificación empírica para dicha tesis. Esto equivale a reconocer un estatuto metodológico reconstructivo –la búsqueda de las condiciones universales de posibilidad– no solo para su propia idea de una pragmática universal, sino también para la reelaboración de los estudios psicológicos referidos a la constitución de las competencias cognitivas y morales. Las pretensiones de validez o justicia de un hablante se constituyen en universales, justamente, mediante las transformaciones sociales de la conciencia y, a la vez, por los procesos individuales de aprendizaje, inspirados en Piaget. A diferencia de los análisis filosóficos trascendentales, entre ellos el de Kant y sus continuadores, el estudio de la formación de tales competencias morales y cognitivas involucra mecanismos causales y las condiciones empíricas de su producción. Se establece así un diálogo orientado por la filosofía, con las ciencias empíricas: La primera con su pretensión de universalidad, encarnada en presupuestos pragmáticos universales, condiciones a priori de todo juicio moral empírico. La segunda, en este caso la psicología moral, principalmente de Kohlberg –una de las ciencias reconstructivas que busca las condiciones de universalidad del juicio moral– ocupa un lugar destacado en los estudios de Habermas, en tanto es una investigación empírica dirigida a dar crédito a ciertas tesis filosóficas (Castorina y Pizzano, 2004). En un enfoque aún más radical, algunas versiones naturalistas de la psicología moral (Haidt, 2008) afirman que los juicios se basan en intuiciones emocionales, originadas en la evolución filogenética, aunque requieren de formas culturales para su emergencia durante la infancia. Para sostener esta tesis se apela exclusivamente a estudios evolutivos, neurobiológicos y psicológicos, lo que equivale a un decidido desplazamiento en la caracterización de la moralidad, desde la esfera de la filosofía hacia los estudios psicológico-biológicos (Barreiro, 2012; Turiel, 2008). Incluso, los psicólogos Premak y Premak (1994) no han considerado relevante la definición filosófica de la moral, utilizando directamente el sentido común de su vida cotidiana: "como un individuo trata a los demás" (Faigenbaum et al., 2007). Desde el punto de vista de esta postura cognitivista, el campo interdisciplinario de la psicología moral es suficiente para entender cuál es la naturaleza del juicio moral y por qué las personas se comportan "bien" o "mal".

Es posible considerar un tercer nivel de análisis meta-teórico, ocupado en identificar las concepciones del mundo o marcos epistémicos (Becerra y Castorina, 2015; Castorina, 2002; Piaget y Garcia, 1982), constituidos por tesis ontológicas y epistemológicas que orientan las decisiones que toma el investigador (con independencia de que las acepte o rechace explícitamente) como, por ejemplo si disocia o articula dialécticamente los componentes de la experiencia moral y sus condiciones biológicas, intelectuales o socio-históricas; si separa tajantemente o vincula dinámicamente la racionalidad universal y los contextos, las creencias colectivas y el pensamiento individual. Este marco epistémico más amplio, incluye las posiciones morales, hasta las tesis filosóficas de los investigadores, pero en tanto son transformadas en una especie de "sentido común académico" de los investigadores del desarrollo moral. En este sentido, los supuestos constitutivos del marco epistémico subyacen a las teorías psicológicas del desarrollo moral y orientan la interpretación de las ideas morales en los niños. Para ello se interconectan con las teorías éticas y con las teorías psicológicas, por ejemplo: las teorías universalistas, formalistas y deontológicas de la filosofía moral, son compatibles con estudios del desarrollo centrados en el individuo, cuyos juicios morales tienden hacia la autonomía (Barreiro y Castorina, 2012). Así, el recorte de un dominio de conocimiento constituido por la secuencia lógica de la construcción de las ideas morales, en términos de un incremento de la reciprocidad de los puntos de vista trata, en el caso de Kohlberg (1981), de una progresiva e inmanente equilibración de coordinaciones que se cumplirá, al menos idealmente, ya que se admite la intervención de ciertas atmósferas sociales. Más aún, las preguntas que se formula, la estructuración de sus entrevistas y sus análisis de datos, persiguen exclusivamente los argumentos infantiles sobre la justicia por fuera de sus experiencias cotidianas con ella (Barreiro y Castorina, 2014). Por supuesto que no hay uniformidad, y se suelen mezclar en un mismo autor esta misma perspectiva con una más bien dialéctica, para otros aspectos del juicio moral, por ejemplo en Piaget se articulan dinámicamente acción y pensamiento moral o individuo y sociedad (Faigenbaun et al., 2007). De un modo más claro, esta estrategia escisionista domina a la psicología contextualista que separa tajantemente las situaciones de participación en prácticas morales comunitarias de la actividad individual de elaboración cognoscitiva, y es compatible con algunas versiones de la ética comunitarista (Shweder, Mahapatra y Miller, 1987; Walker, 2000). Esta última interpreta el actuar moral centrándose en la naturaleza social de los individuos, en los proyectos de "vida buena" y los sentimientos de comunidad (Taylor, 2010). Además, obviamente, este marco escisionista ha condicionado explícitamente los estudios neoinnatistas del desarrollo moral (Haidt, 2008).

En un cuarto nivel de análisis, estrechamente relacionado con el primero y el tercero, es crucial señalar a la filosofía moral de los hombres y mujeres comunes, una concepción del mundo que se expresa en sus decisiones morales. El punto central respecto a la investigación en psicología moral sería: ¿se puede suponer que la ética de los filósofos se encarna directamente en las ideas de niños y adolescentes, como se observa paradigmáticamente en el trabajo de Kohlberg? Es decir, los juicios de justicia de niños y adolescentes ¿realizan alguna de las filosofías relevantes en la historia del pensamiento ético? Es posible analizar las ideas morales en términos de la apropiación, en buena medida, de una filosofía "derramada figurativamente" hacia los actores sociales. Una concepción del mundo que ha impactado en estos actores, y no solo en los investigadores en el sentido del tercer nivel de análisis. Específicamente, se trata de la mediación de las representaciones sociales (en adelante RS), una parte del conocimiento de sentido común que interviene en la vida de los grupos sociales (Moscovici, 1961). Estas llegan a ser hegemónicas en una sociedad, al interpretar ya sea la justicia o el castigo, y a su vez son promovidas y posibilitadas por la filosofía del sentido común. De esta manera, el desarrollo moral de los individuos involucra un proceso activo de apropiación de RS pero éstas, a su vez, suponen la existencia de una ideología, y su "siempre posible" influencia sobre su construcción y distribución (Howarth, 2006, 2014). En otras palabras, la filosofía de los filósofos, predominante en una época, se transforma en la filosofía del sentido común, según los términos de Gramsci (2003; 2011) quién, a diferencia de Moscovici considera que el sentido común es la filosofía de los sectores hegemónicos que deviene en acciones concretas y vividas en los sectores sociales dominados. Una concepción del mundo que pierde la sistematicidad argumentativa. En cambio, para Moscovici (1961) las RS que constituyen el sentido común son específicas y suponen un sistema de justificación de los actos humanos. En la misma dirección, para Jodelet (1991), una concepción del mundo es el horizonte de las RS. Así se constituye la ideología moral cotidiana, una especie de marco epistémico asociado con diversas corrientes éticas, que no es idéntico a la filosofía moral de los intelectuales o los académicos porque carece de argumentación sistemática, presenta incoherencias y se expresa implícitamente en los sectores sociales, particularmente en los subordinados que lo apropian. Por lo general, tienen la función social de legitimar las relaciones de poder, una de las versiones de la ideología en tanto concepción del mundo, que tiende a sostener el orden social

(Castorina y Barreiro, 2006). Dicho de otro modo, a pesar del pluralismo de significados que pueden ser atribuidos a la noción de justicia, en su vida cotidiana las personas utilizan un significado específico que regula su comunicación y sus interacciones sociales, dependiendo de los compromisos individuales con la pertenencia a un grupo, una ideología y una ontología (Barreiro et al., 2014; Barreiro y Castorina, 2016).

Finalmente, la caracterización de los cuatro niveles de análisis posibles con respecto a las relaciones de la filosofía con la investigación psicológica no es exhaustiva, ni establece distinciones nítidas ya que, por ejemplo, el marco epistémico escisionista o el marco relacional –del que hablaremos más adelante– pueden presidir no solo a la investigación psicológica, sino también a las propias éticas filosóficas. Estas últimas se incluyen en las concepciones del mundo y, obviamente, se han modificado para dar lugar a las filosofías de los hombres y mujeres comunes. Estos niveles remiten unos a otros al indagar su presencia en las investigaciones del juicio moral, lo cual vuelve provisorias las reflexiones que siguen.

A continuación examinaremos específicamente el enfoque de las RS en el estudio del desarrollo moral, atendiendo a sus relaciones con los cuatro niveles de análisis antes considerados. Luego, analizaremos cómo la investigación empírica que combina a la psicología del desarrollo con la teoría de las RS y hace explícitas sus presuposiciones filosóficas, da lugar a una reconsideración de la noción de "desarrollo moral". Así, pondremos en discusión algunas de las tesis que se han sostenido en los estudios clásicos sobre el desarrollo moral como la "marcha hacia el equilibrio" (Piaget, 1932/1971; Kohlberg, 1981); el no estudiar los juicios morales en situaciones de la vida cotidiana; o la universalidad abstracta de las argumentaciones que se solicitan a los sujetos.

Las concepciones filosóficas y el desarrollo moral

En el marco del cuarto nivel de análisis propuesto, la tesis fundamental de este trabajo es que filosofía moral devenida "sentido común" es activa respecto de las RS morales, que son una parte del sistema cultural de significados, y son apropiadas por los niños y niñas en su desarrollo (Barreiro, 2013a, 2013b, 2018; Barreiro y Castorina, 2017, 2018). Dicho de otro modo, el sentido común de sus sociedades o de sus grupos de pertenencia condiciona fuertemente sus inferencias morales, en un momento histórico.

A los fines de aclarar esta posición, primeramente hay que recordar que la mayor parte de la psicología del desarrollo moral clásica (Piaget y Kohlberg) fue influida por Kant y los autores contemporáneos por el neokantismo. Así, Turiel (2008), al distinguir las reglas convencionales de las morales, siguió al enfoque de Gewirth (1978), para quien las reglas morales son categóricamente obligatorias, y si se las rechaza se cae en contradicción. Por el contrario, los estudios sobre el juicio moral que vinculan la psicología genética y la teoría de las RS (Barreiro y Castorina, 2012a, 2014; Leman y Duveen, 1996) dan por sentado, hasta cierto punto, el rechazo al imperativo categórico kantiano, es decir, cuestionan una ética, según el primer nivel de análisis propuesto. La máxima de Kant, de acuerdo a la cual hay que obrar de forma tal que la propia conducta pueda convertirse en norma para todos los hombres en condiciones semejantes, presupone una sola cultura, una sola religión, un conformismo mundial, cuando en la realidad no hay condiciones semejantes. Esta perspectiva exhibe el lado débil del proyecto moral de la Ilustración: su pretensión de universalidad valorativa por encima de las diferencias histórico-culturales, mientras que la teoría de las RS considera que las creencias morales son relativas a los grupos sociales, y al contexto histórico en que se formulan (Emler, Tarry y James, 2007).

Entre otros pensadores críticos de la tradición universalista de la modernidad, Gramsci (2003; 2011) consideró que toda apelación al imperativo categórico conduce inevitablemente a una absolutización o generalización de las creencias históricamente dadas. Es inaceptable cualquier intento de una fundamentación absoluta de la moral, en todo caso, para sostener una ética de la libertad es necesario partir del análisis histórico. Siguiendo a Marx (2001), la sociedad no se plantea tareas para cuya solución no existan todavía las condiciones. Tal perspectiva histórica implica, por tanto, la admisión de cierta relatividad cultural lo cual, a su vez, involucra el reconocimiento crítico de la existencia de principios morales distintos en contextos culturales diferentes. Por tanto, no se defiende una ética universal sino éticas vinculadas a historias, tradiciones y culturas diferentes: sean las virtudes, las normativas, el utilitarismo o el comunitarismo. Es difícil tomar una decisión definitiva acerca de la sustentabilidad de cualquiera de ellas, más allá de los contextos históricos.

Por otra parte, el estudio de la ontogénesis de las RS morales implica no solamente abandonar al imperativo categórico, sino también la persistente creencia de que se puede estudiar a los juicios infantiles por fuera de las creencias que circulan en la sociedad acerca del bien y el mal, la responsabilidad o la culpa. En este sentido, si bien la teoría de las RS respecto de los juicios morales no pretende verificar una filosofía moral en el desarrollo de los individuos, incluye posiciones filosóficas, por lo menos al rechazar las tesis deontológicas. Duveen y Leman (1999) mostraron que para acordar la resolución de problemas morales los niños y niñas no se basan sólo solo en la autoridad epistémica de los juicios autónomos descriptos por Piaget (1932/1971), sino también en la autoridad de status de las RS de género. Cuando quieren ponerse de acuerdo sobre un problema, si los niños son heterónomos y las niñas autónomas, les es más difícil consensuar que si es al revés.

Además, es crucial que en los estudios sobre juicios morales vinculados con la TRS, se pueden identificar filosofías morales vigentes en el imaginario social, o en todo caso, como diría Gramsci, las ideologías "del sentido común". Las RS, con sus rasgos propios, se insertan en las concepciones del mundo, las que tienden a reproducir las relaciones de poder existentes (Thompson, 1990). En otras palabras, éstas se mantienen o continúan gracias al uso creativo y hasta abusivo de las formas simbólicas, entre ellas las RS, en particulares condiciones históricas. Es decir, en tanto las RS corporizan y dan sentido a la experiencia social, llegan a su mistificación o su naturalización, incluso respecto del acceso al poder (Howarth, 2014; ver Barreiro y Castorina en este libro). Insistimos, la significación ideológica de una RS hegemónica (Moscovici, 1988), es decir, estable en el tiempo y consensuada por gran parte de la sociedad, reside en legitimar el orden social, lo que se manifiesta en la conformación de una RS que expresa un significado particular de nociones morales polisémicas, como el caso de la justicia (Barreiro, 2013a, 2018; Barreiro et al., 2014). Por definición, las ideologías tienden a sustentar relaciones de poder y para ello, a la vez suprimen o vuelven irrelevantes posibles RS o algunos de sus elementos (ver Barreiro y Castorina, en este libro). Sin embargo, no todas las RS legitiman el orden social, las emancipadas lo ponen en cuestión, expresando los conflictos y las disputas sociales (Moscovici, 1988). Desde el punto de vista de su origen social, las RS y las ideologías se asemejan por ser producciones colectivas. Sin embargo, se distinguen por la amplitud de dicha producción. Mientras que las segundas constituyen cosmovisiones sustentadoras del orden social asumidas por los individuos, las RS siempre refieren a objetos específicos, como la justicia o el castigo. Más aún, las RS requieren de un trabajo creativo en la comunicación intersubjetiva, ante un evento o proceso social que requiere un proceso de construcción de sentido para comprenderlo, una elaboración propia y no solo una simple reiteración de la cosmovisión existente, aunque esta constituye el horizonte sobre el que se recorta (Jodelet, 1991; Barreiro y Castorina, 2006, 2015).

De este modo puede comprenderse que las ideologías o concepciones del mundo constituyen el trasfondo de las RS y, por eso mismo, las RS tienen la función peculiar de posibilitar que las ideologías se vinculen con una diversidad de situaciones cotidianas. Incluso, la ideología no se presenta posteriormente a la creación de las RS, sino que en un cierto sentido las conforma (Howarth, 2014; Castorina y Barreiro, 2015). En esta línea, por ejemplo, la creencia en un mundo justo donde cada uno obtiene lo que merece (Lerner, 1980; Barreiro, 2010, 2013b), basada a su vez en la legitimación meritocrática del orden social que se instauró con la Revolución Francesa, constituye un trasfondo ideológico sobre el que se ancla la RS retributiva de la justicia, hegemónica en la sociedad argentina (Barreiro y Castorina, 2015). Sin embargo, no ha sido frecuente que los psicólogos sociales reconozcan el trasfondo ideológico de las RS, y mucho menos que hayan examinado detenidamente cómo participa en su conformación.

En síntesis, la filosofía de los no filósofos, la concepción del mundo de los sectores dominante que es absorbida acríticamente por los individuos de diversos ambientes sociales y culturales, influye en su desarrollo moral, entendido como una apropiación de RS (Barreiro y Castorina, 2017, 2018). De allí que cada estrato o grupo social comparte un sentido común moral o una filosofía moral cotidiana: una concepción relativamente incoherente, conforme a la posición social, que no ofrece un orden intelectual sistemático porque, como la religión, no puede reducirse a la coherencia y a la unidad de la argumentación. Además, es ávida de certezas más o menos perentorias, y hasta se diría es conservadora de las cosas como son y sospechosa de cualquier cambio. Por último, no es rígida sino que se transforma continuamente, incluyendo opiniones filosóficas o ideas científicas, en un agregado bastante caótico (Nun, 2015).

Los marcos epistémicos en la psicología moral

En general, las presuposiciones ontológicas y epistemológicas intervienen en los propios psicólogos que investigan los juicios morales, en tanto dan lugar a sus posiciones innatistas, contructivistas, socio-históricas o contextualistas, tal como se planteó con respecto al tercer nivel de análisis. Así, las explicaciones postuladas por diversos autores para el desarrollo, en términos de un solo factor, como el cognitivismo naturalista, o apelando únicamente a las condiciones sociales y contextuales (Emler, 1987; Shweder, 1990; Shweder et al., 1998); también las explicaciones que invocan los investigadores que sostienen un dualismo entre una forma o predisposiciones innatas y un contenido social (Premak y Premak, 1994), o por un desarrollo basado en un intuicionismo de tipo filogenético, escindido de un ulterior juicio racional realizado en el marco de prácticas sociales (Haidt, 2001). Todas estas posiciones son deudoras, de modo explícito o no, de un marco epistémico escisionista. Hasta las corrientes constructivistas (desde Piaget y más radicalmente Kohlberg) se limitaron al estudio de los procesos cognitivos de construcción de los juicios morales, aún reconociendo la relevancia de las interacciones sociales, pero disociándolos de los contextos culturales, por lo tanto, puede decirse que no han superado tal ME. Incluso, ciertas psicologías culturalistas, al concebir de modo homogéneo a las diferentes culturas y postular que conforman los procesos psicológicos, implican una extrema sobreestimación de su aptitud para producir significados, al tiempo que se subestima la agencia individual, expresan el mismo marco escisionista (Wainryb, 2004; Markus et al., 1997).

Desde la perspectiva de los dos primeros niveles de análisis, las indagaciones que articularon la psicología genética y la psicología social para la indagación de la ontogénesis de la noción de justicia (Barreiro, 2012, 2013a, 2013b; Barreiro et al., 2014; Castorina y Barreiro, 2017, 2018) no han pretendido desplegar estudios empíricos para verificar indirectamente a una filosofía moral, o justificar tales estudios como Habermas, ni poner en acto a una filosofía académica, sea deontológica, utilitarista, o comunitarista, como ha ocurrido en la mayor parte de los estudios de psicología moral (Haste, 1990). Sin embargo, considerando el tercer nivel de análisis, puede plantarse que tales investigaciones empíricas han explicitado el ME que las condiciona al indagar el desarrollo moral al postular ciertas relaciones dialécticas entre los individuos y las RS que se expresan e infieren de las prácticas en las que participan. Se trata de un constructivismo "situado" en las condiciones de la adopción de los individuos de sus identidades sociales, en función de su apropiación de RS (Lloyd y Duveen, 2003). Aquí cabe mencionar que no se trata únicamente de vincular los juicios morales con las interacciones sociales, en el sentido de Piaget (1932/1971). En las interacciones heterónomas la intervención de las RS preexistentes deciden lo que se puede pensar como moral o inmoral, como bueno o malo, correcto o incorrecto, etc. Las RS que existen en la cultura en que viven los niños y niñas, ponen límites a que pueden pensar sobre la justicia: sin duda se construyen "novedades" en un sentido piagetiano, ya que los sujetos elaboran una diferenciación e integración de sus creencias, una "dialéctica inferencial". Aunque tales "novedades" lo son sólo para a el sujeto, no para la cultura en la que vive (Barreiro y Castorina, 2018).

En síntesis, los programas de investigación de la TRS y el constructivismo *crítico* (Castorina, 2005; Duveen, 1994) se han ocupado del desarrollo moral: la psicología del desarrollo utiliza una perspectiva individual, mientras la psicología social aplica una perspectiva social. Pero ambas comparten, como se ha dicho, las mismas suposiciones epistemológicas y ontológicas, referidas al carácter relacional e interactivo de los componentes de la experiencia moral, a que sus componentes existen solo en su interpenetración, tanto en la génesis de las RS como en la formación de conceptos. Además, sobre la base meta-teórica, se puede hablar de una perspectiva triangular y contextual común, ya sea para la constitución de las RS como para las conceptualizaciones morales. Por un lado, las RS están situadas en la relación dinámica entre sujeto-otro-objeto, un triángulo semiótico dinámico Ego-Alter-Objeto (representación/símbolo). En este sentido, se especifica y precisa el ME dialéctico en términos de relaciones tríadicas entre el sujeto, el objeto y el otro, que orientan la ontogénesis de las RS en un grupo social (Markova, 2008; Moscovici, 1961). Por su parte, el estudio sobre el desarrollo conceptual involucrado en la apropiación de las RS supone la triangularidad, ahora entre sujeto-objeto y RS, dónde el centro de la indagación es la relación del sujeto con el objeto de conocimiento, mediada por la RS. En otras palabras, las interacciones sociales de las que los niños participan son moduladas por RS.

Este marco epistémico relacional hace compatibles al constructivismo con la TRS en su diferencia, al permitir una articulación de los estudios del desarrollo cognitivo con las restricciones a ese proceso. Justamente, por postular la intervención de las creencias colectivas asociadas a las prácticas sociales de las que los sujetos participan. Insistimos, dicho ME es la meta-teoría respecto de las psicologías morales, desde el tercer nivel de análisis. No obstante, puede afirmarse que las indagaciones que combinan ambos enfoques son aún excepcionales (Barreiro, 2013a, 2013b, 2018; Lloyd & Duveen, 2003; Leman & Duveen, 1996; Psaltis & Duveen, 2006; Psaltis, Duveen & Perret-Clermont, 2009).

Por otra parte, desde el cuarto nivel de análisis se adoptan los rasgos de una ideología o concepción del mundo proveniente de los sectores dominantes en nuestra sociedad. Funciona como un articulador de las experiencias morales de la vida cotidiana. En este sentido en un trabajo previo de este equipo de investigación (Barreiro, 2012, 2013a, 2013b, 2018) se ha puesto claramente de manifiesto la coexistencia de un proceso constructivo en la apropiación de creencias colectivas. Por ejemplo, a partir de la presentación de una narrativa donde el niño protagonista transgredía una norma de la vida cotidiana, se pedía a los niños, niñas y adolescentes entrevistados que propusieran cómo castigarlo y que justificaran por qué ese castigo era justo (Barreiro, 2014). Los resultados muestran que las razones por las que los entrevistados consideraban un castigo como el más justo pueden ser de tres tipos: retribucionistas, basadas en la proporcionalidad entre el castigo y el daño producido en el pasado, utilitaristas fundadas en la utilidad futura del castigo (ya sea preventiva, en tanto evita que la transgresión se reitere, o resocializadora, en tanto evita la reincidencia por la educación del transgresor); y justificaciones mixtas (basadas tanto en las tesis retribucionista como en la utilitarista). Las justificaciones retribucionitas y las mixtas se encuentran en todos los grupos de edad considerados en el estudio, desde los 6 a los 17 años, y las utilitaristas se presentan desde los 10 años en adelante, siendo notoriamente mayor la presencia de las justificaciones mixtas en todos los grupos de edad considerados. De esta manera, los sujetos apelan en su mayoría a un mismo tipo de argumentos para justificar por qué un castigo es justo independientemente de su edad, lo cual expresa una actividad reconstructiva individual que es restringida porque viven en un sistema de castigos cuya justificación mixta internalizarían de modo no reflexivo. En esta perspectiva, la cultura no es una exterioridad que "estimula" o "frena" los procesos de construcción del conocimiento por parte de los individuos, sino que los constituye.

Por otra parte, estos hallazgos señalan que, aunque la psicología constructivista no se ocupa de la constitución de la subjetividad social, es imprescindible contar con esta última, reconocer en la actividad de elaboración conceptual al sujeto comprometido con su identidad social, que depende de las RS (Lloyd y Duveen, 2003). Es preciso abrir la teoría psicológica a la imbricación del sujeto social en la actividad constructiva, la que además es consistente con la tesis de la interacción social del sujeto y el objeto para la construcción de los conocimientos sociales, ya sea en los intercambios reglados, en las interacciones con los dispositivos institucionales, o en la apropiación de las creencias colectivas.

Además, tal como planteamos al caracterizar el tercer nivel de análisis, las meta-teorías no "flotan" por encima de las investigaciones empíricas, en un sentido platónico, sino que las condicionan y pueden ser modificadas por los avatares de la producción de conocimiento sobre el desarrollo moral. La adopción explícita de un ME relacional y la consiguiente compatibilidad entre las teorías, posibilitan un diálogo colaborativo que suscita modificaciones, tanto en la teoría de las RS, como en la psicología genética. Asimismo, los argumentos conceptuales esgrimidos por los psicólogos son influidos por la renovación de las investigaciones empíricas y, sobre todo, por la reflexión que ha explicitado el ME interviniente –ya sean los supuestos escisionistas o los relacionales– en los programas de investigación. De este modo, se pueden enfrentar las dificultades que inevitablemente surgen cada vez que se intenta vincular a la psicología moral con la teoría de las RS, y la filosofía del sentido común (Castorina, 2020).

Ideología,poder y desarrollo moral

Volviendo a la perspectiva del cuarto nivel de análisis, en nuestros estudios (Barreiro, 2013b, 2014) analizamos la apropiación de la creencia en un mundo justo –es decir en que el mundo es un lugar justo donde cada uno recibe lo que merece–, e identificamos un proceso de elaboración intelectual por parte de los individuos de dicha creencia ideológica. Además, la creencia en un mundo justo constituye el transfondo sobre el que se recortan las RS retribucioncitas de la justicia que son hegemónicas en los niños, niñas, adolescentes y adultos de la Ciudad Autónoma de Buenos Aires (Barreiro y Castorina, 2015). Además, contribuye a la negación de la existencia de otros significados posibles, como aquellos vinculados a la distribución de bienes y recursos sociales, que podrían llevar a poner en cuestionamiento al orden social establecido (Barreiro, 2013b, 2014; Barreiro et al., 2014; Barreiro y Castorina, 2017, 2018). Claramente, la creencia en un mundo justo, como visión del mundo más amplia que las RS, forma parte de la explicación del desarrollo de las concepciones de justicia de los individuos. Ahora bien, estos hallazgos conducen inevitablemente a la cuestión de las vinculaciones entre el juicio moral, la ideología y el poder. Sin embargo, la mayor parte de las investigaciones empíricas y elaboraciones teóricas realizadas en el marco de la TRS sobre su proceso sociogenético de construcción no se han detenido en el análisis de la intervención de las relaciones de poder. Aunque la TRS cuenta con las herramientas teóricas y metodológicas para analizar los procesos de construcción de un significado especifico como el único posible para objetos polisémicos, como la justicia o el castigo, lo que a su vez contribuye a legitimar el status quo, (para un análisis detallado ver el capítulo de Barreiro y Castorina en este libro) son muy pocos los estudios que han tomado en cuenta la distribución desigual de poder en una sociedad (Barreiro, Castorina y Van Alphen, 2017; Howarth, 2006, 2014; Jovchelovich, 2010).

De esta manera, las RS pueden ser utilizadas para sostener y defender una construcción particular de la realidad social, aunque también pueden emplearse para resistir contra las realidades hegemónicas que imponen los grupos dominantes. En el mundo social contemporáneo múltiples versiones de la realidad coexisten y los sistemas de conocimiento son menos homogéneos y estables. De allí que existan mayores posibilidades para la crítica, la argumentaciones y la discusión de las cuestiones morales, así como también de otros aspectos del mundo social. En otras palabras, las RS, como "formas simbólicas" que delimitan y estructuran la experiencia social pueden ser utilizadas para legitimar o naturalizar el orden social y, en este sentido, son formas ideológicas (Thompson, 1990). Sin embargo, las RS también pueden ser la expresión de una actitud contestataria frente a dicho orden. Insistimos, el sentido ideológico de las RS implica su contribución para consolidar lo que la realidad es para los individuos, defendiéndose a sí mismas de otras RS que plantean realidades diferentes y limitando así el rango de posibles significados durante su proceso sociogenético. Justamente, el movimiento dialéctico entre cooperación y conflicto (consenso y disenso) es lo que diferencia a las RS de las representaciones colectivas estudiadas por Durkheim (Howarth, 2006; Moscovici, 1961). Los significados que prevalecen en esta lucha entre diferentes RS en la arena social constituyen una RS positiva, una estructura significante que se coloca en el lugar del objeto real en la vida cotidiana. Sin embargo, lo posibles significados que no son incluidos en la conformación de la RS, se transforman en *nada*, constituyendo el negativo o lado oscuro de la RS positiva, esto es, se trata de lo no representado o de las partes no presentes en esa estructura significante. Esta exclusión o represión de ciertos significados del campo representacional no es casual, son excluidos porque podrían desafiar la visión ideológica del mundo dominante y, por lo tanto, resultan amenazantes para los grupos sociales. Incluso, la ausencia de una RS sobre un objeto emocionalmente decisivo para el grupo puede ser un indicador de su abrumadora presencia afectiva para la vida cotidiana de sus integrantes (ver el capítulo de Barreiro y Castorina en este libro).

Este proceso dinámico de relaciones conflictivas entre las RS, fue abordado por Moscovici (1998) al distinguir las RS hegemónicas, de las polémicas y las emancipadas. Las primeras expresan diferentes posiciones sociales sobre un mismo objeto, generalmente contradictorias, mientras que las segundas expresan un punto de vista divergente con respecto a la RS hegemónica, pero de un grupo sin el poder social necesario para disputar su estatuto de realidad a la RS dominante. Ahora bien, distinguir estas RS es enriquecedor para pensar el desarrollo moral debido a que las RS hegemónicas expresarían el sistema de valores y creencias dominante en un grupo social, mientras que las polémicas sostendrían un conflicto explícito con ellas, como puede ocurrir por ejemplo en una sociedad en la que confrontan una moral laica con una moral religiosa. Por otra parte, las RS morales emancipadas expresarían un sistema de valores diferentes a los dominantes, que son tolerados sin entrar en conflicto con la RS hegemónica porque el grupo que los encarna no cuenta con el poder necesario como para plantear una amenaza al status quo. Sin duda, estos conflictos de poder y tensiones entre las RS correspondientes a diferentes sistemas de valores sustentados por grupos con diferente nivel de poder en la sociedad, intervienen conformando el ME de los psicólogos y las filosofías cotidianas de los hombres comunes.

Replanteando los problemas

Las investigaciones mencionadas referidas a la ontogénesis de las RS de la justicia han sido condicionadas, explícita o implícitamente, por el ME relacional, para plantear sus problemas y elegir sus unidades de análisis. Asimismo, han tomado en cuenta seriamente el reconocimiento de la concepción del mundo que constituye el sentido común de los individuos. Ahora bien, en base a estos presupuestos se han combinado la TRS y la psicología genética para estudiar el desarrollo de los juicios morales, y sus resultados nos llevan a replantear –de modo breve y tentativo– algunos problemas teóricos clásicos en este campo de estudio.

Respecto de la naturaleza del constructivismo, se trata claramente de su revisión crítica, cuestionando fuertemente la versión que lo ata indefectiblemente a la elaboración de "ideas más avanzadas", en una dirección inmanente al despliegue de un deber ser –inspirado en las ideas kantianas. El constructivismo revisado no se identifica con el estudio de la justicia como formación de un deber ser, centrada en las normas. Esta versión busca indagar la producción de novedades cognoscitivas, desde el punto de vista de la elaboración del sujeto, pero en términos de reconstrucción de las RS preexistentes en su sociedad. La actividad cognitiva involucra un incremento de la abstracción y la articulación dialéctica de las nociones, como la relativización o la unidad dinámica entre sistemas independientes de conocimiento. Tal es el caso de la articulación dinámica entre retribución y utilitarismo, en la ontogénesis de las RS sobre la justicia, en las conceptualizaciones construidas por los individuos al apropiarse del sentido común moral que se encarna en las RS hegemónicas en nuestra sociedad (Barreiro y Castorina, 2018). Claramente, se defiende la elaboración individual de nuevos argumentos, por reorganización de los significados que se otorga a las situaciones morales, pero se toma distancia de un sujeto puramente epistémico o "moral" en sentido kantiano. Se propone un sujeto psicosocial, que participa en las prácticas sociales contextualizadas (familiares u escolares o institucionales) y así puede realizar inferencias y apropiarse de las RS que se expresan en dichas prácticas. De este modo, es crucial reconsiderar en su diversidad los rasgos del sujeto moral, impensable sin la relación dialéctica con el otro y el objeto de conocimiento. Él se constituye en esta articulación ternaria y dinámica, donde la actividad cognoscitiva solo puede pensarse en el contexto de las creencias y las interacciones sociales, enmarcadas en una concepción ideológica del mundo.

Respecto a la intervención de la cultura en el desarrollo moral, este enfoque constructivista se diferencia significativamente de algunas versiones de la psicología cultural (Sheweder, 1990) en la que no se problematiza la diversidad significativa de valores dentro de esta imagen de la cultura. Más aún, la cultura se interpreta –sin diferencias de valores, de poder y de conflicto– en la estructuración de los fenómenos sociales. En cambio, la teoría de las RS introduce la heterogeneidad y la diversidad, debido a las diferentes posiciones y valores de los grupos sociales, lo que enriquece significativamente al concepto de cultura. Asimismo, como vimos, tal diversidad no impide el lado subjetivo del funcionamiento de las RS, la actividad cognitiva que hemos destacado.

En este punto, planteamos una cierta convergencia con otras líneas de investigación constructivistas contemporáneas, sumamente críticas del enfoque homogeneizante o de las orientaciones culturales globales como los códigos morales (Wainryb, 2004). Dicho enfoque no puede capturar la multiplicidad de preocupaciones y objetivos que son parte de la vida social de los individuos, ni la manera en que los individuos procesan aquellas preocupaciones en contextos específicos. Es necesario, reconocer la complejidad de la experiencia de los individuos dentro de las sociedades, que les hace producir significados que reinterpretan las ideologías culturales. Aquella diversidad, al considerar las RS, nos obliga, además, a rechazar la tesis del desarrollo moral como un avance progresivo de la razón hacia un punto de llegada, tomando distancia del "inmanentismo" de la perspectiva piagetiana.

Por el contrario, las ideas morales emergen durante el proceso de apropiación de las creencias colectivas sobre lo bueno y lo malo, lo justo o lo injusto, etc. Los resultados de nuestros estudios (Barreiro, 2013b, 2014), indican que es posible distinguir, en los mismos sujetos diferentes lógicas de pensamiento. En ellos conviven distintas perspectivas morales, como se ha visto, sin que medie una línea evolutiva entre ellas que permita establecer estados de menor o mayor validez. Coexistencia de diferentes RS de la justicia, que se pueden interpretar desde diferentes posiciones filosóficas (retribucionismo o utilitarismo) en lugar de un desarrollo unívoco de la racionalidad, poniendo en primer plano la producción de ideas en situaciones contextuales. Pero la identificación de diferentes éticas en la vida cotidiana de las personas no excluye que se pueda hablar de un incremento del rigor y la sistematicidad intelectuales, por la vía de las inferencias dialécticas (Castorina y Baquero, 2005; Barreiro y Castorina, 2012a, 2018) y en un sentido preciso: los niños y niñas afirman separadamente el utilitarismo, y la ética retribucionista kantiana al comprender a la justicia, para luego construir su integración durante la adolescencia (Barreiro, 2013a, 2018).

En este sentido, si consideramos las conexiones entre los niveles de análisis planteados al inicio de este trabajo, podría pensarse que en los juicios de los sujetos es posible identificar fuertes analogías con las filosofías retribucionistas kantianas o el utilitarismo, de nuestro primer nivel de análisis. Sin embargo, se trata de su transformación en el sentido común y de su apropiación en la ontogénesis de las RS, que corresponden al cuarto nivel. Los sujetos pueden sostener diferentes morales, pero en este caso predomina la justicia retributiva que es hegemónica en la sociedad argentina (Barreiro et al., 2014). Insistimos, lo dicho no supone una jerarquía entre ellas, ni el abandono definitivo de alguna por la otra. Como ya hemos señalado, no encontramos razones para justificar, desde el punto de vista argumentativo, una jerarquía de menor a mayor validez de las corrientes de la ética, elaboradas por los filósofos académicos, al menos si se considera críticamente la historia del pensamiento.

Respecto de la universalidad, fuertemente sostenida en las versiones deontológicas del juicio moral, ¿se puede defender? Sin duda, la moral de estilo kohlbergriano, con su pretensión de universalidad es insostenible, entre otras muchas razones, porque depende su caracterización de los conflictos referidos al deber ser de la justicia, que habilita los razonamientos morales. Tal versión, es muy limitada y deja afuera las concepciones vinculadas al sentido común, así como otros aspectos de los juicios morales que no son estrictamente reflexivos (Flanagan, 1996).

En general, en el escenario de la psicología moral contemporánea, chocan varias versiones universalistas y otras contextualistas. Así, en las primeras se afirman, o bien formas de pensamiento construidas, como en la teoría de Kohlberg, o bien los primitivos biológicos (Premark, 1994) que determinan el desarrollo de la moral adulta, aunque admitiendo una enorme variedad de contenidos morales, sin lugar para la reflexión de los individuos. Incluso se mantiene un paralelismo entre la universalidad de las redes neuronales y los contenidos que dependen de una "selección" que confirman o no las decisiones de los individuos en ciertas condiciones contextuales. Por el contrario, posiciones como la de Sheweder (1990; Sheweder et al., 1998; Sheweder, Mahapatra y Miller, 1987) son relativistas, si es el contexto cultural el que provee los contenidos que suministran los elementos para pensar los juicios morales, o si los juicios dependen en última instancia de los contextos narrativos en los cuales nos enfrentamos a las situaciones morales. Este relativismo evade toda búsqueda de aspectos universales que eventualmente pudieran emerger del diálogo de culturas o de subculturas. Sin embargo, existe otro tipo de enfoque universalista: Turiel (2000) no defiende la universalidad de formas vacías o contenidos innatos, sino de la elección –muy precoz– de actos morales que producen daño. Puede cambiar "lo que produce daño", en función de los contextos culturales y de las creencias pero no que se rechaza el daño. Hay claramente, una intervención del contexto cultural, de los supuestos informacionales provenientes de diversos sistemas sociales, como el religioso. Así, las creencias acerca del mundo social suministran las condiciones para que los sujetos examinen el daño de un acto. En este sentido, se opone al "contextualismo" que no diferencia al individuo del contexto e impide estudiar la contribución argumentativa de los individuos.

Como hemos dicho, la TRS no es una teoría filosófica que defiende una versión relativista con argumentos propiamente filosóficos, es una teoría psicológica que supone una versión moral contextual, o es compatible con tesis que contextualizan el valor moral, pero no se pronuncia sobre cuestiones de universalidad en términos filosóficos. Sin duda, al llevar a cabo los estudios desde una perspectiva psicosocial muestra la diversidad sociocultural de creencias morales, una relatividad que no necesariamente es relativismo. Estamos suponiendo a un individuo que piensa en contextos, que las condiciones sociales del pensamiento moral son indisociables de la actividad intelectual, y que "hay un punto de vista" del sujeto al momento de asumir una perspectiva moral, la dimensión subjetiva de la génesis de las RS, en la que ha insistido Jodelet (2008). Esto es, para la perspectiva de la TRS, el pensamiento moral depende, en buena medida, de los instrumentos culturales, en su versión de RS, lo que no implica por sí mismo que los sujetos comprendan por las significaciones sociales. Justamente, porque se ponen en juego, también, los procesos cognitivos en la adherencia o el rechazo a las RS, o en la afirmación de RS alternativas, se encuentran ciertos niveles de reflexión. Esta es una condición necesaria para alcanzar "avances en el pensamiento moral", que no significa alcanzar algún nivel de un hipotético desarrollo de menor a mayor grado de "conciencia moral del deber", que rigiera para cualquier grupo humano y para cualquier sujeto (el universalismo abstracto y la jerarquía de las concepciones morales). En esta perspectiva, referimos a la universalidad moral en los términos de algo "inductivamente general o universal", generalizando rasgos compartidos.

Con todo, ¿tiene todavía algún sentido hablar de universalidad en una explicación del desarrollo moral, con la aportación de la TRS? Claramente, en el constructivismo situado que hemos asumido, no se trata de una supuesta "universalidad" elaborada a partir de estudios de juicio moral en niños de diversas culturas, ni se postulan formas universales innatas ni operaciones intelectuales que todos los sujetos compartan y que se alineen en un orden teleológico. Sin embargo, en los estudios que utilizan a ambos programas (psicología genética revisitada y TRS) se postulan mecanismos cognitivos que son responsables de la ontogénesis de las RS, que funcionan cada vez que los sujetos las reconstruyen al apropiarse de ellas. En este sentido, se reconocen una invariante funcional, una dialéctica inferencial que expresa la actividad constructiva de los sujetos.

Por otro lado, desde el punto de vista de los sujetos psicosociales, se trata de la dimensión subjetiva de las RS (Jodelet, 2008): la pretensión de los derechos que *deberían ser reconocidos por todos*. Todos los sujetos que son estudiados por la TRS, en su dimensión subjetiva aspiran a que la creencia que afirman acerca de la justicia fuera reconocida por los otros (Faigenbaum et al., 2007). Decididamente, postular la existencia de una diversidad de creencias y concepciones morales en la vida de los niños, como hemos insistido, no es contradictoria con las expectativas de cada sujeto a esperar que lo que cree, ya sean sus derechos o sean sus valores, o su idea de justicia, *deban ser* reconocidos por los otros sujetos. Esto supone una reflexión acerca de lo que uno cree y un diálogo con los otros para alcanzar aquel reconocimiento, depende fuertemente del logro de la autonomía, o mejor dicho, supone que un sujeto pueda comprender la intención de los otros y la diversidad de puntos de vista o creencias morales.

De nuevo, las investigaciones del juicio moral, combinando la psicología genética con la TRS, ponen de manifiesto un rechazo, tanto del universalismo descontextualizado de las versiones deontológicas o las naturalistas, como el relativismo de las tesis contextualistas. Ambas interpretaciones suponen la disociación de lo universal del contexto en que se producen los juicios morales. Por el contrario, la aproximación dialéctica de la unidad de los contrarios (ME relacional) afirma cierta universalidad, ya sea como invariancia del proceso cognoscitivo, ya sea como expectativas de reconocimiento, de los sujetos morales, pero que solamente existe o se realizan en situaciones específicas de la vida cotidiana. La tesis de una universalidad situada (Bang, 2008).

Por ultimo: ¿qué concepto de desarrollo moral resulta pertinente en función de las investigaciones empíricas en TRS y de la discusión conceptual? En lo fundamental, los estudios de los juicios morales en la vida cotidiana no muestran un abandono de un tipo de pensamiento moral por otro, sino que son modalidades contextuales, en función de las diferentes RS existentes en la sociedad. Desde estos estudios hay razones para rechazar la tesis del desarrollo de ideas morales de menor a mayor grado de validez de manera lineal y común a todos los sujetos. Claramente, no hay razones para creer que –dadas las diferentes lógicas del pensamiento– se asista a un desarrollo hacia un pensamiento crítico.

El desarrollo moral es entendido como la posibilidad de construir la propia identidad moral, en los términos de constituirse en un actor social capaz de convivir con sus pares y, para ello, es necesario apropiarse de las creencias y valores legitimados por el grupo al que las personas pertenecen. En el enfoque psicosocial, reducir el desarrollo moral solo a su dimensión cognitiva es equivalente a psicologizarlo, porque se lo escinde de sus condiciones sociales. Dicho de otro modo, la heteronomía moral es un fenómeno social inevitable e imprescindible, pero dentro de ella es posible discernir procesos de desarrollo cognitivo que deben ser reconocidos. Así, el desarrollo moral se refiere al proceso por el cual las personas adquieren argumentos que justifican esa moral heterónoma.

En esta línea de pensamiento, nuestros estudios sobre la apropiación de la creencia ideológica en un mundo justo (Barreiro, 2013b, 2010) y las justificaciones del castigo (Barreiro, 2012, 2014, 2018), muestran que es necesario considerar ciertos rasgos de la interacción dialéctica con los objetos específicos. En el conocimiento del dominio moral, y en otros, se puso de manifiesto que las particularidades de las relaciones de los individuos con las creencias colectivas dan lugar a procesos de apropiación diferentes, con distintos modos o grados de restricción de la actividad cognitiva. Se trata de procesos lejanos a la linealidad o la teleología del desarrollo moral. Incluso, la posibilidad misma de una posición crítica, que es condición para la conceptualización de un objeto de conocimiento, depende de asumir o cuestionar compromisos valorativos y emocionales en las situaciones en que se involucra el sujeto del juicio moral, aquella dimensión subjetiva de las RS (Jodelet, 2008). Pero cuando los objetos de conocimiento –situados en un contexto de significados preexistentes, de RS y su horizonte ideológico– actúan de manera literal sobre los sujetos, como es el caso del castigo, es más difícil una actitud reflexiva. Es decir, las posibilidades de efectuar un distanciamiento de aquellos compromisos (Elias, 2002) para poder examinar el castigo y desnaturalizarlo, serían menores. Resulta plausible considerar que tales diferencias en el proceso constructivo están vinculadas al tipo de interacciones sociales en las que se constituyen los objetos morales. Sin duda, esta última apreciación es una conjetura que deriva de la naturaleza de los argumentos de los sujetos, pero requiere de investigaciones empíricas que la sustenten. Asimismo, es necesario ahondar en el estudio de los mecanismos –al parecer invariantes– que intervienen en la reconstrucción conceptual del objeto de conocimiento moral llevada a cabo durante la apropiación de las creencias colectivas.

Referencias bibliográficas

Bang, J. (2008). Building a New House out of Old Materials- and with Sharpened Tools. *Culture & Psychology*, *14(1)*: 45-55.

Barreiro, A. (2010). Restricciones ideológicas y desarrollo conceptual: el proceso de apropiación de la Creencia en el Mundo Justo. En J. A. Castorina (Coord.), *Desarrollo del conocimiento social. Prácticas, discursos y teoría* (pp. 165-190). Buenos Aires: Miño y Dávila.

Barreiro, A. (2012). El desarrollo del juicio moral. En M. Carretero & J. A. Castorina (Comps.), *Desarrollo cognitivo y Educación II: Procesos de conocimiento y adquisiciones específicas* (pp.199-220). Buenos Aires: Paidós.

Barreiro, A. (2013a). The Ontogenesis of Social Representation of Justice: Personal Conceptualization and Social Constraints. *Papers on Social Representations*, *22*, 13.1-13.26.

Barreiro, A. (2013b). The Appropriation Process of the Belief in a Just World. *Integrative Psychological and Behavioral Sciences*, *47*, 431-449.

Barreiro, A. (2014). El desarrollo de las justificaciones del castigo: ¿conceptualización individual o apropiación de conocimientos colectivos? En J. A. Castorina & A. Barreiro (Eds.), *Representaciones sociales y prácticas en la psicogénesis del conocimiento social* (pp. 105-124). Buenos Aires: Miño y Dávila.

Barreiro, A. & Castorina, J. A. (2012). Desafíos a la versión clásica del desarrollo en las investigaciones sobre el juicio moral. *Infancia y Aprendizaje*, *35* (4), 471-481.

Barreiro, A. & Castorina, J. A. (2014). La investigación psicológica del desarrollo de la justicia. ¿Racionalidad inmanente o polifasia cognitiva? En J. A. Castorina & A. Barreiro (Eds.), *Representaciones sociales y prácticas en la psicogénesis del conocimiento social* (pp. 73-90). Buenos Aires: Miño y Dávila.

Barreiro, A. & Castorina, J. A. (2015). La creencia en un mundo justo como trasfondo ideológico de la representación social de la justicia. *Revista Colombiana de Psicología*, *24* (2), 331-345.

Barreiro, A. & Castorina, J. A. (2016). Nothingness as the dark side of social representations. In J. Bang & D. Winther-Lindqvist (Eds.), *Nothingness: philosophical insights into psychology* (pp. 69-88). New Jersey: Transaction Publishers.

Barreiro, A. & Castorina, J. A. (2017). Dialectical inferences in the ontogenesis of Social Representations. *Theory & Psychology*, 27 (1), 34-49.

Barreiro, A. y Castorina, J. C. (2018). Procesos constructivos en la apropiación de las representaciones sociales. En A. Barreiro (Ed.), *Representaciones sociales, prejuicio y relaciones con los otros. La construcción del conocimien-*

to social y moral (pp. 55-72). Buenos Aires: UNIPE.

Barreiro, A., Castorina, J. A. & Van Alphen, F. (2017). Conflicting Narratives about the Argentinean 'Conquest of the Desert': Social Representations, Cognitive Polyphasia, and Nothingness. In M. Carretero, S. Berger and M. Grever (Eds.), *Palgrave Handbook of Research in Historical Culture and Education* (pp. 373-389). London, UK: Palgrave Macmillan.

Barreiro, A., Gaudio, G., Mayor, J., Santellán Fernandez, R., Sarti, D. & Sarti, M. (2014). Justice as social representation: Diffusion and differential positioning. *Revista de Psicología Social, 29* (2), 319-341.

Castorina, J. A (2002). El impacto de la filosofía de la escisión en la psicología del desarrollo cognitivo. *Psykhe, 11,* (1) 25-57.

Castorina, J. A. (2005). La investigación psicológica de los conocimientos sociales. Los desafíos a la tradición constructivista. En J. A. Castorina (Coord.), *Construcción conceptual y representaciones sociales. El conocimiento de la sociedad* (pp. 19-44). Buenos Aires: Miño y Dávila.

Castorina, J. A. (2020). The importance of Woldviews of Development Psychology. *Human Arenas 1,* 1-19.

Castorina, J. A. & Barreiro, A. (2006). Las representaciones sociales y su horizonte ideológico. *Boletín de Psicología, 84,* 7-25.

Castorina, J. A. & Pizzano, A. (2004). La psicología moral en la obra de Habermas. Una mirada crítica. En *Epistemología e Historia de la Ciencia,* Vol. 10. Universidad Nacional de Córdoba.

Duveen, G. (1994). Crianças enquanto atores sociais: as Representações Sociais em desenvolvimento. En P. Guareschi & S. Jovchelovitch (Orgs.), *Textos em*

Representações Sociais (pp. 261-296). Petrópolis: Vozes.

Elias, N. (1956/2002). *Compromiso y distanciamiento.* Barcelona: Ediciones Península.

Emler, N. (1987). Socio-moral development from the perspective of social representations. *Journal of the Theory of Social Behavior, 17* (4), 371-388.

Emler, N., Tarry, H. & James, A. (2007). Posconventional moral rasoning and reputation. *Journal of Research in Personality, 41* (1), 76-89.

Faigenbaum, G., Castorina, J. A., Helman, M. & Clemente, F. (2007). El enfoque piagetiano en la investigación moral: alternativas frente al naturalismo y el relativismo. En J. A. Castorina (Comp.), *Cultura y conocimientos sociales. Desafíos a la psicología del desarrollo* (pp. 89-116). Buenos Aires: Aique.

Flanagan, O. (1996a). *La psychologie morale et* éthique. París: PUF.

Gramsci, A. (2003). *Cartas de la cárcel 1926-1937.* México: BUAP-Ediciones Era-Fondazione Istituto Gramsci.

Gramsci, A. (2011). *Antologia.* Buenos Aires: Siglo XXI.

Habermas, J. (1985/1976). *La reconstrucción del materialismo histórico.* Madrid: Taurus.

Haidt, J. (2001). The emotional dog and its rational tail: A social intuitionist approach to moral judgement. *Psychological Review, 108,* 4, 814-834.

Haidt, J. (2008). Morality. *Perspectives on psychological science, 3* (1), 65-72.

Haste, H. (1990). *La elaboración del sentido.* Bs. As.: Paidós.

Howarth, C. (2004). A social representation is not a quiet thing: Exploring the critical potential of social representations theory. *British Journal of Social Psychology*, *45* (1), 65-86.

Howarth, C. (2014). Connecting Social Representation, Identity and Ideology: Reflections on a London "riot". Papers on Social Representations, *23*, 4.1-4-30.

Jodelet, D. (1991). L' idéologie dans l'étude des representations sociales. En V. Aebischer, J. P. Deconchy & E. M. Lipiansky (Eds.), *Ideologies et representations sociales* (pp. 15-33). Delval: Cousset Suisse.

Jodelet, D. (2008). El movimiento de retorno al sujeto y el enfoque de las representaciones sociales. *Cultura y Representaciones Sociales*, Año 3, N. 5, 32-62.

Jovchelovich, S. (2010). From social cognition to the cognition of social life. *Papers on Social Representations*, 19, 3.1-3.10.

Kohlberg, L. (1981). *Essays on moral development: The philosophy of moral development*, Vol. I. San Francisco: Haper & Row.

Leman, P. J. & Duveen, G. (1996). Developmental differences in children's understanding of espistemic authority. *European Journal of Social Psychology*, 26 (5), 683-702.

Lerner, M. J. (1980). *The belief in a just world: a fundamental delusion*. New York: Plenum.

Lloyd, B. & Duveen, G. (2003). Un análisis semiótico del desarrollo de las representaciones sociales de género. En J. A. Castorina (Comp.), *Representaciones Sociales*. Barcelona: Gedisa.

Markus, H. R., Mullally, P. & Kitayama, S. (1997). Selfways, diverssity in modes of cultural participation. In U. Neisser & D. Jopling (Eds.), *The conceptual self in context: Culture, Experience, self understandind* (pp. 13-61). Cambridge: Cambridge University Press.

Moscovici, S. (1961). *La psychanalyse son image et son public*. París: PUF.

Moscovici, S. (1988). Notes towards a description of Social Representations. *European Journal of Social Psychology*, *18* (3), 211-250.

Nun, P. (2015). Gramsci y el sentido común. En *El sentido común y la política* (137-186). Buenos Aires: Fondo de Cultura Económica.

Piaget, J. (1932/1971). *El Criterio Moral en el Niño*. Barcelona: Fontanella.

Piaget, J. & García, R. (1982). *Psicogénesis e Historia de la Ciencia*. México: Siglo XXI.

Premak, D. & Premak, A. J. (1994). La creencia moral: forma versus contenido. En L. Hirschfeld & S. A. Gelman, *Cartografía de la mente* (pp. 217-242). Barcelona: Gedisa.

Psaltis, C. & Duveen, G. (2006). Social relations and cognitive development: The influence of conversation type and representation of gender. *European Journal of Social Psychology*, *36*, 407-430.

Psaltis, C., Duveen, G. & Perret-Clermont, A.-N. (2009). The social and the psychological: Structure and context in intellectual development. *Human Development*, *52* (5), 291-312.

Shweder, R. A. (1990). Cultural psychology – what is it? En J. W. Stigler, R. A. Shweder & G. Herdt (Eds.), *Cultural psychology. Essays on comparative human development* (pp. 1-43). New York: Cambridge University Press.

Shweder, R. A., Goodnow, J., Hatano, G., Levine, R., Markus, A. & Miller, P. (1998). The Cultural Psychology of Developmente: One Mind, Many Mentalities. En W. Damon & R. M. Lerner (Eds.), *Handbook of Child Psychology. Fifth Edition, Vol 1: Theoretical Models of Human Development* (pp. 865-937). New York: John Lonley & Sons Inc.

Shweder, R. A., Mahapatra, M. & Miller, J. (1987). Culture and moral development. En J. Kagan & S. Lamb (Eds.), *The emergence of morality in young children* (pp. 1-83). Chicago: University of Chicago Press.

Taylor, Ch. (2010). *El multiculturalismo y la política del reconocimiento*. México: Fondo de Cultura Económica.

Turiel, E. (2000). *The culture of morality: social development, context and conflict*. Cambridge University Press.

Turiel, E. (2008). The development of Children's orientations toward moral, social and personal orders: More than a Sequence in Development. *Human Development, 51*, 21-39.

Valsiner, J. (2012). La dialéctica en el estudio del desarrollo. En J. A. Castorina & M. Carretero (Eds.), *Desarrollo Cognitivo y Educación. Los orígenes del conocimiento* (pp. 137-164). Buenos Aires: Paidós.

Wainryb, C. (2004). The study of diversity in human development: Culture, urgencies, and perils. *Human Development, 47*, 131-137.

Walker, A. (2000). Choosing Biases, Using Power and Practicing Resistence: Moral Development in a World without Certainty. *Human Development 43* (3), 135-156.

CAPÍTULO V

La construcción social de *la nada* y su contribución a la teoría de las representaciones sociales[1]

Alicia Barreiro y José Antonio Castorina

Introducción

La teoría de las representaciones sociales (en adelante RS) ha producido contribuciones teóricas y resultados empíricos acerca de la construcción del conocimiento social desde hace más de 50 años, sin embargo, todavía no ha llevado a cabo un análisis sobre la construcción social de *la nada* (Bang, 2009; Valsiner, 2014a). Las RS son estructuras significantes, construidas por los grupos sociales para comprender los fenómenos novedosos o conflictivos (Jodelet, 1986; Moscovici, 2001a). No obstante, los desarrollos teóricos y los estudios empíricos se han centrado en los significados positivos que se manifiestan en la construcción de una RS. En este capítulo, sostendremos que esa tendencia condujo al problema de no considerar los significados colectivos que son reprimidos o excluidos durante el proceso de construcción de significados por el que se estructura una RS, cuando la ausencia juega un rol central en la posibilitación de dicho proceso.

Las RS son construidas en el seno de conflictos sociales y contribuyen al sostenimiento de relaciones de poder entre los grupos (Barreiro et al., 2020; Barreiro, Castorina y Van Alphen, 2017; Barreiro, Wainryb y Carretero, 2017; Howarth, 2006; Jovchelovitch, 2010; Starkle, 2015). Por lo tanto, su construcción expresa esos conflictos, aunque todavía no existen suficientes estudios dedicados a problematizar este tema. Postulamos que durante el proceso de construcción de una RS algunas de las características del fenómeno son positivamente representadas y

---

1   Una primera versión de este trabajo fue publicada como Barreiro, A. & Castorina, J.A. (2016). Nothingness as the dark side of social representations. En J. Bang y D. Winther-lindqvist (eds.) *Nothingness: philosophical insights into psychology* (pp.69-88). New Jersey: Transaction Publishers.

otras devienen en *nada*. Dicho de otro modo, tales elementos u objetos no representados forman parte de la RS, pero como el lado negativo de los significados positivamente representados en ella.

En este capítulo, presentaremos los argumentos que justifican la necesidad de enfatizar la importancia de la consideración de la construcción social de *la nada* para la teoría de las RS, como una herramienta conceptual que permite clarificar la intervención de las relaciones sociales de poder en el proceso mismo de construcción de una representación social. A su vez, plantearemos que considerar a *la nada* en el proceso sociogenético por el que se construye una RS, permite reposicionar la subjetividad individual en ese proceso, un problema que aún necesita ser resuelto por la teoría de las RS (Jodelet, 2008).

A lo largo de este capítulo presentaremos diferentes teorizaciones filosóficas y psicológicas sobre *la nada* y, en particular, nos centraremos en su falta de problematización explícita en la teoría de las RS. Asimismo, con la finalidad de ilustrar nuestros argumentos, recurriremos a estudios empíricos (Barreiro, 2013a; Barreiro et al., 2014; Barreiro, Wainryb y Carretero, 2016, 2017; De Alba, Dargentas y Balez, 2014) a través de los cuales señalaremos que las ausencias resultantes de la construcción colectiva de *la nada* pueden adoptar tres modalidades diferentes, que expresan la manera en la que las tensiones propias de las relaciones de poder en la sociedad pueden restringir el proceso de sociogenesis de las RS.

La nada en la filosofía, el psicoanálisis y la psicoterapia

Las reflexiones sobre el estatuto ontológico de *la nada* tienen sus comienzos en el campo de la Filosofía. Desde la Antigua Grecia hasta los sistemas filosóficos contemporáneos se ha tratado de comprender dicho problema, asumiendo perspectivas diferentes e, incluso, a veces contradictorias entre sí (e.g., Bergson, 1907/1959; Kant, 1781/2003). Para algunos filósofos *la nada* es el gran tema ignorado en el pensamiento occidental, que permanece en un estado virtual en los planteos filosóficos. Sin embargo, para otros filósofos, como Bergson (1907/1959), este tema ha promovido secretamente la especulación filosófica, pero finalmente forma parte de los pseudo problemas de la historia del pensamiento (Bergson, 1963). De manera general, a lo largo de la historia de la Filosofía, *la nada* ha sido pensada en términos de la búsqueda humana de libertad, como la potencia del ser y la razón por la que todo es posible (Givonne, 2001).

La categoría filosófica de *la nada* ha inspirado reflexiones de algunos psicólogos, mayormente a través de los trabajos de Heidegger (1927/1962) y Sartre (1943/1996). Heidegger postuló la pregunta, previamente formulada por Leibniz: "¿Por qué existe algo (entidades) en lugar de nada?". De acuerdo con su planteo, la experiencia de *la nada* es un sentimiento humano: la angustia. Dicha experiencia no refiere a la negación de las entidades, por el contrario, esta tiene que ser interrogada en su relación constitutiva con la totalidad de las entidades. Principalmente, dicha experiencia implica tomar distancia de las entidades que nos oprimen y lo que queda como objeto, luego de ese movimiento, es la *nada*. En esta misma línea, Sartre ubica *la nada* en el centro mismo de la relación humana con el ser. El ser se mueve hacia lo trascendente, más allá del ser, hacia sus fundamentos, y ese movimiento se dirige hacia *la nada*. Sin embargo, nuestro ser en el mundo físico está obligado a tomar decisiones conscientes, limitando su libertad y autodeterminación. Desde esta perspectiva, la nada es una característica humana, al igual que la libertad y la autodeterminación. Además, la tensión entre el ser y *la nada* es vivida por el sujeto como angustia, de la que siempre trata de escapar.

A diferencia de lo que ocurre en la filosofía, son muy pocos los autores que han abordado el problema de *la nada* desde una perspectiva psicológica. Esta laguna en el trabajo teórico y empírico sobre la temática pone de manifiesto cuán difícil ha sido para los psicólogos considerar niveles de la experiencia ontológica, más allá de los estados perceptibles y evidentes del ser. Los pocos psicólogos que se interesaron por este fenómeno lo han llamado de otro modo, posibilitando diferentes formas de comprender la construcción activa por parte de las personas de "la presencia de una ausencia" (Bang, 2009, p. 376), que nosotros denominamos como *la nada*. Cronológicamente, la primera de las perspectivas psicológicas que se abordó esta temática lo hizo en el marco del estudio de las emociones humanas y la enfermedad mental. En línea con el pensamiento de Heidegger, para esta perspectiva *la nada* refiere a cierta cualidad afectiva y es entendida como un sinónimo de angustia o vacío. Por ejemplo, de acuerdo con Freud, (1919/2003), lo siniestro es aquello que no puede ser puesto en palabras, porque eso sería intolerable para el *ego*. La incertidumbre y lo no familiar dan lugar a sentimientos de miedo, repulsión o displacer. Sin embargo, no todo lo no familiar o desconocido se encuentra ligado al sentimiento de algo siniestro, se trata de algo que alguna vez fue familiar, pero que ahora debe permanecer oculto como un secreto. Lo siniestro es provocado por algo que opera como un sustituto del temor infantil a la castración, sentido durante el sepultamiento del complejo de Edipo, una de las tesis básicas de la teoría psicoanalítica. Este temor sumamente primitivo retorna una y otra vez a lo largo de la vida por medio de la compulsión a la repetición que instintivamente –más allá del principio de placer– continúa trayendo lo reprimido inconsciente a la conciencia, dando características demoníacas a ciertos contenidos de nuestra mente. Así, experienciamos lo siniestro como angustia o ansiedad y es transferido a diferentes objetos, sin una explicación objetiva o racional para ello.

Es reconocida la confluencia entre la posición filosófica de Heidegger y la teorización de lo siniestro por Freud, dado que los dos autores entienden a la angustia y a lo siniestro a partir de un esquema básico de apariencia y ocultamiento, como la característica más importante del equilibrio inestable de la vida psíquica. Sin embargo, es importante enfatizar que, en la obra de Freud lo reprimido es un suceso real o una fantasía del pasado, mientras que en las elaboraciones de Heidegger la angustia no surge de algo, sino que es alimentada por la indeterminación del ser. Para Heidegger la angustia trae *la nada* a la conciencia y sus funciones derivan de su contraposición con el miedo. Este último tiene un carácter óntico, dado que refiere a cosas o situaciones. Por el contrario, la angustia tiene un carácter ontológico, en tanto refiere a aquello hace posible la propia existencia de las cosas.

De manera similar, desde una perspectiva psicoterapéutica, Kraft (1974), señaló que la experiencia personal de *la nada* alude a sentimientos de angustia, ansiedad y vacío causados por lo no familiar, pero en un sentido diferente al dado a este término por Freud. Desde esta perspectiva, lo no familiar refiere a una ruptura en los significados cotidianos, se trata de la experiencia subjetiva de extrañamiento y vacío sobre la totalidad de la vida de una persona. Este tipo de experiencia ocurre cuando las personas están tratando dar sentido al aparente sin sentido en sus vidas "(...) la nada es una ruptura en la vida convencional (...). Una persona queda en la nada consigo misma. Generalmente, él experiencia a las otras personas como más presentes en su ausencia que en su presencia" (Kraft, 1974, pp. 18-19). Cuando las personas se ven abrumadas por la nada, no pueden hacer contacto con los otros y piensan que sus acciones cotidianas no tienen ningún sentido. No obstante, esta sensación de pérdida del sentido de la vida puede llevar a un punto de ruptura subjetiva, debido a que conlleva la oportunidad de construir nuevos significados y de implementar acciones para transformar la situación actual. Por lo tanto, la experiencia de *la nada* es entendida como la vivencia de un sentimiento displacentero, pero también como una fuerza vital fundamental, en tanto puede conducir al sujeto a desarrollar significados más auténticos en su existencia cotidiana.

La nada en la psicología del desarrollo

Desde una perspectiva del desarrollo cognitivo, al explicar la construcción del conocimiento, Piaget (1975) –sin utilizar el término *nada*– explicó cómo es posible negar ciertas propiedades de los objetos o de las acciones de los individuos que podrían ser perturbadoras para el sistema cognitivo. En su teoría, Piaget describe un proceso dinámico de equilibración para explicar la transformación de los esquemas cognitivos durante sus intercambios con el mundo: equilibrio/desequilibrio/re-equilibración. Cuando ciertas propiedades de un objeto no pueden ser asimiladas por los esquemas cognitivos de los que el sujeto dispone, la perturbación del equilibrio cognitivo implica un estado de desequilibrio. Sin embargo, como los sistemas cognitivos tienden a la coherencia, es necesario compensar la perturbación moviéndose hacia un estado de equilibrio (re-equilibrio). En este proceso dialéctico, Piaget distingue diferentes tipos de compensaciones: alfa, beta y gama. A los fines de este trabajo, solo consideraremos en lo que sigue a la compensación alfa, porque pensamos que se trata de un mecanismo cognitivo que está vinculado con la construcción activa de *la nada*. En términos de la construcción de conocimientos, la compensación alfa es la más primitiva de las tres, porque no integra la perturbación al sistema cognitivo. En otras palabras, la compensación alfa no implica la construcción de novedades en el conocimiento del sujeto sobre el mundo. Dicha compensación opera negando los rasgos perturbadores del objeto y, de esta manera, reprimiendo cognitivamente la perturbación –en un sentido muy diferente al mecanismo freudiano de represión–, tal como si ella no existiera. Por ejemplo, cuando los niños de 4 a 7 niños realizan series de objetos, no pueden considerar tres de ellos al mismo tiempo. Si un investigador les da un tercer objeto para que lo incluyan en una actividad de seriación, los pequeños excluirán uno de los tres objetos y continuarán trabajando con pares, como si el objeto excluido no estuviera presente. En otras palabras, la reacción alfa crea objetos no presentes dado que, aunque el objeto en la realidad se encuentra frente al individuo, su existencia es negada o reprimida porque reconocer su presencia implicaría una perturbación para el equilibrio del sistema cognitivo basado en un orden dual, absoluto, de menor y mayor.

Llegados a este punto es posible plantear que, tanto las explicaciones elaboradas por las perspectivas psicoanalítica y psicoterapéutica, como la desarrollada por la psicología piagetiana, consideran a *la nada* como una experiencia singular, resultante de la historia y la configuración de la personalidad o como un mecanismo cognitivo regulatorio, dejando de lado el ambiente cultural propio de los seres humanos. Desde otra perspectiva, la psicología cultural, aborda esta temática enfatizando las relaciones constructivas del individuo y la cultura (Bang, 2009; Valsiner, 2014a). Tal como plantea Valsiner (2009, 2014b), el principal objetivo de este enfoque psicológico es comprender la estructuración simbólica de los objetos durante el proceso de construcción de significados por el que son constituidos. Por lo tanto, la discusión en torno al problema de *la nada* parte de la necesidad de superar la clásica explicación dicotómica de dicho proceso, tal como ha sido abordado desde el empirismo hasta el platonismo, que no ha tenido en consideración ningún otro nivel ontológico más allá del ser (Bang, 2009). Tal como ya hemos planteado, en la historia de la psicología ha habido serias dificultades para considerar otro nivel ontológico más allá de las propiedades o comportamientos perceptibles de los objetos. Por el contrario, al afirmar que *la nada* es construida en la relación entre los individuos y su ambiente, la psicología cultural le otorga un estatus ontológico a este fenómeno, ubicándolo en el flujo entre el pasado, presente y futuro; es decir, ubicándolo en el movimiento de la historia humana. Incluso, la invitación de la psicología cultural a repensar el lugar otorgado a *la nada* en la psicología, surge asociada a las tesis ontológicas sobre la existencia empírica de objetos y la no existencia de objetos que trascienden la existencia. Ya la obra de Meinong trataba de objetos que no se pueden localizar en el mundo exterior, como las montañas doradas o el patriotismo. Tales objetos no existen, sin embargo, podemos hablar de ellos, es decir, subsisten en su modo de ser. Otro ejemplo, puede encontrarse en el concepto de *zona de desarrollo próximo* (Vigotsky, 1931/1995), dado que refiere a aquello que los individuos todavía no pueden hacer por sí mismos, poniendo de relieve lo que no existe para dar lugar a la emergencia de lo que todavía no es. En el mismo sentido, *la nada* es un objeto subsistente, podemos hablar de ella, pero no es una cosa (Valsiner, 2014a, 2014b). En palabras de Bang (2009):

> Desde una perspectiva relacional, esta ausencia no es una ausencia real, sino la presencia de una ausencia. Aquello que "no está allí" y aquello que es "invisible" es –desde esta perspectiva– el proceso relacional y dinámico por el que el significado se desarrolla como Estructuras (Gestalts) cualitativas que pertenecen al mismo tiempo a los individuos y a las transformaciones en el medio que ellos producen. La noción de "presencia de lo ausente" sugiere, entonces, una ontología más allá de la presencia inmediatamente perceptible de elementos aparentes, tal como se deduce de las nociones empiristas. Denominaré esta "presencia de una ausencia" como *la nada* y afirmaré que es una dimensión ineludible de las transformaciones humanas de su ser y de su devenir culturales. (p. 376).

Las estructuras de significados culturalmente construidas mediante la actividad humana incluyen elementos u objetos presentes y no presentes, como si estuvieran presentes (Valsiner, 2014a). En esta línea, Bang (2009) ejemplifica la propiedad de construcción colectiva de *la nada* apelando al llamado "sonido del silencio" en la música y a la Zona Cero en New Yorrk, en tanto un modo de recordar el horror causado por el ataque terrorista al World Trade Center. En ambos casos, "allí no hay nada, y es exactamente por eso que todo está allí" (Bang, 2009, p. 303). Así, *la nada* es entendida como un significante cero (Ohnuki-Tierney, 1994) colectivamente construido para lidiar con objetos sociales intolerables. Los significados que constituyen el ambiente social son mundanos, no debido a una dicotomía entre los individuos y el mundo, sino por la dimensión cultural de sus interacciones y por el proceso transformacional en el que los significados son construidos.

La ontología relacional permite considerar a *la nada* como un marco de significado –una Estructura (Gestalt)– construida por los individuos y los grupos sociales en un ambiente cultural. Por lo tanto, *la nada* es una construcción, una transformación del ser cultural guida por la intencionalidad de la vida psicológica. Dicha relación dinámica entre los individuos y su ambiente cultural se vuelve notoria precisamente cuando aparecen desajustes, conduciendo a la creación de nuevos significados en una genuina dialéctica de transformaciones (Bang, 2009). En ese sentido, los humanos, en tanto seres vivos, crean su ambiente simbólico en una relación inescindible entre su mente y el mundo, dado que la mente experimenta e interpreta el ambiente cultural través del organismo biológico.

En los ambientes humanos es posible distinguir cuatro formas en la naturaleza de los objetos (Valsiner, 2014b): objetos físicos, objetos semióticos, objetos simbólicos y objetos inexistentes. Los primeros refieren a cualidades que son vividas en encuentros perceptivos o motores con el objeto. Por ejemplo, en el caso del dinero el objeto físico es un trozo de papel. El segundo refiere al estatus simbólico de algunos objetos. Por ejemplo, pensando nuevamente en el dinero, su estatus simbólico es precisamente ser dinero. Continuando con el mismo ejemplo, en el tercer caso, el dinero es un objeto simbólico en tanto representa a la riqueza, cuya existencia no es real empíricamente, sino que emerge del proceso de construcción de significados (Valsiner, 2009). En el caso de objetos inexistentes, el valor del dinero no existe realmente, pero da sentido a los otros tres tipos de naturaleza. Los objetos inexistentes son construcciones de agentes activos (personas o instituciones) como "la Montaña Dorada" o cualquier otro objeto definido en el marco de una teoría científica, como *la zona de desarrollo próximo* (Valsiner, 2009, 2012). La universalidad de los conceptos científicos solo existe basada en modelos particulares que la satisfacen, en una relación dialéctica –en sentido hegeliano– donde dos términos opuestos se constituyen entre sí, lo concreto y lo abstracto se suponen mutuamente. Por ejemplo, la formulación de la fuerza como igual a la masa multiplicada por la aceleración al cuadrado, no tiene ningún correlato empírico, sólo refiere a la realidad en tanto existen casos específicos que pueden ser explicados por esta ley física (e. g. la caída de una taza desde un escritorio). Todos los objetos no existentes son no-objetos, aunque algunas partes de ellos existan en la realidad, ellos no lo hacen, ellos subsisten (Valsiner, 2009). Por el contrario, la construcción activa de *la nada* resulta de la negación de la cualidad de objetos realmente existentes.

En síntesis, desde la perspectiva de la psicología cultural, los significados –incluyendo *la nada*– no son meros productos de la mente de los individuos, ni son impuestos perceptualmente por el ambiente, son cualidades que emergen constructivamente en la relación entre los individuos y su ambiente cultural. No obstante, todas las perspectivas psicológicas consideradas hasta este punto –psicoanalítica, psicoterapéutica, cognitiva y sociocultural– no han considerado las relaciones sociopolíticas de poder en sus explicaciones en el proceso de construcción de significados, ya sea a nivel individual o a nivel colectivo. Incluso, el enfoque sociocultural, en línea con el pensamiento vigotskiano, considera a la cultura como un sistema homogéneo de signos o instrumentos semióticos culturalmente construidos, sin tener en cuenta la diversidad de intereses sociales y valores que ellos expresan (Duveen, 1997).

Así, en el panorama de las contribuciones psicológicas sobre la construcción social de *la nada*, no se han problematizado explícitamente los intereses de los diversos grupos sociales y las disputas de poder involucradas en la construcción de significados sobre el mundo (Duveen, 1998). Los conflictos irresueltos y las tensiones entre diferentes ideologías y valores, que intervienen constitutivamente en la construcción humana del ambiente cultural, no han sido incluidos suficientemente en las diferentes aproximaciones psicológicas a *la nada*.

Representaciones sociales, relaciones de poder y construcción de *la nada*

Tal como mencionamos, nuestro objetivo principal es establecer un dialogo entre las perspectivas psicológicas que se han ocupado del problema de *la nada* y la psicología social, a partir del análisis de los aportes de la introducción de este nivel de análisis en la teoría de las representaciones sociales (en adelante TRS). En la definición clásica de Moscovici (1961) las RS son sistemas de valores, ideas y prácticas, cuya función principal es brindar un código para el intercambio social en las interacciones cotidianas de los miembros de un grupo. Así, el concepto de RS es epistemológicamente relacional, dado que se ubica en la intersección entre lo psicológico y lo social, conformando un triángulo entre un objeto (representado) y un sujeto (*ego*) en relación dialéctica con otro sujeto (*alter*) (Marková, 2003; Moscovici, 1985). Las RS refieren a un conocimiento práctico que vincula al individuo con el objeto en un triple sentido (Jodelet, 1986): emergen de interacciones enmarcadas en instituciones específicas; son construidas en prácticas cotidianas cuando son necesarios nuevos significados para afrontar demandas inesperadas del contexto; son utilizadas por los individuos para actuar ante otros miembros de la sociedad, para ajustar su comportamiento a las expectativas sociales o a los requerimientos situacionales. De esta manera, las RS se construyen en las interacciones cotidianas y no son determinadas ni por la percepción ni por inferencias racionales, sino por los significados que los grupos sociales dan a los fenómenos (Jodelet, 1989; Moscovici, 2001a). En otras palabras, las RS no refieren a objetos o fenómenos reales, sino a construcciones de significados socialmente compartidas, por ello, múltiples realidades pueden coexistir (Marková, 2012). Así, un objeto específico puede adquirir diferentes significados dependiendo de la situación social en su totalidad (Moscovici, 1961, 2001b).

De acuerdo con esta perspectiva teórica, los grupos sociales organizan su ambiente mediante un proceso de construcción de significados. Las RS pueden ser descritas como estructuras genéticas, en tanto resultan de un proceso de desarrollo (Duveen y Lloyd, 1990). Contrariamente a la psicología cognitiva basada en la teoría del procesamiento de la información, en la TRS la representación no es considerada como un contenido o elemento mental estático de la organización cognitiva. Para la TRS, *representación* tiene un significado dinámico, referido al proceso por el cual las representaciones son construidas colectivamente en tanto estructuras significantes (Duveen, 2001; Marková, 2012). Se trata de una teoría constructivista, basada en la interacción entre el sujeto y el objeto de representación, donde ambos se co-construyen en un proceso de desarrollo: "desde esta perspectiva el mundo conocido es el producto de un conjunto de estructuras socio-psicológicas por las que ha sido construido" (Duveen, 2002, p. 140).

La TRS rechaza la existencia de algún conocimiento en el que la realidad aparezca directamente ante los individuos. La realidad de cada grupo social es construida por mediaciones simbólicas, por ello, es posible pensar en la construcción colectiva de muchas realidades que expresan diferentes identidades sociales. Tales realidades son experimentadas por los individuos como si se tratara del único mundo posible. Así, la fuerza epistémica de una RS se basa en la fortaleza de la creencia de las personas en ellas y de su eficacia para la comunicación grupal (Marková, 2003). Esta perspectiva constructivista no niega la existencia real de los objetos que han llevado a la construcción de una RS, pero plantea que existe una distancia entre el objeto real y la representación que lo refiere. De acuerdo con Moscovici (2001b) las RS tienen una naturaleza convencional y prescriptiva: los significados sociales guían la interpretación de los mensajes durante los procesos comunicativos y se imponen a las personas, transformándose en la realidad del objeto que representan. De esta manera, las RS conforman el ambiente de un individuo en un grupo social específico.

> El propósito de toda representación es transformar a algo no familiar, o lo no familiar en sí mismo, en familiar (...). Los universos consensuados son lugares donde las personas quieren sentirse en casa, seguras de cualquier riesgo, fricción o conflicto (...). Como resultado, la memoria prevalece sobre la deducción, el pasado sobre el presente, la respuesta sobre el estímulo y la imagen sobre la "realidad". (Moscovici, 2001b, p. 37).

Los individuos viven en un mundo simbólico que dan por sentado, debido a que nacieron inmersos en él. Lo consideran como el mundo natural y solo lo cuestionan cuando algo inesperado ocurre o cuando es necesario un proceso de construcción de nuevos significados para reestablecer el equilibrio con el ambiente, a partir de la irrupción de algo no familiar o desconocido (Duveen, 2007; Moscovici, 2001b). Cuando algo inesperado ocurre, los grupos sociales comienzan un proceso de afrontamiento simbólico (Wagner, 1998) para lidiar con lo novedoso, y subsanar el vacío de sentido producido por esa fisura en la cultura, dado que lo desconocido resulta amenazante para los individuos (Moscovici, 2001b). Por lo tanto, las RS son construidas para dar sentido a fenómenos novedosos o disruptivos, como la transmisión de una teoría científica, en el caso de la RS del psicoanálisis, (Moscovici, 1961) o la aparición del HIV en los 80's (Marková y Wilkie, 1987). En tales situaciones se produce un vacío de sentido en los significados disponibles en la cultura y se vuelve necesario llevar a cabo un proceso de familiarización con lo no familiar. El anclaje y la objetivación son los mecanismos que llevan a cabo dicho proceso, dando lugar a la construcción de una RS. A través del anclaje un fenómeno social inesperado o para el que no se tiene un significado es inscripto en el entramado disponible de creencias y valores sociales, otorgándole así algún significado familiar para el grupo. A su vez, el mecanismo de objetivación selecciona ciertos elementos o aspectos del fenómeno representado, y transforma su realidad abstracta en imagines concretas, constituyendo el núcleo figurativo de la RS. Durante esa selección de los aspectos del objeto que serán representados, y de aquellos que no lo serán, opera la tensión propia de las relaciones de poder entre los grupos sociales y al interior de ellos. Un claro ejemplo de este proceso puede ser encontrado en la investigación pionera de Moscovici (1961) sobre la RS del psicoanálisis en la sociedad francesa. El mencionado autor señala que las RS conservan algunos elementos de la teoría psicoanalítica, pero también oscurecen algunos de ellos debido a que podrían entrar en conflicto con los valores de la Iglesia Católica, como por ejemplo el concepto de libido o el de transferencia. A partir de tales hallazgos, Duveen (1998) afirmó que: "Una representación, entonces, no es solo un modo de comprender algo, también es siempre un modo de no comprender algo" (p. 461).

No obstante, la mayor parte de las investigaciones teóricas y empíricas, no se han ocupado de la intervención de las relaciones de poder en el proceso de construcción de las RS. Aunque la TRS ofrece herramientas teóricas y metodológicas para analizar críticamente el orden social, en tanto legitima ciertos significados particulares para los objetos de representación, son muy pocos los trabajos que han considerado en sus análisis la distribución de poder en la sociedad (Howarth, 2006; Jovchelovitch, 2010). Un ejemplo, se encuentra en el ya clásico trabajo de Jodelet (1989) sobre la RS de la locura. Sus resultados pusieron de manifiesto que la locura era pensada como un déficit biológico, imposibilitando así que los enfermos mentales pudieran estar en posición de igualdad con respecto el resto de la sociedad en el orden social. Dicha RS excluía a los enfermos mentales y, al mismo tiempo, preservaba la identidad e integridad del grupo dominante (los "sanos"), en tanto ellos no portarían ese déficit biológico. De esta manera, las RS pueden ser utilizadas para sostener o defender un modo particular de significar la realidad social, aunque también es posible utilizarlas para resistir a las realidades hegemónicas que algún grupo poderoso podría tratar de imponer sobre los otros.

En el mundo globalizado actual, diferentes versiones de la realidad coexisten y los sistemas de conocimiento tienden a ser menos homogéneos y estables. Como resultado, existen más posibilidades para la crítica, la discusión y el disenso. Diferentes RS pueden competir para establecerse como "lo real", confrontando a otras "realidades" posibles y limitando el rango de significados disponibles. Incluso, la existencia en un movimiento dialéctico entre cooperación y conflicto (consenso y disenso) es lo que diferencia a las RS de las representaciones colectivas o individuales en la obra de Durkheim (Howarth, 2006; Moscovici, 1961). El estudio del movimiento sociogenético que tiene su origen en las relaciones conflictivas entre las RS condujo a Moscovici (1988) a distinguir las RS polémicas de las RS emancipadas. Las RS polémicas expresan diferentes posicionamientos sociales, generalmente contradictorios, sobre un mismo objeto representacional. Por su parte, las representaciones emancipadas expresan puntos de vista divergentes –en comparación con la RS hegemónica– sobre el objeto de conocimiento.

Sin embargo, tales RS no cuentan con el poder social o con el consenso necesario como para convertirse en polémicas y desafiar a la RS dominante o hegemónica.

Otro intento de incluir la intervención de las relaciones de poder en el proceso de construcción de las RS se centra en el proceso dialógico por el cual los significados son construidos. En palabras de Jovchelovitch (2010):

> (...) todo conocimiento adquiere su forma de y expresa a un contexto comunicativo planteando preguntas relativas a la naturaleza de los diálogos que construyen conocimiento y cómo, en tanto prácticas sociales, estos son influenciados por diferentes niveles de poder y reconocimiento en los campos sociales. (p. 33).

En las relaciones dialógicas entre las personas y entre los grupos las asimetrías sociales de los hablantes pueden dar lugar a relaciones de dominación, en las que algunas RS no son reconocidas. En este sentido, el no diálogo es un modo de ignorar un campo representacional, es decir, la legitimación de cierto conocimiento puede ser negada por el poder de unos grupos sobre otros. En las situaciones dialógicas en las que las RS son construidas, cierta información dominante puede prevalecer restringiendo el proceso de construcción de significados. Cabe aclarar que, desde esta perspectiva, el poder en las relaciones humanas no es solo una tensión entre dominados y subordinados, también refiere a la capacidad para la acción y el reconocimiento.

Consideramos que los significados que prevalecen en esa disputa entre diferentes campos representacionales en la arena social constituyen una representación positiva, es decir, una estructura simbólica específica que es colocada en el lugar del objeto en la vida cotidiana de las personas. Sin embargo, las otras representaciones posibles sobre ese mismo objeto devienen en *la nada* y permanecen como el lado oscuro de la representación positiva o como las partes no presentes de esa estructura. Esta represión o exclusión no es casual o arbitraria, justamente son excluidos aquellos elementos o significados representacionales que podrían desafiar la visión ideológica dominante y, por lo tanto, resultan amenazantes para los grupos sociales. A continuación, presentaremos algunos ejemplos de investigaciones que ilustran esta relación dialéctica entre las estructuras de significado constitutivas de las RS y la presencia de significados ausentes que hacen su constitución posible. Incluso, algunos de estos ejemplos empíricos muestran como la ausencia de una RS sobre algún objeto emocionalmente crucial para el grupo social, puede ser un indicador de su abrumadora presencia afectiva en la vida cotidiana de las personas.

Significados ocultos en el proceso de construcción de una representación social: el caso de la justicia distributiva

La noción de justicia no tiene un significado unívoco, dado que la polisemia del término, señalada ya por Aristóteles (1970), todavía se encuentra presente en los debates del campo de la filosofía moral. Los diferentes modos de comprender la justicia corresponden a diferentes ideologías y posicionamientos sociales (e.g. liberalismo, socialismo, feminismo) que apelan a ella para legitimar sus intereses en confrontaciones con otros grupos y cuestionar las relaciones de poder existentes (Campbell, 2001). Sin embargo, a pesar del pluralismo significativo del término "justicia", en la vida cotidiana las personas lo utilizamos, otorgándole algún significado específico, para regular nuestros intercambios con los otros. Así, en tanto se trata de un objeto de negociación simbólica que resulta sumamente relevante para las interacciones y la comunicación en la vida cotidiana, la justicia deviene en objeto de RS.

Específicamente, con respecto a la RS de la justicia en la Ciudad Autónoma de Buenos Aires, distintos estudios han puesto de manifiesto la prevalencia de una RS con un claro significado retributivo en niños, adolescentes, adultos y en el periódico que cuenta con mayor cantidad de lectores (Barreiro, 2013a, 2018; Barreiro et al., 2014). Dicho significado sería el más frecuente a partir de los 10 años y su presencia se incrementa con la edad (Barreiro, 2013a). Incluso, durante la adolescencia la RS retributiva de la justicia se integra con la RS utilitarista dando lugar a la conformación de la RS que prevalece entre los adolescentes (14 a 17 años): la justicia consiste en el mayor bienestar para el mayor número de personas y el método para alcanzar ese objetivo es el castigo.

Asimismo, el análisis de las noticias publicadas en el periódico más leído también puso de manifiesto la prevalencia de una noción retributiva de la justicia por sobre otros significados posibles (Barreiro et al., 2014). Específicamente el significado más frecuente otorgado al término justicia refería al Poder Judicial de la Nación, es decir, a la institución social que –en tanto parte del Gobierno Nacional– tiene a su cargo la regulación de las sanciones previstas por la ley.

Existe un movimiento mutuamente constitutivo entre la RS de la justicia difundida por el periódico más leído y la representación de sus lectores. En otras palabras, la realidad del objeto representacional es construida por el periódico, dando forma a un mensaje particular sobre la justicia, instalando ciertos valores sociales e influenciando así la opinión de las personas. A su vez, dicha RS es reconstruida por los individuos quienes simbólicamente lidian con ese objeto en sus interacciones cotidianas, utilizando la información difundida por la prensa, entre otras fuentes. Dicha representación retributiva es posibilitada por su expresión en interacciones y discusiones cotidianas, haciendo que ese significado en particular sea más relevante que otros.

Según estos resultados, la RS retributiva de la justicia sería una RS hegemónica (Moscovici, 1988) en la Ciudad Autónoma de Buenos Aires, es decir, una RS altamente consensuada, coercitiva y estable que se encuentra presente de manera implícita en una gran variedad de prácticas simbólicas y afectivas (Duveen, 2007). Tanto en el caso del periódico como en el de los individuos, la justicia no es pensada en relación con cuestiones sociales, como la distribución de bienes y recursos. En otras palabras, fue posible identificar la ausencia del significado distributivo de la noción de justicia. Pensamos que dicha ausencia no es casual, dado que la RS de la justicia se construyó en un contexto en el que las demandas de retribución por parte de la sociedad argentina se incrementan rápidamente. En la última década, la sociedad demanda, cada vez con más fuerza, sanciones más severas para hacer frente al incremento de la violencia y el delito, que han llevado a que las personas se sientan en continuo estado de inseguridad (Muratori, 2017).

En este marco, resulta plausible pensar que la ausencia del significado retributivo de la noción de justicia se puede explicar apelando al proceso de construcción colectiva de *la nada*. Tal como ya hemos dicho, los grupos sociales no solo producen significados positivos sobre el mundo, también construyen la ausencia de significados, los que subsisten en el mundo social como la presencia de una ausencia. La negación del significado distributivo de la noción de justicia es también el resultado de un proceso constructivo que ignora aquello que no puede ser simbolizado, porque resultaría amenazante para los grupos sociales al desafiar el *statu quo*. Si los individuos se preocuparan por la profunda desigualdad en la distribución de bienes y recursos y los beneficios de los que gozan ciertos grupos sociales en comparación con otros, se pondría bajo amenaza a la organización social actual. Por lo tanto, la necesidad social de negar esa realidad para evitar la amenaza que conlleva es coherente con la construcción de una RS retributiva de la justicia que legitima el castigo a las acciones que pudieran llegar a poner en cuestión el funcionamiento de sistema social. Así, la sumamente baja presencia de una RS distributiva de la justicia sería el resultado de un proceso de construcción activa de *la nada*, como una estrategia para afrontar –a nivel individual y colectivo– el miedo ante las injusticias sociales (Barreiro, 2013b, 2018; Lerner and Clayton, 2011).

La negación del pasado colectivo en la construcción de representaciones sociales históricas

Otros ejemplos de la construcción social de *la nada* en el proceso mismo de producción de una RS pueden encontrarse en estudios dedicados a indagar la ausencia de una representación sobre un objeto en la memoria colectiva de los grupos sociales o la omisión de algunas de sus partes constitutivas. Tradicionalmente, en la TRS, la ausencia de una RS de un objeto en un grupo social se explica apelando a la no relevancia del objeto en la vida cotidiana de sus miembros (Wagner y Hayes, 2005; Wagner, Valencia y Elejabarrieta, 1996). Sin embargo, consideramos que, en algunos casos, dicha ausencia puede ser el resultado de un proceso constructivo para lidiar con el objeto amenazante. Por ejemplo, la investigación de De Alba, Dargentas, y Balez (2014) sobre las RS de estudiantes universitarios de la ciudad francesa de Brest, donde se puso de manifiesto la ausencia en sus representaciones socioespaciales de la ciudad vieja –anterior a la Segunda Guerra Mundial– al igual que los lugares de la ciudad dedicados a conmemorar la guerra. La parte más antigua de la ciudad y sus monumentos más visitados están ausentes de los mapas urbanos que dibujan los jóvenes que participaron en esta investigación. De acuerdo con los investigadores, esta ausencia de representación sobre el pasado en las RS de Brest, no es solamente un fenómeno de olvido colectivo, sino que expresa un conflicto entre la memoria histórica simbolizada en los monumentos y la reconstrucción de un espacio urbano que no tuvo en cuenta la identidad de la ciudad antes de la guerra.

Los espacios urbanos, como los monumentos, son lugares de memoria colectiva (Connerton, 2009; Halbwachs, 1925/1992) que vinculan el pasado con el presente y guían el recuerdo de las personas. Así, los espacios territoriales pueden convertirse en la arena sobre la cual los distintos grupos confrontan sus diferentes versiones del pasado común. En el caso de Brest, el recuerdo de la ciudad destruida puede resultar abrumador para sus habitantes, quienes tuvieron que evacuar sus hogares y retornar a una ciudad en ruinas. Por lo tanto, la invisibilización de los monumentos y de la ciudad vieja puede ser considerada como un intento colectivo deliberado de olvidar ese doloroso pasado. Es importante destacar que Brest fue invadida por Alemania durante la Segunda Guerra Mundial, pero más tarde, las bombas que destruyeron la ciudad fueron arrojadas por las fuerzas aliadas, a quienes hoy se les dedican monumentos en la ciudad. Debe ser muy difícil afrontar cotidianamente el recuerdo de las acciones destructivas de quienes hoy son honrados y conmemorados como héroes en los monumentos históricos de la ciudad. En este marco, la ausencia en la memoria colectiva de los lugares de la ciudad que conmemoran batallas y acciones de las fuerzas aliadas adquiere un claro sentido, en tanto permite evitar recuerdos muy dolorosos y las tensiones afectivas a las que esta situación paradójica puede dar lugar.

Otro ejemplo que ilustra la operación de la construcción activa de *la nada* como una estrategia para afrontar RS de objetos amenazantes para los grupos sociales y para los individuos, está dado por el modo en el que se recuerda la "Conquista del Desierto" en la Argentina. Los estudios realizados por miembros de este equipo (Barreiro, Wainryb y Carretero, 2016, 2017; Sarti y Barreiro, 2018) muestran que el recuerdo de dicho proceso histórico es difícil para los individuos y posibilita la estructuración de la representación de la ausencia de indígenas en el presente. Actualmente, lo ocurrido en esa serie de campañas a cargo del Estado Nacional contra las poblaciones indígenas –que fueron asesinadas o sometidas de las formas más horrendas– suele estar ausente del recuerdo de los individuos sobre el pasado de la nación, así como también de gran parte de los textos escolares que se utilizan para la enseñanza de la historia (Sarti, 2016). Sin embargo, existen numerosos monumentos o nombres de calles y avenidas en lugares de todo el país que rinden homenaje a los "heroicos" militares que participaron en esas operaciones militares. Incluso el billete de 100 pesos, con el que se interactuaba diariamente –al momento de realizar los mencionados estudios–, contenía imágenes que conmemoraban la "conquista". Resulta importante que, a pesar de la presencia cotidiana de diferentes recursos simbólicos dirigidos a que se mantenga la memoria sobre ese proceso histórico, este se encuentra casi ausente en las narrativas de los individuos sobre el pasado de su nación. Por lo tanto, la no representación de lo ocurrido durante la conquista estaría dando cuenta de un intento colectivo por negar ese pasado abrumador. Incluso, las personas que podían explicar algo sobre lo que ocurrió durante la Conquista del Desierto, desconocían que había sido llevada a cabo por las fuerzas militares del Estado argentino y pensaban que sus responsables eran conquistadores españoles. Tal como hemos dicho, pensamos que, durante el proceso de construcción de una RS, puede ocurrir que algunos de los rasgos o elementos constitutivos del objeto representacional sean omitidos, deviniendo en elementos no presentes para los individuos. Tales características ignoradas del objeto desempeñan una función constitutiva en la génesis de una RS, porque ella misma puede ser construida gracias a la exclusión de tales elementos. Se trata de algo similar a la ausencia de la libido en la RS del psicoanálisis de la iglesia católica cuando fue introducido en Francia (Moscovici, 1961).

En esa línea, el "olvido" colectivo del rol del ejército nacional en la masacre y tortura de miles de indígenas y el desplazamiento de la responsabilidad hacia un grupo extranjero, pueden ser considerados como una estrategia para no tener que asumir la responsabilidad del Estado argentino, y de los argentinos en general, en tales hechos históricos aberrantes. Incluso, distintos estudios (Gordillo y Hirsch, 2010; Valko, 2012) han puesto de manifiesto la invisibilización de los grupos indígenas en la sociedad argentina y particularmente en Buenos Aires, donde reside más del 30% de la población indígena del país. Así, la RS de los indígenas opera negando su existencia en el presente, dado que los presenta como algo del pasado (Barreiro et al., 2019, 2020; Barreiro, Wainryb y Carretero, 2017). De acuerdo con la narrativa sobre la "Conquista del Desierto" constitutiva de la RS de dicho proceso histórico, los indígenas fueron exterminados, lo cual también es un modo de eludir el conflicto presente con un grupo social que realiza fuertes demandas para que sean reparados los daños que sufrieron en el pasado a manos del Estado argentino. En este punto, es importante enfatizar que toda RS del pasado implica una dimensión política e ideológica, ya que puede negar o legitimar las bases de los reclamos de los grupos sociales al otorgarles –o no– continuidad histórica (Sibley et al., 2008).

La contribución de *la nada* a la teoría de las representaciones sociales

A lo largo de este capítulo hemos presentado diferentes teorizaciones psicológicas sobre *la nada* y, en particular, su falta de problematización explícita en la TRS. Asimismo, recorrimos diferentes perspectivas psicológicas que hicieron aproximaciones interesantes a ese nivel ontológico, aunque en algunos casos utilizaran otros términos para referirse a fenómenos similares. Específicamente, con respecto a la TRS, las investigaciones empíricas que retomamos para analizar las partes ausentes de los objetos sociales o incluso su completa ausencia en el proceso sociogenético de construcción de significados constitutivo de las RS, nos permitieron señalar que tales ausencias pueden adoptar diferentes modalidades que expresan tres formas en las que las tensiones propias de las relaciones de poder en la sociedad pueden restringir el proceso de construcción de las RS.

La primera modalidad fue presentada mediante el caso de la sociogenesis de las RS de la justicia (Barreiro, 2013a, 2018; Barreiro et al., 2014). De acuerdo con los resultados de este estudio los significados ligados a nociones retributivas prevalecen en el proceso de construcción de la RS de la justicia, tanto para los habitantes de la Ciudad Autónoma de Buenos Aires, como para el periódico de mayor circulación en la Argentina. Para ellos, solo un significado de la justicia se vuelve evidente: la retribución. Así, este significado reprime o niega la existencia de otros significados posibles, particularmente aquellos ligados a la distribución de bienes y recursos en la sociedad, debido a que podrían llevar a cuestionar el orden social. En este caso, se cristaliza un significado particular de la noción de justicia –entre otros posibles– que resulta funcional a los grupos sociales dominantes, legitimando su posición y dando lugar a una RS hegemónica (Duveen, 2007; Moscovici, 1988).

En la segunda modalidad, durante el proceso de construcción de significados algunas partes del objeto se transforman en *nada*, es decir, no se incluyen positivamente en la RS que se conforma. Este es el caso de la ausencia de la libido en la RS del psicoanálisis para la Iglesia Católica (Moscovici, 1961) o de la ausencia del rol desempeñado por el Estado argentino en la RS de la "Conquista del Desierto" (Sarti y Barreiro, 2018). En ambos casos, el objeto de representación se hace presente para los individuos, aunque algunos de sus elementos constitutivos son reprimidos o negados, debido a que amenazarían a la ideología o a la posición social de los grupos que las construyen.

En la tercera modalidad, la existencia del objeto es negado en su totalidad. Este es el caso de algunos sitios históricos en la ciudad de Brest (De Alba, Dargentas and Balez, 2014) y de la invisibilización de la existencia de indígenas por la mayor parte de los argentinos (Barreiro,

Castorina y Van Alphen, 2017; Barreiro et al., 2019, 2020; Gordillo y Hirsch, 2010). En ambos casos el proceso de construcción de significados ubica a *la nada* en el lugar del objeto, negando su existencia, debido a que reconocerla sería abrumador. Esta construcción activa de *la nada* como una instancia ontológica cuestiona el supuesto de la TRS referido a que las RS se construyen para comprender los objetos relevantes para un grupo social (Wagner, Valencia y Elejabarrieta, 1996). Por el contrario, el objeto relevante no es sustituido por una RS sino por su ausencia, debido a que involucra significados intolerables y el único modo de afrontarlos es mediante la negación de su existencia. No es suficiente con excluir de la estructura representacional alguna de sus partes o elementos, porque si esos significados se volvieran evidentes, socavarían el *status quo*, cuestionando la distribución de poder en la sociedad. La presencia de la ausencia de una RS del objeto no implica su falta de relevancia, sino por el contrario, la imposibilidad de simbolizarlo. Cuestionar las relaciones de poder que se expresan en la consolidación de una RS hegemónica, puede llevar a la construcción de una RS polémica que exprese el significado opuesto reprimido sobre el mismo objeto y dispute, así, el estatuto simbólico del objeto en un diálogo entre grupos sociales con diferentes intereses, en lucha por reconocimiento social (Jovchelovitch, 2010). La misma dinámica ocurre cuando solo algunas partes del objeto representado han sido reprimidas. Sin embargo, cuando todo el objeto se ha transformado en *nada*, el otorgarle estatuto simbólico podría llevar a la construcción de una RS diferente a la hegemónica, expresando así la tensión entre su reconocimiento positivo y la nada debido al poder del grupo que detenta la RS hegemónica. En este sentido, es muy importante avanzar en la realización de estudios empíricos, no solo para comprender la construcción positiva de significados sociales y de *la nada*, sino también para elucidar los mecanismos que posibilitan que un objeto que ha devenido en *nada*, recupere su estatuto simbólico.

En función de lo dicho, es posible describir diferentes niveles en la construcción colectiva de *la nada* durante el proceso sociogenético implicado en la construcción de una RS, que van desde eclipsar o reprimir partes del objeto simbólico a oscurecer totalmente su existencia. Este movimiento a través de los diferentes niveles ontológicos es producido por grupos sociales específicos y depende de las tensiones entre las características del objeto de representación y su capacidad de contribuir al sostenimiento de la organización social o cuestionarla. Asimismo, la dinámica entre tales niveles se relaciona constitutivamente con la legitimación de relaciones de poder entre y al interior de los grupos sociales, que restringen la construcción de la realidad cultural para sus miembros.

Introducir *la nada* en la explicación del proceso sociogenético de construcción de las RS permite enfatizar las características particulares del objeto representado, que frecuentemente han sido dejadas de lado por la TRS al enfocarse en las interacciones dialógicas que reconstruyen el objeto social, en el esfuerzo por criticar la corriente de la psicología social denominada por Moscovici (1985) como *individualista*. Como hemos dicho, pensamos que la nada es construida porque algunas características específicas del estatuto simbólico del objeto son amenazantes para un grupo social y, por lo tanto, son reprimidas. Este proceso involucra una importante actividad cognitiva –una de las dimensiones subjetivas de la elaboración de las RS–, para transformar el modo en el que la realidad es percibida por los individuos, lo cual se asemeja a la reacción alfa descripta por Piaget (1975) con respecto a la equilibración de los sistemas cognitivos. Aquello que no puede ser integrado en el sistema de significados, creencias y valores disponibles en un grupo social, es reprimido, transformando su estatus ontológico en *nada*. Esta actividad constructiva no es consciente ni voluntaria y determina qué es reconocido –o no– como real por los individuos.

Incluso, afirmamos que la consideración de *la nada* en la TRS lleva a reposicionar la dimensión subjetiva en el proceso de construcción de las RS, que tampoco ha recibido suficiente atención por parte de los psicólogos sociales (Jodelet, 2008). Aquello que resulta intolerable para los grupos sociales hunde sus profundas raíces en sentimientos individuales (angustia, ansiedad, miedo, etc.) que se expresan en las vivencias de la nada por parte de los sujetos (Freud, 1919/2003; Kraft, 1974). En este sentido, la subjetividad es una dimensión central para el análisis de las RS, dado que refiere al proceso por el cual las personas crean, reproducen, transforman y resisten a las RS en función de su personalidad y su historia de vida (Barreiro, 2020).

Finalmente, queremos señalar que es posible para la teoría de las RS apelar a la construcción social de *la nada* como una herramienta conceptual, dado que la misma se basa en una metateoría dialéctica o relacional (Castorina, 2018, 2020). Al interior de dicho marco epistémico es posible aceptar la dinámica entre representación y ocultamiento, así como también la coexistencia entre significados opuestos sobre un mismo objeto en una misma cultura, sin que implique una contradicción lógica entre ellos o que uno anule al otro. Tal perspectiva dialéctica implica la aceptación de la tensión constitutiva de dos términos opuestos, y su transformación superadora en un movimiento de síntesis. Dicha dinámica se expresa en cómo la tensión entre lo evidente y lo negado posibilita la construcción de una RS que reprime significados amenazantes sobre el objeto social, o también puede llevar a la construcción de RS emancipadas o polémicas que disputen el poder social en diferentes niveles.

Referencias bibliográficas

Aristóteles (1970). *Etica a Nicómaco*. Madrid: Instituto de Estudios Políticos.

Augoustinos, M. (1999). Ideology, False Consciousness and Psychology. *Theory and Psycholo*gy, *9*(3), 295-312.

Bang, J. (2009). Nothingness and the Human Umwelt. A Cultural-Ecological Approach to Meaning. *Integrative Psychological and Behavioral Science*, 43, 374-92.

Barrreiro, A. (2013a). The Ontogenesis of Social Representation of Justice: Personal Conceptualization and Social Constraints. *Papers on Social Representations*, 22, 1-26.

Barreiro, A. (2013b). The Appropriation Process of the Belief in a Just World. *Integrative Psychological and Behavioral Sciences*, 47, 431-449.

Barreiro, A. (2018). Introducción: la construcción del conocimiento social y moral: contribuciones de la psicología del desarrollo y la psicología social. En A. Barreiro (Ed.), *Representaciones sociales, prejuicio y relaciones con los otros. La construcción del conocimiento social y moral* (pp. 11-30). Buenos Aires: UNIPE.

Barreiro, A. (2020). A developmental approach to remembering: the dialectical relation between collective memory and identity construction. In B. Wagoner, I. Brescó, S. Zadeh (Eds.), *Memory in the Wild*. Charlotte, N.C.: Information Age Publishers.

Barreiro, A. y Castorina, J. C. (2018). Procesos constructivos en la apropiación de las representaciones sociales. En A. Barreiro (Ed.), *Representaciones sociales, prejuicio y relaciones con los otros. La construcción del conocimiento social y moral* (pp. 55-72). Buenos Aires: UNIPE.

Barreiro, A., Gaudio, G., Mayor, J., Santellán Fernandez, R., Sarti, D. and Sarti, M. (2014). Justice as Social Representation: Diffusion and Differential Positioning. *Revista de Psicología Social*, 29, 319-341.

Barreiro, A., Ungaretti, J., Etchezahar, E. y Wainryb, C. (2020). "They are not truly indigenous people": Social representations and prejudice against indigenous people in Argentine. *Papers on Social Representations*, *29* (1), 6.1-6.24.

Barreiro, A., Wainryb, C. y Carretero, M. (2016). Narratives about the past and cognitive polyphasia remembering the Argentine "Conquest of the Desert". *Peace & Conflict*, *22* (1), 44-51.

Bergson, H. (1907/1959). *L'Evolution Créatrice*. Paris: Presses Universitaires de France.

Bergson, H. (1963). La evolución creadora. En *Obras Escogidas* (pp. 674-684). México: Aguilar.

Campbell, T. (2001). *Justice*. New York: Palgrave Macmillan.

Castorina, J. C. (2018). Psicología genética y psicología social: ¿dos caras de una misma disciplina o dos programas de investigaciones compatibles? En A. Barreiro (Ed.), *Representaciones sociales, prejuicio y relaciones con los otros. La construcción del conocimiento social y moral* (pp. 23-54). Buenos Aires: UNIPE.

Castorina, J. A. (2020). Understanding Social Representations Theory as a Paradigm: Some problems. *Papers on Social Representations, 29* (1), 1.1-1,21.

Connerton, P. (2009). *How Modernity Forgets*. New York: Cambridge University Press.

De Alba, M., Dargentas, M. y Balez, R. (2014). Monumentos invisibles. Ausencia de los lugares de memoria en las representaciones socio-espaciales de Brest, Bretaña. *Anais da 12 Conferência Internacional de Representações Sociais*. Sao Paulo, Brasil.

Duveen, G. (1997). Psychological development as a social process. En L. Smith, J. Dockrell y P. Tomlison (Eds.), *Piaget, Vygotsky and Beyond* (pp. 52-70). London: Routledge.

Duveen, G. (1998). The Psychosocial Production of Ideas: Social Representations and Psychologic. *Culture & Psychology*, 4, 455-472.

Duveen, G. (2001). Introduction: The Power of Ideas. En G. Duveen (Ed.), *Social Representations. Explorations in Social Psychology* (pp.1-17). New York University Press.

Duveen, G. (2002). Construction, Belief, Doubt. *Psychologie & Societé, 5*, 139-155.

Duveen, G. (2007). Culture and Social Representations. En J. Valsiner y A. Rosa (Eds.), *The Cambridge Handbook of Sociocultural Psychology* (pp. 543-559). Cambridge University Press.

Duveen, D. y B. Lloyd (1990). Introduction. En G. Duveen y B. Lloyd (Eds.), *Social Representations and de Development of Knowledge* (1-10). New York: Cambridge University Press.

Freud, S. (1919/2003). *The Uncanny*. New York: Penguin Books.

Givonne, S. (2001). *Storia del nulla*. Roma: Laterza.

Gordillo, G. y Hirsch, S. (2010). La presencia ausente: invisibilizaciones, políticas estatales y emergencias indígenas en la Argentina. En G. Gordillo y S. Hirsch (Eds.), *Movilizaciones indígenas e identidades en disputa en la Argentina* (pp. 15-38). Buenos Aires: La Crujía.

Halbwachs, M. (1925/1992). *On Collective Memory*. The University Press of Chicago.

Heidegger, M. (1927/1962). *Being and Time*. New York: Haper & Row.

Howarth, C. (2006). A social representation is not a quiet thing: Exploring the critical potential of Social Representation Theory. *British Journal of Social*, 45, 65-86.

Jodelet, D. (1986). La representación social: fenómenos, concepto y teoría. En S. Moscovici (Ed.), *Psicología Social II* (pp. 404-469). Barcelona: Paidós.

Jodelet, D. (1989). *Folies et Représentations Sociales*. Paris: Presses Universitaires de France.

Jodelet, D. (2008). El movimiento de retorno al sujeto. *Cultura y representaciones sociales*, 5, 32-63.

Jost, J. T. y Hunyady, O. (2002). The Psychology of System Justification and the Palliative Function of Ideology. *European Journal of Social Psychology* 13, 111-153.

Jovchelovitch, S. (2010). Reflections on the Diversity of Knowledge: Power and Dialogue in Representational Fields. En T. Sugliman, K. J. Gergen, W. Wagner, y Y. Yamada (Eds.), *Meaning in Action. Constructions, Narratives, and Representations* (pp. 23-36). Japan: Springer.

Kant, E. (1781/2003). *The Critique of Pure Reason*. New York: Dover Philosophical Classics.

Kraft, W. F. (1974). *A Psychology of Nothingness*. Chicago: Westminster Press.

Lerner, M. J. y Clayton, S. (2011). *Justice and Self-interest. Two Fundamental Motives*. Cambridge University Press.

Marková, I. (2003). *Dialogicality and Social Representations. The Dynamics of Mind*. Cambridge: University Press.

Marková, I. (2012). Social Representations as an Anthropology of Culture. En J. Valsiner (Ed.), *The Oxford Handbook of Culture and Psychology* (pp. 487-509). New York: Oxford University Press.

Maroková, I. y Wilkie, P. (1987). Representations, Concepts and Social Change. *Journal of Theory of Social Behavior,* 17, 389-409.

Moscovici, S. (1961). *La psychanalyse son image et son public*. Paris: Presses Universitaires de France.

Moscovici, S. (1985). Introducción. En S. Moscovici (Ed.), *Psicología Social I*, (pp. 17-20). Barcelona: Paidós.

Moscovici, S. (1988). Notes towards a Description of Social Representations. *Europeal Journal of Social Psychology*, 18, 211-50.

Moscovici, S. (2001a). Why theory of Social Representations? En K. Deauz y G.

Philogène (Eds.), *Representations of the Social* (pp. 8-35). Oxford: Blackwell.

Moscovici, S. (2001b). The Phenomenon of Social Representation. En G. Duveen (Ed.), *Representations. Explorations in Social Psychology* (pp. 1-17). New York University Press.

Muratori, M. (2017). *Inseguridad ciudadana en la población urbana argentina (2010-2016): evolución, condicionantes y efectos sobre el bienestar subjetivo*. Pontificia Universidad Católica Argentina. Observatorio de la Deuda Social Argentina. Barómetro de la Deuda Social Argentina. Serie del Bicentenario (2010-2016). [http://bibliotecadigital.uca.edu.ar/repositorio/investigacion/inseguridad-ciudadana-poblacion-muratori.pdf].

Novaro, G. (2003). "Indios" "Aborígenes" y "Pueblos originarios". Sobre el cambio de conceptos y la continuidad de las concepciones escolares. *Educación, Lenguaje y Sociedad*, 1, 199-219.

Ohnuki-Tierney, E. (1994). The Power of Absence. *L'Homme*, 130, 59-76.

Overton, W. F. (2006). Developmental Psychology: Philosophy, Concepts, Methodology. En W. Damon y R. M. Lerner (Eds.), *Handbook of Child Psychology*, Vol. 1, 6th ed. (pp. 18-88). New York: John Wiley & Sons.

Piaget, J. (1975). *L'equilibration des structures cognitives: Problème central du développement*. Paris: Presses Universitaires de France.

Sarti, M. (2016). Enseñanza escolar de procesos conflictivos. *Iberoamérica en las aulas*, 85, 34-39.

Sarti, M. y Barreiro, A. (2018). Identidad nacional positiva y juicio moral en las narrativas de estudiantes sobre un proceso histórico nacional moralmente conflictivo, *Cultura & Educación, 30* (3), 433-569.

Sartre, J. P. (1943/1996). *L'Etre et Néant.* Paris Gallimard.

Sibley, C., Liu, J., Duckitt, J. y Khan, S. (2008). Social Representations of History and the Legitimation of Social Inequality: The Form of Historical Negation. *European Journal of Social Psychology, 38,* 542-568.

Starkle, C. (2015). Social order and political legitimacy. En G. Sammut, E. G. Gaskell y J. Valsiner (Eds.), *Cambridge Handbook of Social Representations* (pp. 280-294). Cambridge: Cambridge University Press.

Valko, M. (2012). *Los indios invisibles del Malón de la Paz. De la apoteosis al confinamiento, secuestro y destierro.* Buenos Aires: Continente.

Valsiner, J. (2009). Between Fiction and Reality: Transforming the Semiotic Object. *Sing Systems Studies, 37,* 1-12.

Valsiner, J. (2012). La dialéctica en el estudio del desarrollo. En J. A. Castorina and M. Carretero (Eds.), *Desarrollo cognitivo y educación I. Los inicios del conocimiento* (pp. 137-162). Buenos Aires: Paidós.

Valsiner, J. (2014a). *An Invitation to Cultural Psychology.* London: Sage.

Valsiner, J. (2014b). Functional Reality of the Quasi-real: Gegenstandstheorie and Cultural Psychology Today. *Culture& Psychology 20,* 285-307.

Vygotsky, L. S. (1931/1988). *El desarrollo de los procesos psicológicos superiores.* Barcelona, España: Crítica.

Wagner, W. (1998). Social Representations and Beyond: Brute Facts, Symbolic Coping and Domesticated Worlds. *Culture & Psychology, 4,* 297-329.

Wagner, W. y Hayes, N. (2005). *Everyday Discourse and Common Sense. The theory of Social Representations.* New York: Palgrave Macmillan.

Wagner, W., Valencia, J. y Elejabarrieta, F. (1996). Relevance, Discourse and the "Hot" Stable Core of Social Representations. A Structural Analysis of Word Associations. *British Journal of Psychology, 35,* 331-52.

CAPÍTULO VI

Representación y represión de los significados sociales en la cartografía: *El caso de la Conquista del Desierto*

Cristian Parellada, José Antonio Castorina y Alicia Barreiro

El mapa hace visibles unas cosas y oculta otras. Los mapas cubren y descubren, dan forma y deforman. Si un cartógrafo te dice que es neutral, desconfía de él. Si te dice que es neutral, ya sabes de qué lado está. Un mapa siempre toma partido. ¿Por qué en Versalles, después del rey, el hombre más importante era su cartógrafo? ¿Por qué fue quemado Mervetius? Ortelius de Amberes, Mercator de Rupelmonde, todos ellos fueron peligrosos, y todos ellos vivieron en peligro (…). ¡Cuántas catástrofes han comenzado en un mapa! Buenos tiempos para el cartógrafo, tiempos difíciles para la humanidad.
Juan Mayorga, *El cartógrafo*, 2017, p. 14

Introducción[1]

En el ámbito de la historia de la cartografía, de acuerdo con Harley (2005) la expresión "silencios cartográficos" refiere a las supresiones de la información transmitida en los mapas, algunas veces realizadas de modo intencional y otras no. Para este autor "el silencio y la expresión no son partes alternativas sino constitutivas del lenguaje de los mapas; cada una es necesaria para entender a la otra" (p. 116). Considera que el silencio, en ocasiones se constituye en una parte determinante del discurso cartográfico, en tanto, mediante su análisis se puede revelar no sólo lo que se muestra en el mapa sino también lo que se oculta. Entre los distintos tipos de silencios que considera pueden identificarse aquellos no intencionales, un conjunto de significados sociales "que determinan,

---

1 Este capítulo en parte fue posible gracias al aporte del proyecto PICT-2016-2341 (ANPCYT, Argentina) dirigido por Mario Carretero y co-dirigido por José Antonio Castorina.

dentro de una cultura, la aparición o desaparición de afirmaciones en el mapa" (p. 129). En otras palabras, según Harley (1988), los silencios no intencionales son aquellas omisiones presentes en las representaciones cartográficas pero que no responden a factores técnicos o a secretos de estado más bien, se explican en función de cierto conocimiento tanto científico como político y social compartido por la comunidad en la cual se originó el mapa. Así, para el autor, ambos tipos de conocimientos configuran el marco dentro del cual se constituye el saber cartográfico.

Por otra parte, se ha argumentado que las representaciones espaciales construidas en el seno de diversos grupos sociales estructuran la forma en que los sujetos leen un mapa y el modo en el que lo conciben (Parellada y Castorina, 2019). El objetivo de este trabajo es poner en diálogo, a través del análisis de mapas históricos, algunos de los silencios cartográficos descriptos por Harley con la construcción social de *la nada* durante el proceso sociogenético de las representaciones sociales (en adelante RS). Tal como plantean Barreiro y Castorina (2016, ver capítulo en este libro) dicha construcción refiere a significados que no están representados positivamente en una RS pero que, sin embargo, forman parte de su estructura. Desde esta perspectiva, identificaron tres modalidades diferentes en las cuales puede observarse la presencia de *la nada* en el proceso de construcción de las RS. En el primero, un significado funcional a los intereses de los grupos dominantes, se torna hegemónico y se ocultan otros posibles que serían contradictorios con los intereses del grupo. La segunda modalidad identificada por los autores considera que durante el proceso de construcción de significados algunas partes de los elementos son omitidas y se constituyen en "nada". Finalmente, en la tercera modalidad la existencia del objeto es negada en su totalidad.

En lo que sigue, reflexionaremos sobre la potencialidad de esta categorización, para estudiar el proceso de construcción de imágenes cartográficas y la comprensión por parte de los estudiantes cuando se representan el espacio en el que ocurrieron algunos procesos históricos. Para ello, en primer lugar, desarrollaremos las ideas de Harley (1988) sobre los discursos político y social como constructores de silencios en las representaciones cartográficas. En segundo lugar, relacionaremos los silencios presentes en los mapas con la concepción de la "nada" en el proceso de construcción de las representaciones sociales. En tercer lugar, mostraremos cómo en el momento de construcción del territorio nacional argentino las elites gobernantes de la época contribuyeron, mediante la producción de diferentes *vacíos* en el mapa oficial, a legitimar el desarrollo de la llamada "Conquista del desierto" y a promover en la población la idea de que la Patagonia era un territorio "vacante" (Lois, 2018). Luego, se analizará la vigencia de esas representaciones y silencios cartográficos, tanto en los mapas históricos de los libros de texto, como en la forma en la que los sujetos grafican el territorio nacional mientras producen un relato cartográfico. Finalmente, retomaremos estas consideraciones con el fin de analizar posibles implicancias para la enseñanza de la historia que permitan visibilizar y dar voz a los sectores silenciados en el relato oficial del pasado.

Los discursos político y social de los mapas en las ideas de Brian Harley

En las últimas décadas, en el ámbito de la historia de la cartografía, puede observarse un conjunto de investigaciones tendientes a analizar los contextos económicos, sociales, políticos y culturales en los que las imágenes cartográficas han sido producidas (Edney, 2007; Jacob, 2006). En ellas se reflexiona sobre el tipo de representaciones espaciales que ofrecen los mapas y sobre el conjunto de significados compartidos en el seno de una comunidad e involucrados en la producción, consumo y circulación de las imágenes cartográficas. Este nuevo interés sobre los mapas se diferencia de una perspectiva tradicional que los considera únicamente como productos técnicos, neutrales y transparentes que representan la realidad (Lois, 2009).

El nuevo enfoque, centrado en la consideración de las condiciones de producción, el contexto y las mediaciones sociales, académicas y técnicas que inciden en la elaboración de los mapas, en cierta forma, es heredero de los desarrollos teóricos de Brian Harley (2005). Este autor se propuso "buscar las fuerzas sociales que han estructurado la cartografía para luego ubicar la presencia del poder, así como sus efectos, en todo el conocimiento de los mapas" (p. 188). Específicamente, inspirado en los trabajos de Foucault (1966/2014) y Derrida (1976) insistió en suponer que los mapas ocupan un lugar estratégico como recursos de autoridad y expresan un punto de vista que se relaciona con la ideología de los grupos dominantes, en tanto contribuyen a legitimar las relaciones de poder en una sociedad. Algunos autores han afirmado que estos argumentos habilitaron la posibilidad de estudiar a los mapas desde un enfoque teórico que permitió poner en diálogo a la historia de la cartografía con otras ciencias sociales (Edney, 2005; Jacob, 2006). En los mapas están presentes significados sociales que se transmiten y orientan la manera en la que los sujetos construyen las representaciones espaciales. Así, están constituidos por aspectos formales o técnicos, propios del desarrollo de la ciencia cartográfica, y por los significados que, de modo no reflexivo, se le atribuyen a las representaciones plasmadas en ellos y condicionan tanto qué se muestra y qué se oculta, como qué y cómo se observa.

En este sentido, Harley (1988) consideró que los mapas inciden en cómo los sujetos se representan el espacio, tanto a través de sus omisiones como por medio de las características que describen y enfatizan. Para el autor esas omisiones están relacionadas con dos tipos de poder, por un lado, el ejercido por una elite social, con el fin de manipular deliberadamente una imagen cartográfica en el proceso de mapeo y, por otro lado, un tipo más sutil no intencional en el que los valores y las representaciones de una sociedad, o de un grupo social hegemónico, están presentes y estructuran la imagen representada en el mapa.

Los silencios no intencionales se concretizan en los mapas y se materializan a través de ciertas manipulaciones realizadas por los cartógrafos de modo no deliberado. Específicamente, los silencios no intencionales son definidos como "'actuaciones activas' en términos de su impacto social y político y de sus efectos sobre la conciencia" (Harley, 2005, p. 117). Tales silencios implican una serie de significados compartidos que el cartógrafo ha adquirido e internalizado como miembro de un grupo social. En este sentido, los *vacíos* presentes en los mapas son entendidos como un aspecto más a considerar en la imagen cartográfica, dado que forman parte de los códigos culturales que subyacen a todas las formas de conocimiento. La categoría de "silencios cartográficos no intencionales" se relaciona con la noción foucaultiana de *episteme*. Es a través del concepto de episteme que Harley (1988) interroga y analiza a tales silencios cartográficos, los cuales contribuyen a delimitar qué información se incluye y qué aspectos son excluidos, de acuerdo con el contexto y los valores políticos y culturales que inciden en la producción de mapas y que, a su vez, estos contribuyen a reproducir. Como ejemplo, analiza ciertos mapas europeos de fines del siglo XVI y principios del siglo XVII en los cuales las poblaciones campesinas, los trabajadores rurales y los sectores económicamente menos favorecidos de las ciudades no estaban visibilizados (Harley, 1988).

En síntesis, en lugar de ser el resultado de una decisión más o menos arbitraria del cartógrafo o de quien encarga la representación, los silencios no intencionales son el sedimento de formas de concebir el mundo, propias de un momento histórico y social. En otras palabras, son construcciones de sentidos sobre el espacio objetivadas en los mapas y, muchas veces, definen las condiciones en que se sostiene el discurso acerca del mundo y el punto de vista del cartógrafo como miembro de una sociedad. Así, frecuentemente, los espacios en blanco no son meras faltas de conocimiento o simples espacios sobrantes, sino ausencias presentes en la construcción del conocimiento social sobre el espacio. Ese espacio *vacío* o blanco cartográfico se puede relacionar, como veremos, con las afirmaciones sobre la construcción social de *la nada* de Barreiro y Castorina (2016 y capítulo de este libro), debido a que tales *vacíos*, generalmente, constituyen auténticos borramientos sobre los que se fundan y sustentan otras representaciones.

Los silencios de los mapas entre *el vacío* y *la nada*

Los conceptos de *nada* y *vacío* en buena parte de la tradición occidental –sobre todo anglosajona– expresan la ausencia de contenido y, por eso, su irrelevancia, al estar asociados con la tesis ontológica de la filosofía empirista, según la cual se considera que lo no observable no existe (Bang, 2009; Barreiro y Castorina, 2016). Por lo tanto, un espacio *vacío* y su representación en el mapa como espacio en blanco o *blancos cartográficos* (Lois, 2018) se relaciona con la ausencia de entidades, lo que equipararía al *vacío* con *la nada*. Inclusive, esta aparente sinonimia entre ambos conceptos se encuentra, también, en el diccionario de la Real Academia Española, donde *vacío* es definido, entre otras acepciones, como "el espacio carente de materia" (RAE, 2020); mientras que *la nada* es entendida como "la inexistencia total o carencia absoluta de todo ser" (RAE, 2020). Como puede observarse, en ambas acepciones se subraya la falta de contenido y *la nada* sería un *vacío* perfecto. Claramente, desde esta perspectiva, *la nada* significa una imposición de lo no existente, y está muy lejos de ser considerada como una construcción social, más bien sería una característica objetiva del espacio en cuestión. Sin embargo, cuando se piensa en espacios concretos que podrían considerase *vacíos*, inmediatamente es posible reconocer que no son espacios desprovistos de todo objeto, en ellos puede observarse la ausencia de algún elemento, pero al mismo tiempo la presencia de otros. Lo que convierte al *vacío* o la presencia de *la nada* no en un atributo absoluto, sino más bien en una cuestión relacional. Desde esta perspectiva, la noción de espacio *vacío* se define en función de lo que un individuo o grupo social esperan encontrar en él (Campbell, Giovine y Keating, 2019). Así, *el vacío* es una cuestión de perspectiva, un fenómeno altamente subjetivo, que depende, en gran medida, de las intenciones, significados y expectativas de quienes observan.

En este sentido, un espacio referenciado como *vacío* en un mapa, no es un estado meramente objetivo, es en parte producto de las intenciones del cartógrafo o de las representaciones que un grupo tiene sobre ese lugar. La historia de la cartografía mostró que esos espacios mapeados como *vacíos*, están cargados de significados, pero algunos de estos permanecen ocultos, y contribuyen a soportar lo que se muestra y dice en la representación (Harley, 1988). Por ejemplo, en los mapas analizados por Harley sólo se representaban los espacios habitados por los aristócratas, y los poblados de campesinos no eran visibilizados, el cartógrafo concebía el espacio según los valores y sentidos de un grupo social. Sin embargo, para los habitantes de esas tierras, estas estaban llenas de sentidos y elementos en función de sus prácticas cotidianas. Aún más, las concepciones de la época sobre las clases más pobres de la sociedad y su relación con la propiedad de la tierra están presentes, de modo oculto, al no estar referenciadas sus pertenencias.

Por su parte, Barreiro y Castorina (2016, ver capítulo de este libro), sitúan a *la nada* en el proceso de construcción de las RS –que no son abordadas en este trabajo pero que son compatibles con los silencios cartográficos que mencionamos– y es una condición necesaria al menos para la producción de algunas creencias sociales. Los autores, siguiendo a Bang (2009), entienden a *la nada* como la presencia de una ausencia, construida inconscientemente desde la perspectiva de un individuo en un grupo social. En otras palabras, la construcción de *la nada* hace referencia a un proceso realizado sin premeditación por parte de los grupos sociales. Así, algunas RS o partes de los objetos representados en ellas son silenciados porque resultarían contradictorios con el orden social legitimado, de allí la necesidad de suprimirlas o reprimirlas, ya que su reconocimiento o visibilización supondría un conflicto con la ideología hegemónica de los grupos dominantes. Este aspecto que ha sido desconocido o, a lo sumo, tratado como marginal en la tradición empirista, está siendo revisado en los últimos años en el campo de la investigación en psicología cultural (Bang y Winther-Lindqvist, 2016).

Suponemos que estudiar la presencia "de la ausencia" en el proceso de construcción social de los espacios no implica el desconocimiento del espacio físico y sus características, ni de la ciencia cartográfica, más bien se destaca su complejidad. En este sentido, parece consistente afirmar que los silencios no intencionales de los mapas son parte del proceso mismo de construcción de la imagen cartográfica, como mostrara Harley (1988), y sostener, al mismo tiempo, que se trata de un proceso de figuración y expresión de RS. En lo que sigue mostraremos, con investigaciones propias del ámbito de la historia de la cartografía, cómo se construyeron algunos espacios en blanco en el mapa de la República Argentina, los cuales fueron solidarios con ciertas representaciones que las elites gobernantes tenían respecto de los indígenas, a fines del siglo XIX, y contribuyeron a legitimar el proceso histórico denominado como "Conquista del desierto" (1978-1885).

Vacíos en la representación del "desierto" a fines del siglo XIX

En el contexto nacional, la expresión "Conquista del desierto" hace referencia a un conjunto de campañas militares emprendidas por el Ejército Argentino entre 1878 y 1885, con el fin de incorporar al control efectivo del Estado las tierras de la Patagonia y del Chaco que se encontraban habitadas por diversas poblaciones indígenas (Bayer, 2010). La presencia del concepto *desierto* en la denominación de dicho proceso militar no es ingenua y es necesario recordar, en el contexto de este trabajo, las conclusiones a las que han arribado diversos investigadores que reflexionaron sobre ese punto (Navarro Floria, 2002; Palti, 2009; Torre, 2011). Estos autores coinciden en afirmar que a fines del siglo XIX, para la élite gobernante el desierto nombraba a "la barbarie" o se relacionaba con ella, mientras que el espacio bajo el control del estado era territorio habitado por la civilización. Así, según la empresa política de las elites gobernantes, el desierto se asociaba al "salvaje" y nombraba a las tierras que el indígena, en tanto "salvaje", no valoraba, ni trabajaba para contribuir al desarrollo de la nación. La epopeya civilizatoria del desierto consistió en una política de varios pasos: primero el vaciamiento discursivo, al considerar a esos territorios como vacantes e inhóspitos; segundo, el vaciamiento en acto, mediante el asesinato de las poblaciones que en él habitaban y, tercero, una vez consumada la conquista, la construcción de un relato sobre ese territorio que lo constituía como un espacio fértil y de prosperidad para la nación (Lagos y Ratto, 2011; Lois, 2018; Ratto, 2014). En síntesis, el desierto se nombra y construye desde un imaginario de la época: un lugar geográfico concreto no ocupado por la población "blanca", desaprovechado para la producción capitalista y que debía ser conquistado para el desarrollo del Estado nacional.

La representación de las tierras –en esos años– habitadas por los indígenas ha sido producto de una construcción social acorde con los sentidos que determinados sectores sociales buscaban consolidar; tanto en el discurso como en los mapas, no sólo en términos de la presencia positiva de ciertas representaciones sino también en la invisibilización de otras. Así, esta construcción de sentidos no es ajena al poder, en tanto ese imaginario que se buscaba transmitir legitimaba una política de Estado, cuyo fin era incorporar esas tierras al control central. Se consolidaron como espacios *vacíos* las tierras que estas poblaciones ocupaban, al mismo tiempo que se ocultaron en las representaciones cartográficas las distintas comunidades que habitaban en la Patagonia y en el Noreste (Lois, 2018). Tales tierras comenzaron a ser graficadas en los mapas como un espacio en blanco, claramente delimitado por líneas que representaban la frontera con los países vecinos, aunque estas todavía no estaban consolidadas, y se refería a sus habitantes con el sustantivo genérico "indios", ocultando a la diversidad de poblaciones y a los distintos tratados políticos y comerciales que años anteriores el Estado argentino había firmado con varias comunidades (Lagos y Ratto, 2011).

Para el caso de la Patagonia puede observarse el siguiente mapa elaborado por Martin de Moussy en 1873 (Figura 1), donde se observa que al interior de la representación de la Patagonia se mencionan distintas comunidades de "indios" habitando esas tierras.

Esta representación de la Patagonia está incluida en el *Atlas de la Confederación Argentina* elaborado por de Moussy. Además, es necesario destacar que por esos años, este cartógrafo gozaba de un notable prestigio, al interior del gobierno de la Confederación Argentina. Tal era el reconocimiento que tenía entre la elite gobernante que, el 9 de septiembre de 1865, fue nombrado Delegado de la Comisión en París encargada de los preparativos para la Exposición Universal que se celebraría en esa ciudad en 1867. Si bien en el mapa se observa la presencia explícita de distintas comunidades indígenas también puede leerse que "No existen otros puntos habitados en la Patagonia más que Carmen, sobre el Río Negro, y la colonia chilena Punta Arenas, en la península de Brunswich, en el extremo del continente" (s/p). Claramente, el cartógrafo destacó la existencia de puntos habitados desde la concepción de ocupación territorial por "el blanco cristiano". Sin embargo, hace convivir sin contradicción aparente, a la leyenda de inexistencia de puntos habitados, por un lado, y a la mención explícita a las poblaciones indígenas, por otro.

Figura 1. Carta de la Patagonia y de los archipiélagos de la
Tierra del Fuego, las Malvinas y las costas occidentales

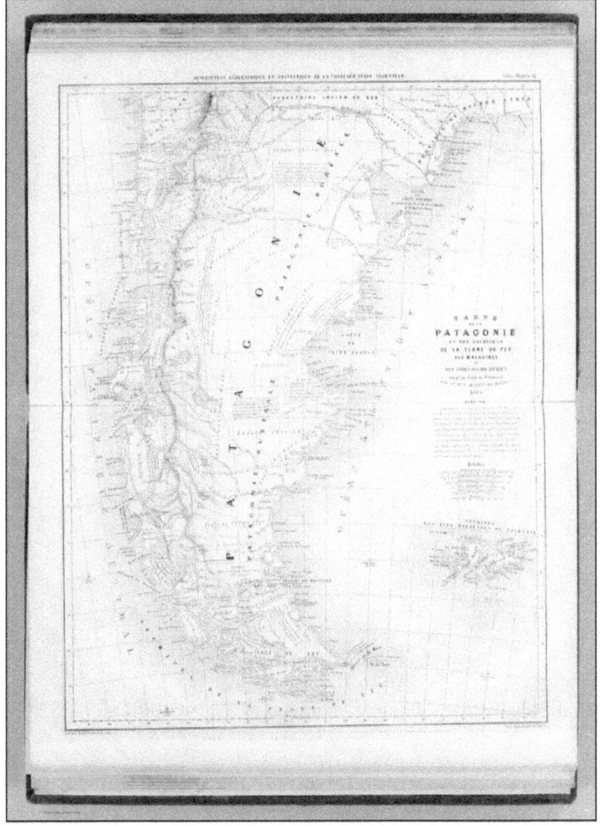

Disponible en https://www.davidrumsey.com/luna/servlet/detail/
RUMSEY~8~1~20539~510065:Carte-de-la-Patagonie-et-des-archip.

Unos años más tarde, en 1875, bajo la presidencia de Nicolás Avellaneda, con motivo de la participación de la Argentina en la Exposición Universal de Filadelfia, que se desarrollaría al año siguiente, el gobierno nacional le encomendó a los cartógrafos Arthur von Seelstrang y Alfred

Tourmente la confección de un nuevo mapa de la República Argentina (Figura 2).

Figura 2. Mapa de la República Argentina

Disponible en https://gallica.bnf.fr/ark:/12148/btv1b530253461.

En la imagen anterior, puede observarse que la mayoría de los conocimientos sobre los asentamientos de los grupos de "indios", incluidos en el mapa de de Moussy, fueron "borrados" y la Patagonia se convirtió en un espacio en blanco claramente delimitado por las líneas de frontera y nombrado como *Territorio de la Patagonia*. Este acto de borramiento (Lois, 2018) no es menor, si se compara la fecha de confección del mapa (1875) con el inicio de la "Conquista del desierto" (1878). Es decir, tres años antes de que inicie la campaña militar de conquista de esos territorios, en el mapa ya se incorporaba la Patagonia a la silueta del territorio nacional, como un espacio en blanco, un *vacío* a llenar, aunque el Estado todavía no controlaba efectivamente esas tierras.

La irrupción de un nuevo contorno cartográfico que permitió la incorporación de la Patagonia al territorio nacional, estuvo legitimado por los conocimientos técnicos y por las significaciones de la época que recaían sobre dicha región como desierto. Además, los mapas sobre la Patagonia producidos hasta ese momento, incluido el de de Moussy, comenzaron a ser considerados por la elite gobernante como inexactos. Para algunos integrantes de este sector de la población esos mapas deberían ser sustituidos porque "fueron construidos en épocas en que nuestro país era un inmenso desierto inexplorado" (Zeballos, 1882. Citado en Lois, 2018, p. 143), por ello debían construirse otros nuevos que reflejaran la realidad tal cómo era. La imaginarización de esos espacios como *vacíos* los constituye, a su vez, como lugares a ser ocupados. Representaban una tierra de oportunidades para que el inmigrante se asentara allí y las pusiera a trabajar, al servicio del desarrollo económico del Estado nacional. Sobre *el vacío* construido se visibiliza ese espacio como tierra fértil para el progreso, en otras palabras, el vaciamiento territorial implicó "la desterritorialización del indígena y la reterritorialización eurocéntrica" (Braticevic, 2017, p. 217). Mientras que el territorio se integraba a la Argentina y se convertía en un espacio de prosperidad, se negaba y exterminaba a la población que no coincidía con el proyecto de nación de la élite gobernante.

La nueva imagen cartográfica se articulaba con el discurso de la época, y contribuyó a promover en la población la legitimación necesaria para llevar adelante las campañas militares de apropiación territorial (Lois, 214). Ahora bien, si esas tierras le pertenecían a la Argentina, quienes se encontraban en ellas comenzaron a ser considerados como argentinos, con el objetivo de consignar que se encontraban dentro del territorio del Estado. Por esos años, y lejos de cualquier ingenuidad, los temas relacionados con los indígenas comenzaran a conceptualizarse como conflictos internos (Lagos y Ratto, 2011), y surge un concepto muy asociado al de *desierto* como *vacío*: la frontera interna. La línea que separaba a las comunidades indígenas del territorio argentino y las consideraba como su "exterior", se convierten en fronteras al interior de un Estado consolidado. Al respecto Benedetti y Salizzi (2014) afirman que la noción de frontera interna, vinculada a las ideas de desierto y barbarie permite comprender cómo el concepto mismo de frontera se relaciona con los sentidos socialmente asignados en la producción y difusión de imaginarios territoriales.

Al mismo tiempo, el espacio que era desvalorizado y nombrado como "desierto", cuando estaba habitado por indígenas, fue ofrecido para el desarrollo económico del inmigrante. La representación cartográfica acompañó el proceso de construcción del significado de esas tierras, desde un desierto a un no-desierto, fértil y productivo para la producción capitalista (Lois, 218). Esta significación del desierto como espacio de potencialidad económica es indisociable con el silenciamiento de otros sentidos: la no integración de los indígenas al proyecto de nación que se buscaba implementar. Se trata de una sustitución de estos sentidos por otros que son solidarios con un proyecto político e ideológico en marcha y orientado hacia ciertos fines futuros. Los sentidos instalados, en relación con el espacio como desierto y la pertenencia de la Patagonia al Estado argentino, tienen la particularidad de connotar una ausencia. Refieren al *vacío* como categoría espacial y lo definen en función del lugar que ocupa para el punto de vista de la elite gobernante.

La ausencia que mostramos en esta oportunidad tiene sus propias particularidades, pero se puede relacionar con las ideas de Barreiro y Castorina (ver su capítulo en este libro) sobre la omisión de ciertos sentidos y su constitución en "nada" al ser suprimidos, en el proceso de construcción de las RS. De este modo, puede pensarse que estamos analizando la construcción de RS, a partir de "la presencia de la ausencia" de las tierras ocupadas y de la apropiación de esos territorios. *El vacío* en el mapa "antes que para ser llenado, apareció para deslegitimar los saberes hasta entonces existentes y, al mismo tiempo, para anunciar un programa de conocimiento. Por eso el blanco, antes que un *vacío*, es un acto de vaciamiento" (Lois, 2018, p. 128). Este acto de vaciamiento de la Patagonia no puede ser considerado como un mero silenciamiento, sino como parte del proceso mismo de producción de sentido.

La persistencia de los silencios en los libros de texto escolares

El territorio fue un elemento central en el proceso de construcción de la Argentina (Hollman y Lois, 2015). Esto se evidencia, por ejemplo, en la ley N° 22963 de la Carta que le permite al Estado, a través del Instituto Geográfico Nacional (IGN), regular las representaciones cartográficas de la Argentina que se reproducen por distintos medios. La versión oficial sobre la constitución del Estado insiste en afirmar que la Patagonia pertenecía a la Argentina desde antes que se inicie la "Conquista del desierto" (Lacoste, 2003). Según este relato oficial, el territorio nacional es presentado como una entidad que no se ha modificado a lo largo de los años, casi como una esencia inmutable (Carretero, 2018).

El concepto de frontera interna, anteriormente mencionado, en relación con esta concepción del territorio nacional transmitida en el relato oficial, permitió hacer referencia a la Patagonia como un espacio perteneciente al Estado nacional, al mismo tiempo que se ocultaba el reconocimiento a los indígenas como los habitantes originarios de esas tierras (Benedetti y Salizzi, 2014). Más aún, según esta versión oficial, si esas tierras le pertenecían a la Argentina, luego de ser recuperadas serían utilizadas conforme la conveniencia, y el criterio de las élites gobernantes, para el desarrollo de la nación sin necesidad de conceder derechos a los indígenas sobre ellas. Por ejemplo, en 1867 se debatió en el Congreso Nacional un proyecto de ley para extender la línea de frontera que separaba al Estado de los indígenas. Uno de los ejes del debate pasó por el artículo 2° del proyecto de ley, en el texto original se reconocía a "las tribus indígenas" (Congreso Nacional, Cámara de Senadores, sesión del día 2 de julio de 1867, p. 117) el derecho para la posesión del territorio. Al ser debatido este punto, el texto del artículo fue revisado y se quitó dicha concesión. El argumento mayoritario por el cual se decidió modificarlo consistía en que esas tierras le correspondían a la Argentina y que con los indígenas no se podía pactar como con el resto de las naciones extranjeras. Asimismo el senador Anselmo Rojo afirmó

> (...) los indios pampas tienen que caer de rodillas ante la nacionalidad argentina (...). Entonces vendrán a quedar como todos los habitantes de la República, bajo todas las garantías que son comunes a todos los habitantes y no hay por qué darles derechos de posesión. (Congreso Nacional, Cámara de Senadores, sesión del día 4 de julio de 1867, p. 134).

Una vez consumada la ocupación, y no reconocido derecho alguno de los indígenas sobre esos territorios, se tomaron un conjunto de decisiones políticas que fueron desde la entrega de tierras, a aquellos grupos que financiaron las campañas militares, hasta la promoción de colonias, con el fin de favorecer la inmigración.

También, por esos años era posible escuchar otras voces, en las cuales se les reconocía derecho sobre el territorio a los habitantes de las tierras que estaban por conquistarse. Por ejemplo, en el mismo debate sobre el artículo 2 del proyecto de ley para expandir la línea de frontera, llevado a cabo en 1867, pudieron escucharse posiciones como la del senador Madariaga quien expresara que la Argentina estaba por ocupar ese territorio:

> Nosotros vamos a ocupar autoritativamente ese territorio, y puede decirse que por ese artículo se establece que los indígenas que se sujeten a las condiciones de civilización y que voluntariamente se sometan a la autoridad de la nación, se les reconocerá entonces el derecho de posesión de los terrenos que ocupan. (Congreso Nacional, Cámara de Senadores, sesión del día 4 de julio de 1867, p. 135).

Asimismo, también por esos años, y bajo el argumento de que el territorio era argentino los habitantes de la Patagonia comenzaron a ser considerados como argentinos. Negar que fueran argentinos, según su lugar de nacimiento, significaba poner en duda la soberanía sobre el territorio (Lagos y Ratto, 2011). Este argumento, también, contribuyó a legitimar el proceso de expansión territorial, y al desconocimiento por parte del Estado de la autonomía de las poblaciones que habitaban esas tierras, con las cuales se celebraban tratados o convenciones pero, según la óptica de los gobernantes, esos tratados no tenían el rango de internacionales porque no se los consideraba como a las demás naciones extranjeras (Navarro Floria, 2002). En lo que sigue mostraremos como estos significados históricamente constituidos están presentes hoy en los libros de texto escolares y se reproducen en los mapas que acompañan a los relatos sobre la "Conquista del desierto", silenciándose otras voces según las cuales esas tierras no le pertenecían al Estado argentino y estaban siendo ocupadas por la fuerza.

La mayoría de los mapas históricos sobre la "Conquista del desierto" que se reproducen en los libros de texto escolares representan el corrimiento de las *fronteras internas* durante el siglo XIX (Pacciani y Poggi, 2014). En estos se referencian los límites actuales del territorio nacional, y los corrimientos de frontera parecen haber ocurrido al interior de un territorio que perteneció desde siempre a la Argentina (Figura 3). Asimismo, cuando se analiza el relato que acompaña a dichos mapas, se presenta a la "Conquista del desierto" como un proceso histórico decidido por el entonces Presidente Nicolás Avellaneda, quien, ante los reiterados ataques de los indígenas, "decidió tomar medidas destinadas a ocupar y asegurar las tierras que seguían dominadas por los indígenas para lograr, así, la **integración completa del territorio argentino"** (Celotto et al., 2013, p. 28. Destacado en el original).

Figura 3. Representación del territorio bajo dominio indígena en un libro de texto

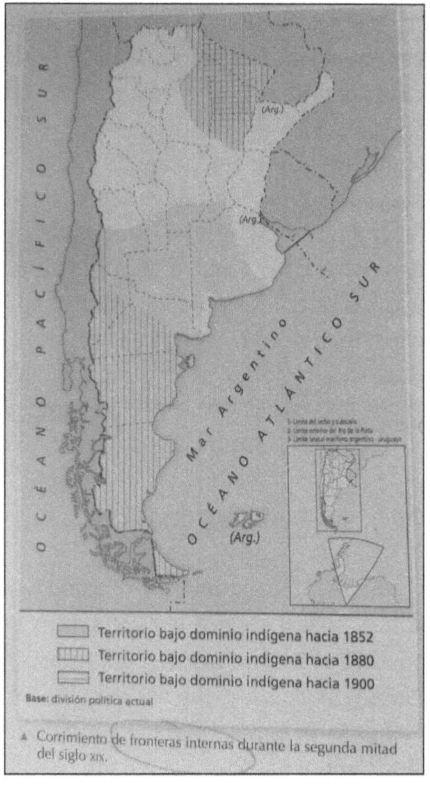

Corrimiento de fronteras internas durante la segunda mitad del siglo XIX (Celotto et al., 2013).

Como puede observarse, el mapa anterior se construye sobre la base del mapa actual, dando lugar a una representación esencialista y atemporal del territorio nacional (Carretero, 2018) constituida a fines del siglo XIX. Su permanencia en los libros de texto a través de los mapas históricos, la noción de frontera interna y la consideración de que con este proceso se contribuía a la integración del territorio nacional sigue vigente. De este modo, se promovió la creencia de que la "Conquista del desierto" no implicó expansión territorial sino reaseguro de la autoridad estatal sobre ese espacio. A este respecto, puede suponerse en el relato actual la persistencia de cierto núcleo de significados construidos a fines del siglo XIX, según los cuales la Patagonia es presentada como una porción del territorio nacional que estaba "ocupada" por indígenas y tuvo que ser asegurada mediante una campaña militar.

En síntesis, algunos libros de texto, al presentar el tema de la "Conquista del desierto" no ponen en duda o bajo análisis crítico la pertenencia de las tierras de la Patagonia al Estado nacional argentino. Al no estar los límites externos en discusión, ni en el relato ni en los mapas históricos que lo acompañan, lo que queda es una confrontación entre dos grupos de argentinos. Por una simple razón: la frontera con los indígenas no aparece como un límite del Estado nacional argentino, los cuales se muestran como claramente definidos. Además, esta interpretación se consolida con los mapas históricos que acompañan al relato, y en los cuales se muestra, de acuerdo con la élite gobernante a fines del siglo XIX, que esas tierras les pertenecían a la Argentina (Parellada, 2019). En nuestra opinión, la noción de frontera interna y la representación esencialista del territorio nacional en los mapas históricos operaría silenciando en los libros de texto la posibilidad de incorporar otras voces y significados de la época en relación con la pertenencia del territorio.

Los silencios en los mapas producidos por los sujetos

La forma en la que los sujetos conciben el espacio territorial no sólo es producto de su interacción cognitiva con el mundo o con los mapas que se le presentan, sino en buena medida por apropiación de los significados que circulan en un grupo y que activan una RS. Los espacios de gran escala, como el territorio nacional, son conocidos por los sujetos a través de los mapas como instrumentos que mediatizan la relación entre el individuo y el área representada (Uttal, 2000). El territorio cobra sentido en función del bagaje histórico, cultural y social de los individuos. En otras palabras, las representaciones socio-espaciales de los sujetos se "anclan" en distintos sistemas de pensamiento social (de Alba, Herrera y Loubier, 2020). En este sentido, la pertenencia e identificación del individuo con determinados grupos sociales desempeña un papel importante en los significados que los sujetos construyen sobre el espacio.

Desde la teoría de las RS se ha indagado la manera en la que este enfoque puede resultar fructífero para el estudio del territorio y cómo los sujetos se lo representan (Milgram y Jodelet, 1976; De Alba, 2007,

2011, 2014). Específicamente, desde esta perspectiva se considera que los mapas y los relatos que se producen en torno a un territorio son modos en los cuales las RS pueden materializarse. Asimismo, mostraron como esas representaciones sobre el territorio varían en función de los diferentes grupos sociales y pueden convivir en una ciudad o espacio. En este sentido, el estudio de los mapas que los sujetos producen, ya sea en la escuela o fuera de ella, sobre el territorio nacional en el pasado, adquiere relevancia psicosocial y educativa. De este modo, se indaga cómo los sujetos se apropian de las representaciones figuradas en los mapas, para lo cual hacen reconstrucciones cognitivas. Al respecto, si se asume que *la nada* es una parte constitutiva de la elaboración de ciertas RS, probablemente, se podrá pensar en su presencia en las representaciones de los sujetos sobre el espacio territorial. Estas surgen como producto de la apropiación activa de las RS que se transmiten en la historia oficial. En otras palabras, suponemos que al ser reconstruidos los mapas históricos, en interacción con ciertos discursos históricos oficiales, se materializarían buena parte de los significados que se enseñan sobre el pasado nacional.

En lo que sigue mostraremos algunos resultados de nuestras investigaciones previas (Parellada, Carretero y Rodríguez-Moneo, 2020), en las que indagamos cómo los sujetos se representan el territorio nacional independizado el 9 de julio de 1816 y su consideración sobre la pertenencia o no de la Patagonia a la Argentina antes de que se inicie la "Conquista del desierto". Si bien, estas investigaciones no se desarrollaron desde el enfoque de las RS, consideramos que sus resultados podrán ser interpretados a partir de las relaciones presentadas en este capítulo. Específicamente, en nuestros trabajos, identificamos que la mayoría de los sujetos a los que les pedimos que dibujen el territorio nacional independizado el 9 de julio de 1816 realizaron un mapa que representaba las fronteras actuales de la Argentina. En otras palabras, estos sujetos entendieron a la Patagonia como parte del territorio independizado, como si estas tierras hubiesen pertenecido desde siempre a la Argentina, ocultándose en sus representaciones cartográficas la expansión territorial. Así, tal como reflexionara Harley (1988) para las producciones de los cartógrafos, podría suponerse que estos silencios presentes en los mapas que producen los sujetos entrevistados son "silencios no intencionales". Ya que los mismos se reproducen de modo irreflexivo pero están presentes guiando y condicionando qué se referencia.

Según estos resultados, los modos en que los sujetos se representan el territorio nacional pueden ser, a la vez, puestos en diálogo con lo identificado en investigaciones previas realizadas por este equipo de investigación, también sobre el tema de la "Conquista del desierto" (Barreiro, Wainryb y Carretero, 2016, 2017; Sarti y Barreiro, 2014, 2018). Estas últimas ponen de manifiesto que los sujetos, en sus relatos excluyen el rol del Estado en el proceso militar, desplazando la responsabilidad a los conquistadores españoles. En este sentido, nuestros hallazgos permiten considerar que, en el caso de reconocerse el rol del Estado argentino como responsable y ejecutor de la "Conquista del desierto" una de las estrategias a través de las cuales se niegan los derechos de propiedad de los indígenas sobre las tierras anexadas es afirmando que éstas eran parte de la Argentina.

Asimismo, nuestros resultados ponen de manifiesto que en muchos de los relatos producidos por los sujetos pueden observarse argumentos similares a los que se daban a fines del siglo XIX para justificar la expansión territorial; lo que permite pensar en la impronta de ciertas RS, por mucho tiempo hegemónicas, sobre sus interpretación de la pertenencia de la Patagonia a la Argentina. Los entrevistados afirmaron que el territorio de la Patagonia era argentino pero "estaba ocupado por indígenas" (Parellada, 2019, p. 246) o que los indígenas podrían considerarse como argentinos porque estaban en territorio argentino, el cual estaba "ya delimitado" (Parellada, 2019, p. 247). Estos hallazgos nos permiten inferir que los sujetos construyen sus relatos en torno a la creencia en que el territorio era argentino desde antes de la conquista y que los indígenas eran argentinos porque vivían en él, es decir, a partir de una representación esencialista de la nación que, también, implicaría a su territorio (Carretero, 2007; Carretero y Kriger, 2011). Consideramos que esta creencia oculta el carácter dinámico, histórico y político de la conformación del territorio actual de la Argentina, y las atrocidades cometidas contra las poblaciones indígenas que habitaban ese espacio. Estas eran las propietarias originarias de esas tierras y el Estado las despojo de sus pertenencias y de cualquier reconocimiento de derechos sobre ellas. Así, de modo coincidente con la apropiación de las RS preexistentes acerca de la "Conquista del desierto" (Barreiro, Wainryb y Carretero, 2016; Barreiro, Castorina y van Alphen, 2017) y de los indígenas (Barreiro, Ungaretti y Etchezahar, 2019; Barreiro, Ungaretti, Etchezahar, Wainryb, 2020), puede observarse, tanto en relación con la elaboración de mapas como en los relatos que producen sobre la pertenencia de dicho territorio, la presencia de un *vacío* o *nada* vinculados a la supresión de otras RS o de elementos de los objetos representados, y cuyo resultado sería la legitimación del dominio de la elite que llevó adelante ese proceso de expansión territorial y de su concepción sobre las tierras conquistadas.

Una perspectiva crítica de los mapas históricos en la enseñanza de la historia

En este trabajo hemos señalado ciertos significados sobre el territorio nacional, construidos por la élite gobernante, en determinado momento histórico y social, con el fin de legitimar la conquista de espacios que al Estado nacional no le pertenecían. Esos significados se forjaron sobre la base de la construcción de un imaginario de la Patagonia como espacio *vacío*. El imaginario de un territorio perteneciente o atribuido al Estado argentino, inhóspito y poco aprovechado para la producción con fines capitalistas, se construyó para las tierras de la Patagonia. Sin embargo, es desmentido a la luz de otras representaciones cartográficas, que expresan otras significaciones –de la misma época– y que destacan la presencia de asentamientos indígenas en esas tierras y el reconocimiento de ese espacio como exterior al territorio nacional.

La expansión territorial y la posterior creación de sentidos sobre las tierras conquistadas por el Estado argentino, como espacio de potencialidad económica para los futuros inmigrantes, son consistentes con los silencios cartográficos que siguen operando cuando se habla del "desierto" y de la "frontera interna" con el indígena. Esas tierras fueron construidas como un espacio *vacío* desde la óptica de las élites gobernantes, con el fin de poder avanzar sobre ellas. Hoy en día, dichos significados continúan vigentes tanto en los libros de texto como en las formas en que los sujetos se representan el territorio, surge una pregunta ¿cómo visibilizar en el ámbito de la enseñanza de la historia estos significados ocultos, evitando lecturas que reproduzcan el discurso hegemónico?

En primer lugar, consideramos que es necesario visibilizar en el ámbito educativo, tal como lo muestra la historia de la cartografía, cuáles son las condiciones sociales que operan durante la producción cartográfica. Pero, además, consideramos que este planteo necesita ser complementado con el estudio de las RS presentes, no sólo en la concretización de la imagen cartográfica, sino también en los modos en que los sujetos leen mapas históricos y se representan el territorio nacional.

En segundo lugar, el diálogo colaborativo entre los enfoques críticos en historia de la cartografía (Harley, 1988) y la teoría de las RS podría constituir un programa promisorio para futuros trabajos de investigación empírica sobre los silencios cartográficos. En ese sentido, este trabajo, propone que algunas de las omisiones presentes en los mapas, analizados por la historia de la cartografía, son compatibles con la construcción social de *la nada* en el proceso de sociogénesis de las RS (Barreiro y Castorina, 2016).

En tercer lugar, y desde el punto de vista del proceso de enseñanza y aprendizaje de los mapas históricos, se impone una visión crítica que permita interrogar a los diferentes saberes que circulan en la escuela. La elaboración activa de argumentos, por parte de alumnos, la búsqueda de mejor información, de confrontación de los enfoques, o las comparaciones con los saberes de los indígenas sobre el espacio, son condiciones didácticas necesarias para que se pueda enseñar sobre la función de los mapas en la historia y los discursos que se montan sobre ellos. Queremos enfatizar, entonces, que la propuesta de hacer emerger lo que ha sido silenciado, incluye la escucha e inclusión activa de otras voces en la enseñanza de la historia. Sería importante que los estudiantes se pongan en contacto con los argumentos con los cuales los indígenas defendieron, y aún defienden, sus territorios, y con los sostenidos por los actores políticos de la élite gobernante que se opusieron a la Conquista de esas tierras. Consideramos que esta tarea no se cumpliría con una mera inclusión nominal de los grupos reconocidos, es necesario darles voz y constituirlos como actores históricos que resistieron la conquista territorial y el consiguiente genocidio indígena De este modo, en la confrontación o en la convergencia, en los acuerdos y en las discusiones, estas voces formarán parte del trabajo intelectual de los alumnos, cuestionando enfoques y disponiendo de un amplio arsenal de ideas y experiencias sociales para pensar su historia.

Finalmente, entendemos que la enseñanza de la historia y la lectura de mapas históricos se abordan siempre desde un posicionamiento político e ideológico (Parellada y Castorina, 2019). La presencia de *la nada*, de modo inconsciente, tanto en los cartógrafos como en los estudiantes, involucra la intervención de RS sobre la actividad individual en el marco de un horizonte ideológico. Este legitima no sólo un orden político y hegemónico sino que orienta las acciones futuras de los grupos y justifica las del presente. La presencia de una mirada hegemónica sobre la "Conquista del desierto" oculta la complejidad del proceso histórico y visibiliza la supremacía del Estado nacional. Poner en discusión dicha mirada supone poner en el juego didáctico a los sentidos del espacio de los pueblos indígenas, una versión no oficial de la historia, y asumir la necesaria participación del pensamiento de los alumnos en interacción con el docente y los objetos de conocimiento. Para un genuino trabajo de deconstrucción y reconstrucción de los mapas históricos escolares y de las formas de pensar el espacio nacional en el pasado es imprescindible habilitar, desde los docentes, preguntas que les permitan a los alumnos aproximarse a una cierta visibilización de la usurpación y dominación negadas y cuestionar a los relatos históricos oficiales.

Referencias bibliográficas

Bang, J. (2009). Nothingness and the Human Umwelt. A Cultural-Ecological Approach to Meaning. *Integrative Psychological and Behavioral Science, 43*, 374-392. [https://doi.org/10.1007/s12124-009-9101-3].

Bang, J. y Winther-Lindqvist, D. A. (Eds.) (2016). *Nothingness Philosophical Insights into Psychology.* Transaction Publishers. [https://doi.org/10.4324/9781315125381].

Barreiro, A. y Castorina, J. A. (2016). Nothingness as the dark side of social representations. En J. Bang y D. A. Winther-Lindqvist (Eds.), *Nothingness Philosophical Insights into Psychology* (pp. 69-88). Transaction Publishers. [https://doi.org/10.4324/9781315125381].

Barreiro, A., Ungaretti, J. y Etchezar, E. (2019). Representaciones sociales y prejuicio hacia los indígenas en Argentina. *Revista de Psicología, 37* (2), 529-558. [https://doi.org/10.18800/psico.201902.007].

Barreiro, A., Ungaretti, J., Etchezar, E. y Wainryb, C. (2020). They Are Not Truly Indigenous People?: Social Representa-tions and Prejudice against Indigenous People in Argentina. *Papers on social Representations, 29* (1), 6.1-6.24.

Barreiro, A., Wainryb, C. y Carretero, M. (2016). Narratives about the past and cognitive polyphasia: Remembering the Argentine conquest of the desert. *Peace and Conflict: Journal of Peace Psychology, 22* (1), 44-51. [https://doi.org/10.1037/pac0000150].

Barreiro, A., Wainryb, C. y Carretero, M. (2017). Power struggles in the remembering of historical intergroup conflict: hegemonic and counter-narratives about the Argentine "Conquest of the Desert". En C. Psaltis, M. Carretero y S. Cehajic-Clancy (Eds.), *History Teaching and Conflict Transformation: Social Psychological Theories, History Teaching and Reconciliation* (pp. 125-145). Palgrave Macmillan. [https://doi.org/10.1007/978-3-319-54681-0].

Bayer, O. (Coord.) (2010). *Historia de la crueldad argentina. Julio A. Roca y el genocidio de los Pueblos Originarios.* Buenos Aires: El Tugurio.

Benedetti, A. y Salizzi, E. (2014). Fronteras en la construcción del territorio argentino. *Cuadernos de Geografía, Revista Colombiana de Geografía, 23* (2), 121-138. [https://doi.org/10.15446/rcdg.v23n2.38366].

Braticevic, S. (2017). Frontera, frente y formación social de fronteras. Aproximación a los diferentes conceptos a partir del avance productivo reciente en el Norte Argentino. En S. Braticevic, C. Tommei y A. Rascovan (Comps.), *Nación, límites, frente e interfaces. Algunos aportes sobre la cuestión de las fronteras* (pp. 209-229). Buenos Aires: M&A Diseño y Comunicación S.R.L.

Campbell, C., Giovine, A. y Keating, J. (2019). Introduction: Confronting emptiness in history. En C. Campbell, A. Giovine y J. Keating (Eds.), *Empty Spaces. Perspectives on emptiness in modern history* (pp. 1-13). University of London Press. [https://doi.org/10.14296/919.9781909646520].

Carretero, M. (2018). Historical consciousness and representations of national territories. What Trump´s and Berlin walls have in common? En A. Clark y C. Peck (Eds.), *Contemplating Historical Consciousness: Notes from the Field* (pp. 76-88). Bergham Books. [https://doi.org/10.2307/j.ctvw04bhk.10].

Carretero, M. y Kriger, M. (2011). Historical Representations and conflicts about indigenous people as national identities. *Culture & Psychology,* 17 (2), 177-195. [https://doi.org/10.1177/1354067X11398311].

Celotto, A. et al. (Eds.) (2013). *Ciencias sociales 6 bonaerense.* Buenos Aires: Santillana.

Congreso Nacional, Cámara de Senadores de la Nación Argentina (1867). *Sesión de 1867.* Imprenta del Orden.

de Alba, M. (2007). Mapas imaginarios del Centro Histórico de la Ciudad de México: de la experiencia al imaginario urbano. En A. Arruda & M. de Alba (Eds.), *Espacios imaginarios y representaciones sociales. Aportes desde Latinoamérica* (pp. 285-319). España: Anthropos.

de Alba, M. (2011). Social representations of urban Spaces: A comment on mental maps of Paris. *Papers on Social Representations, 20,* 29.1-29.14.

de Alba, M. (2014). Imaginary maps and urban memory: Elements for the study of territorial identity. *Papers on Social Representations, 23,* 16.1-16.22.

de Alba, M., Herrera, L. y Loubier, J. C. (2020). Social Representations of México City Historic Center: Heritage and Controversial Memories. *Papers on social Representations, 29*(1), 7.1-7.25.

de Moussy, M. (Cartógrafo) (1867). *Carte de la patagonie et des Archipels de la Terre de Feu, des Malouines et des cotes occidentales jusqu´au Golfe de Reloncavi.* 1: 3.750.000. [https://www.davidrumsey.com/luna/servlet/detail/RUMSEY~8~1~20539~510065:Carte-de-la-Patagonie-et-des-archip].

de Moussy, M. (2005). *Descripción geográfica y estadística de la Confederación Argentina.* Academia Nacional de la Historia. [Ed. Orig.: (1865). *Description Geographique et statistique de la Confédération Argentine.* Librairie de Firmin Didot Frères].

Derrida, J. (1976). *Of Grammatology.* Johns Hopkins University Press.

de Seelstrang, A. & Tourmente, A. (Cartógrafos) (1875). *Mapa de la República Argentina.* 1: 5.000.000. [https://gallica.bnf.fr/ark:/12148/btv1b530253461].

Edney, M. (2005). Brian Harley's career and intellectual legacy. *Cartographica. The international Journal for Geographic Information and Geovisualization, 40* (1-2), 1-17. [https://doi.org/10.3138/928H-787R-3087-5V02].

Edney, M. (2007). Mapping empires, mapping bodies: Reflections on the use and abuse of cartography. *Treballs de la societat catalane de geografia*, *63*, 83-104.

Foucault, M. (1966/2014). *Las palabras y las cosas. Una arqueología de las ciencias humanas*. Siglo XXI. [Ed. Orig.: (1966). *Les mots et les choses, une archéologie des sciences humaines*. Gallimard].

Harley, J. B. (1988). Silences and secrecy: The hidden agenda of cartography in early modern. *Europe, Imago Mundi: The International Journal for the History of Cartography*, *40* (1), 57-76. [https://doi.org/10.1080/03085698808592639].

Harley, J. B. (2005). *La nueva naturaleza de los mapas. Ensayos sobre la historia de la cartografía*. México: Fondo de Cultura Económica.

Hollman, V. y Lois, C. (2015). *Geo-grafías. Imágenes e instrucción visual en la geografía visual*. Buenos Aires: Paidos.

Jacob, C. (2006). *The Sovereign map. Theoretical approaches in cartography throughout history*. The University of Chicago Press.

Lacoste, P. (2003). *La imagen del otro en las relaciones de Argentina y Chile (1534-2000)*. Argentina/Chile: Fondo de Cultura Económica.

Lagos, M. y Ratto, S. (2011). El concepto de "frontera interior": de la política a la historiografía. *Entrepasados*, *36*, 51-71.

Lois, C. (2009). Imagen cartográfica e imaginarios geográficos. Los lugares y las formas de los mapas en nuestra cultura visual. *Geocrítica, Scripta Nova. Revista electrónica de geografía y ciencias sociales*, *XIII* (298). [http://www.ub.edu/geocrit/sn/sn-298.htm].

Lois, C. (2014). *Mapas para la Nación. Episodios en la historia de la Cartografía Argentina*. Buenos Aires: Biblos.

Lois, C. (2018). *Terrae incognitae. Modos de pensar y mapear geografías desconocidas*. Buenos Aires: Eudeba.

Milgram, S. y Jodelet, D. (1976). Psychological maps of Paris. En H. M. Proshansky, W. Ittelson & L. G. Rivlin (Eds.), *Environmental Psychology: People and their Physical Settings* (pp. 104-124). New York: Holt, Rinehart & Winston.

Nada (2020). En *Diccionario online de la Real Academia Española*. [https://dle.rae.es/nada].

Navarro Floria, P. (2002). El desierto y la cuestión del territorio en el discurso político argentino sobre la frontera Sur. *Revista Complutense de Historia de América*, *28*, 139-168.

Pacciani, B. y Poggi, M. (2014). La historia enseñada: La mal llamada "conquista del desierto" en los libros escolares en la Argentina, desde 1880 a la actualidad. En J. Prats, I. Barca & R. López Facal (Eds.), *Historia e Identidades Culturales* (pp. 590-599). Universidad do Minho.

Palti, E. (2009). *El momento romántico. Nación, historia y lenguajes políticos en la Argentina del siglo XIX*. Buenos Aires: Eudeba.

Parellada, C. (2019). *Representaciones del territorio nacional y narrativas históricas. Implicaciones para la enseñanza de la historia* (tesis doctoral). Facultad de Psicología, Universidad Nacional de La Plata. [http://sedici.unlp.edu.ar/handle/10915/80106].

Parellada, C., Carretero, M. y Rodríguez-Moneo, M. (2020). Historical borders and maps as symbolic supports to master narratives and history education. *Theory and Psychology*, e1-e17. [https://doi.org/10.1177/0959354320962220].

Parellada, C. y Castorina, J. A. (2019). Una propuesta de diálogo entre la psicología del desarrollo y la cartografía crítica. *Cadernos de Pesquisa, 49* (171), 244-263. [http://dx.doi.org/10.1590/198053145469].

Ratto, S. (2014). Visiones del chaco y de su población en el siglo XIX. *Revista de ciencias sociales, segunda época, 26*, 49-66.

Sarti, M. y Barreiro, A. (2014). Juicios morales y memoria colectiva: narrativas de jóvenes sobre la "Conquista del Desierto". En J. A. Castorina y A. Barreiro (Coords.), *Representaciones Sociales y prácticas en la psicogénesis del conocimiento social* (pp. 125-138). Buenos Aires: Miño y Dávila.

Sarti, M. y Barreiro, A. (2018). National Identity in the historical narratives of a morally questionable historical process / Identidad nacional en las narrativas sobre un proceso histórico moralmente cuestionable. *Cultura y Educación, 30* (3), 433-459. [https://doi.org/10.1080/11356405.2018.1488419].

Torre, C. (2011). *El otro desierto de la nación argentina. Antología de narrativa expedicionaria.* Universidad Nacional de Quilmes.

Uttal, D. (2000). Seeing the Big Picture: Map Use and the Development of Spatial Cognition. *Development Science, 3* (3), 247-286. [https://doi.org/10.1111/1467-7687.00119].

Vacío (2020). En *Diccionario online de la Real Academia Española.* [https://dle.rae.es/vac%C3%ADo].

CAPÍTULO VII

"La política en la vida cotidiana de los y las adolescentes": representaciones sociales, prácticas políticas y polifasia cognitiva[1]

Daniela Bruno y Alicia Barreiro

Introducción[2]

Las transformaciones contemporáneas en el modo de definir lo cívico han posibilitado nuevas maneras de conceptualizar la participación política que se extienden considerablemente más allá de conductas como votar y participar en partidos políticos (Flanagan, 2003; Flanagan et al., 2011; Haste, 2017; Syvertsen et al., 2011). En este sentido, asistimos a un debate sobre la participación política en el marco de diferentes disciplinas científicas como la Psicología Política y otras Ciencias Sociales, donde los distintos tipos de comportamientos políticos han sido estudiados, clasificados y descriptos de manera diferente (Castillo, 2008; Knowles, Torney-Purta y Barber, 2018; Muxel, 2008; Pares, 2014; Torney-Purta et al., 2001). Los estudios clásicos sobre este tema se dedicaron a analizar la participación política convencional que refiere a las formas de comportamiento tradicionalmente consideradas como políticas (e.g. participar en campañas políticas o votar) (Almond y Verba, 1963; Campbell et al., 1960).

Sin embargo, en el contexto de las revueltas sociales y políticas de las décadas de 1960-70 tuvo lugar una reconceptualización de la participación política (Haste, 2017). Los investigadores comenzaron areconocer

1   Este capítulo es una versión modificada del artículo "Cognitive Polyphasia, Social Representations and Political Participation in Adolescents", publicado en la Revista *Integrative Psychological and Behavioral Science* (2021), *55*, 18-29. [https://doi.org/10.1007/s12124-020-09521-8].

2   Las autoras agradecen el apoyo del proyecto PICT-2016-0397 de la Agencia Nacional de Promoción Científica y Tecnológica (Argentina), que hizo posible la ralización de este trabajo.

algunos tipos de participación política no convencionales que si bien no eran novedosos, se oponían a los que tradicionalmente se identificaban en las Ciencias Sociales como tales (Barnes et al., 1979; Haste, 2017; Milbrath, 1981; Sabucedo, 1988). Antes de 1960, la mayoría de este tipo de comportamientos se consideraban actividades periféricas y disruptivas del orden social (Haste, 2017). Hoy en día, las denominadas prácticas políticas no convencionales incluyen "prácticas legales" (e.g. huelgas, manifestaciones) e incluso "ilegales" (e.g. protestas violentas, ocupación de edificios), tanto si buscan cuestionar las instituciones, como si se mantienen dentro del status quo (Barnes et al., 1979; Sabucedo, 1988). En este sentido, las formas no convencionales de participación política implican una amplia variedad de vías de comunicación para hacerse escuchar. Así, este tipo de participación incluye la importancia que las personas le atribuyen a las causas de interés público como un objetivo en su vida personal, es decir, la participación ciudadana para ayudar a su país o comunidad a mejorar la sociedad en su conjunto (Flanagan et al., 2007a; Flanagan, Syvertsen y Wray-Lake, 2007b; Haste, 2017). Además, el activismo adquiere suma relevancia, en tanto se busca comprender los motivos para actuar ante problemas sociales específicos y no sólo con respecto al partidismo en el proceso democrático (Haste, 2017).

Según diversos estudios internacionales, los y las jóvenes prefieren involucrarse en modalidades de participación política no convencionales (e.g. Bruno, 2013, 2017; Castillo, 2008; Eckstein, Noack y Gniewosz, 2012; Muxel, 2008; Parés, 2014; Stacchiola, 2016; Torney-Purta y Barber, 2011). Su mayor participación en tales prácticas podría deberse a que las mismas son más independientes, flexibles y les brindan la posibilidad de que sus acciones obtengan mayor visibilidad e inmediatez que las convencionales, enmarcadas en organizaciones con estructuras más jerárquicas (Castillo, 2008; Muxel, 2008). Un ejemplo muy frecuente de participación política no convencional para los y las jóvenes en nuestro país es la ocupación del espacio escolar, estableciendo formas de participación directa por medio de asambleas (Beltran y Falconi, 2011). Como es sabido, en diferentes ciudades de Argentina, como Buenos Aires y Córdoba, ha habido una reactivación de los movimientos de estudiantes secundarios (Beltrán y Falconi, 2011; Núñez, 2010; Núñez, 2013), entrelazando fenómenos políticos locales con prácticas escolares (Núñez, 2010). Sus reclamos por mejores condiciones de escolaridad fueron canalizadas a través de tomas estudiantiles, que consisten en ocupaciones en el espacio de la escuela que, al ser un lugar público, constituye un escenario político (Beltrán y Falconi, 2011). La participación estudiantil en esas experiencias permitiría el desarrollo de una práctica ciudadana activa en el espacio público-social, haciendo demandas al Estado (Beltrán y Falconi, 2011; Núñez, 2010, 2013). Otro ejemplo muy habitual de este tipo de participación no convencional en todo el mundo, es formar parte de una ONG (Organización No Gubernamental) en la que los y las adolescentes sienten que sus voces son consideradas en los procesos de toma de decisiones (Flanagan, 2003; Flanagan, Syvertsen y Wray-Lake, 2007b; Flanagan y Levine, 2010). Sin embargo, a pesar de su participación activa en dichas prácticas pensarían a la política como una actividad inherentemente relacionada con modalidades de participación política convencionales, a la que evalúan muy negativamente (Eurobarómetro, 2007; Euyoupart, 2005; Programa de las Naciones Unidas para el Desarrollo, 2010; Torney-Purta y Richardson, 2004; Torney-Purta, 2017; World Values Survey, 2010-2014).

Específicamente, en el contexto argentino, Brussino, Rabbia y Sorribas (2008) analizaron las formas de participación política de jóvenes de 18 a 30 años mediante la administración de una escala de participación política (Kaase y Marsh, 1979; Sabucedo, 1988). Sus resultados indican la existencia de tres tipos de prácticas: partidario-sindical; comunitaria y expresiva. La primera hace referencia a la canalización de las demandas de la sociedad a través de los partidos políticos y los sindicatos. El segundo grupo de prácticas implica los reclamos y las propuestas vecinales a los políticos. La tercera incluye ir a los medios de comunicación para expresar opiniones sobre temas de importancia social y la participación en manifestaciones (Brussino, Rabbia y Sorribas, 2008). Asimismo, los autores hallaron que los sujetos de mayor edad y nivel educativo son más proclives a la participación partidaria y sindical. En cambio, quienes eran de menor edad y nivel educativo tienden a comprometerse mayormente en las prácticas comunitarias y expresivas (Brussino, Rabbia y Sorribas, 2008).

Representaciones sociales, prácticas políticas y polifasia cognitiva

De acuerdo a lo que desarrollamos en el apartado anterior, existen diversas formas deconceptualizar y estudiar la participación política, lo cual ha dado lugar a la naturaleza polisémica del concepto (Anduiza y Bosch, 2012; Barnes et al., 1979; Delfino y Zubieta, 2010; Haste, 2017;

Milbrath, 1981; Sabucedo, 1988; Verba, Nie y on Kim, 1978). Asimismo, los diferentes tipos de participación política, en tanto prácticas sociales, expresan representaciones sociales (en adelante RS). Tomar en cuenta el vínculo constitutivo entre las RS y las prácticas sociales resulta fundamental, dado que son creencias compartidas que se expresan en el comportamiento de los individuos (Jodelet, 2011; Wagner, 2015). Desde esta perspectiva teórica, las RS se expresan en las prácticas sociales cotidianas y se comunican a través de ellas (Wagner, 2015). Son un conocimiento práctico que relaciona al sujeto con el objeto de conocimiento de la siguiente manera: por un lado, emergen de las experiencias de interacción; por otro lado, porque las prácticas sociales son una condición de las RS ya que la exigencia de dar sentido al mundo social lleva a su construcción; finalmente, son utilizadas por los sujetos para actuar sobre otros miembros de la sociedad o para regular su comportamiento en la vida social (Jodelet, 1989/1991).

Las RS son estructuras de significado que poveen un código compartido que posibilita la comunicación entre los miembros de un grupo sobre los fenómenos de su vida cotidiana y restringen el modo en el que los comprenden (Marková, 2012; Moscovici, 2001). Ese conocimiento de sentido común con el que las personas guían sus interacciones cotidianas, se basa en un consenso sobre lo que consideran como realidad, lo cual les permite categorizar al mundo y comunicarse con los otros (Moscovici, 2001; Wagner y Hayes, 2011). Así, las RS constituyen simbólicamente el medio social para los individuos, permiten actuar sobre él e interpretar y predecir la conducta de los otros (Jodelet, 2011). Es importante dejar en claro que, en la teoría de las RS, cuando se habla de un individuo, se hace referencia a un sujeto que no puede ser pensado independientemente de su grupo social, ubicado en uncontexto cultural e histórico específico (Castorina y Barreiro, 2006). El grupo social es la base a partir de la que cada individuo comprende e interactúa con el mundo a través de su sistema de representaciones elaborado en el proceso de comunicación (Wagner y Hayes, 2011).

Además, es posible que coexistan distintos significados sobre un mismo objeto social, debido a que las personas despliegan múltiples identidades –en el marco de diferentes grupos sociales– y habitan en varios contextos. Los campos representacionales contienen diversos modos de pensamiento que coexisten en un mismo grupo social, e incluso en el mismo individuo en un estado de polifasia cognitiva (Jovchelovitch y Priego-Hernández, 2015; Moscovici, 1961/1979; Wagner y Hayes, 2011). Así, los estados de polifasia cognitiva ponen de manifiesto las relaciones entre RS, identidad y cultura, y confirman la pluralidad interna de los sistemas sociocognitivos humanos (Jovchelovitch y Priego-Hernández, 2015). Tales estados pueden variar según las dinámicas comunicativas establecidas en relación a los procesos de reconocimiento o rechazo de los diferentes significados de un objeto (Jovchelovitch y Priego-Hernández, 2015). Hay situaciones en las que, cuando un discurso es único y coercitivo, rechaza las diferentes RS, consolidando una perspectiva única. Sin embargo, en otras situaciones, se reconoce la existencia de múltiples perspectivas, lo que Jovchelovitch y Priego-Hernández (2015) denominan como polivocalidad.

A partir de estas tensiones entre reconocimiento y rechazo, es posible distinguir tres tipos de polifasia cognitiva: *prevalencia selectiva, hibridización y desplazamiento* (Jovchelovitch y Priego-Hernández, 2015). El primero refiere a diferentes sistemas de conocimiento que permanecen juntos y se recuperan por separado en distintos puntos de tiempo/espacio conservando su contenido, lógica y carga emocional. Involucra el reconocimiento de múltiples tipos de conocimiento, que se utilizan alternativamente dependiendo de las situaciones, los contextos y los aspectos considerados del fenómeno. Como resultado, el conocimiento se conserva en relaciones interdependientes, la tensión se mantiene y estabiliza mediante prácticas que la hacen funcional para la vida cotidiana. El segundo tipo de polifasia cognitiva, la hibridización, consiste en la existencia de múltiples sistemas de conocimiento que se utilizan simultáneamente y que se mezclan en un solo campo de representación mixto. Por lo tanto, las RS no sólo se combinan o se aplican simultáneamente, sino que se fusionan y crean una nueva forma de conocimiento. La tercera modalidad llamada desplazamiento, se refiere a un sistema de conocimiento que prevalece sobre otros paralelos que conducen al rechazo de lasRS alternativas.

Investigaciones actuales sobre la política como representación social

Los estudios llevados a cabo en América Latina sobre la RS de la política muestran que los y las jóvenes la piensan en un sentido institucional, como una actividad basada en los procedimientos inherentes al régimen político democrático, con una fuerte valoración negativa. Dicha RS presenta un sentido restringido de la política limitándolo a las prácticas convencionales (Bruno y Barreiro, 2014; Cárdenas et al., 2007; González Pérez, 2006; RechWachelke y Hammes, 2009; Villarroel y De Armas, 2005). Además, tales estudios ponen de manifiesto que esta RS sería hegemónica (Bruno y Barreiro, 2014; Cárdenas et al., 2007). Las RS hegemónicas son coercitivas, uniformes, estables en el tiempo y consensuadas por gran parte de la sociedad (Moscovici, 1988). De hecho, la afiliación a un grupo social es evidenciada a través de la aceptación y preservación de sus RS hegemónicas (Ben-Asher, 2003). Este tipo de RS prevalece implícitamente en diferentes prácticas afectivas y simbólicas de la vida cotidiana de las personas, ya que son estructuras de ideas y valores que están profundamente arraigadas (Lo Monaco y Guimelli, 2011; Moscovici, 1988). Además de las RS hegemónicas, Moscovici (1988) plantea la existencia de RS polémicas y emancipadas. Las RS polémicas se originan como resultado de controversias o conflictos sociales y, por lo general, se expresan como un diálogo con un interlocutor real o imaginario. Surgen de relaciones antagónicas en el contexto de una lucha entre grupos y se trata de visiones mutuamente excluyentes del objeto. Las RS emancipadas surgen en el intercambio de conocimientos e ideas de subgrupos que tienen algún tipo de contacto entre ellos. En este caso, cada subgrupo crea su propia versión del objeto de representación y la comparte con los demás. Cabe señalar que los sistemas de significado de las RS polémicas y emancipadas, a diferencia de las hegemónicas (que son sistemas de significado cerrados y resistentes al cambio), son más propensos a la discusión, la reflexión y el debate porque los distintos grupos sociales toman posiciones dentro del mundo simbólico de una sociedad que necesitan ser defendidas para garantizar su legitimidad (Duveen, 2007).

En línea con los hallazgos mencionados anteriormente con respecto a la juventud latinoamericana, en un estudio previo (Bruno y Barreiro, 2014) hallamos que la RS hegemónica descripta anteriormente estaría presente en losjóvenes argentinos, ya que piensan a la política en términos institucionales. La consideran como una actividad relacionada con el Gobierno y la vinculan con la democracia representativa y sus mecanismos de funcionamiento. Este modo de funcionamiento se considera "corrupto" y, por lo tanto, valoran negativamente a la política a la que, a su vez, asocian con líderes que han ocupado el cargo de Presidentede la Nación. Dicho estudio se llevó a cabo dentro del marco de la teoría del núcleo central (Abric, 2001; Moliner y Abric, 2015) al interior de la teoría de las RS, y se utilizó la técnica de asociación de palabras (Wagner y Hayes, 2011) como instrumento central para el relevamiento de datos.De acuerdo con la propuesta de la teoría del núcleo central, una RS está constituida por un núcleo central y un conjunto de elementos periféricos (Abric, 2001; Moliner y Abric, 2015). El núcleo central está conformado por los significados que organizan la RS, es decir, los elementos más consensuados y estables, constitutivos de su identidad. Los elementos periféricos son más flexibles y protegen al núcleo central de los cambios, son el sistema de defensa de la RS (Abric, 2001; Moliner y Abric, 2015). En ese estudio previo (Bruno y Barreiro, 2014) no identificamos diferencias en la estructura de la RS de la política de los y las participantes, según las variables sociodemográficas consideradas, porque los significados situados en las diferentes zonas de la estructura de la RS eran similares. Sin embargo, en la zona de contraste de la RS –definida como la que puede contener significados propios de un grupo minoritario que podrían desafiar a los del núcleo central (Sarrica, 2007)– se identificaron ciertos elementos que vinculan a la política con la participación social y popular, en el contexto de diferentes conflictos y propuestas que implican la igualdad y los derechos de las personas. Ante estos resultados, señalamos que podrían dar cuenta de la presencia de una RS polémica (Moscovici, 1988), que debería analizarse con mayor profundidad en estudios posteriores.

Por lo tanto, nos proponemos presentar en este capítulo los resultados de una investigación en la que tomamos como punto de partida ese trabajo cuantitativo (Bruno y Barreiro, 2014) sobre la RS de la política para explorar la posible existencia de RS diferentes a la hegemónica, utilizando como técnica de recolección de datos una entrevista semiestructurada que, a diferencia de la asociación de palabras, permite explorar los argumentos y los motivos por los que los sujetos adoptan una cierta perspectiva en relación con el objeto de representación, así como también introducir nuevas preguntas para profundizar en sus respuestas (Barreiro, 2013a, 2013b).

¿Cómo piensan los y las adolescentes la política en su vida cotidiana?

Con el propósito de indagar las RS de la política desarrollamos un estudio cualitativo en el que participaron 32 adolescentes escolarizados de 4to y 5to año de escuelas medias públicas y privadas de la Ciudad Autónoma de Buenos Aires con edades entre 16 y 18 años. El 50% (n=16) eran hombres y el 50% (n=16) eran mujeres. Con relación al nivel educativo de las familias de los participantes, se tomó en consideración el máximo alcanzado por alguno de los adultos a cargo y la distribución de la muestra estuvo conformada de la siguiente manera: el 21,9% (n=7) contaba con estudios primarios, el 25,0% (n=8), nivel secundario y el 53,1% (n=17) estudios terciarios/universitarios/posgrado. Además, el 34,4% (n=11) pertenecía a clase social baja, el 31,2% (n=10) a clase social media y el 34,4% (n=11) a la clase social alta.

Para la recolección de los datos, utilizamos una entrevista semi-estructurada, basada en el método clínico piagetiano (Delval, 2001; Piaget, 1926/1984), en la que pedíamos a los y las participantes que proporcionarán una narrativa sobre sus experiencias con la política a partir de la siguiente consigna: *"Por favor, contame de una vez en que hayas vivido alguna experiencia que para vos tenga que ver con la política"*. De esta manera, les solicitábamos narrativas de la vida cotidiana, para trabajar con las prácticas políticas que nos informaban. Esto último resulta fundamental teniendo en cuenta el vínculo constitutivo entre las RS y las prácticas sociales. A continuación, preguntábamos: *"¿Qué es la política para vos?"*. Con este interrogante buscábamos explorar sus significados sobre la política. En todos los casos requeríamos también que justifiquen sus respuestas. La duración de cada entrevista fue de aproximadamente 30 minutos.

La principal característica de este tipo de entrevistas es que, si bien se estructuran en función de algunas consignas y preguntas básicas, el intercambio discursivo transcurre según un proceso dialéctico de interacción entre las hipótesis del entrevistador y las respuestas de los entrevistados. De esta manera, se generan nuevas preguntas o amplían las ya existentes con la finalidad de comprender los significados que subyacen a sus respuestas (Barreiro, 2013a, 2013b). Además, utilizamos narrativas por dos razones principales. La primera, es que el pensamiento narrativo es uno de los modos privilegiados en que los sujetos organizan sus experiencias cotidianas (Bruner, 2001) y, por lo tanto, solicitábamos una narrativa dado que es una manera de aproximarse al modo en el que la política está presente en su vida cotidiana y de acceder de manera indirecta a sus prácticas con ella. La segunda razón es que la forma en que planteábamos la consigna hace que sea distinta de aquellas entrevistas que buscan obtener un conocimiento conceptual sobre un objeto, tal como era el objetivo tradicional de los trabajos piagetianos. En cambio pedíamos que los y las participantes cuenten lo que les evoca ese objeto, de manera análoga a la técnica de asociación de palabras utilizada muy frecuentemente como instrumento para la indagación de RS (Barreiro, 2013a).

Tomando como guía el método comparativo constante de Corbin y Strauss (1990) analizamos las narrativas de los y las participantes, junto con sus respuestas a las preguntas que formulamos en el transcurso de las entrevistas. Por lo tanto, comparamos sistemáticamente semejanzas, divergencias y recurrencias en sus narraciones y argumentos, para formular categorías que expresaran cómo pensaban la política y el tipo de prácticas sociales con las que la vinculaban. De esta manera, construimos tres categorías, que expresan distintas formas de comprender la política: A) Convencional, B) No convencional y C) Oscilante (convencional y no convencional). A continuación presentamos cada una de ellas junto con extractos de las entrevistas que las ilustran.

A) Convencional: Denominamos *convencional* a esta categoría debido a quelas respuestas de los y las participantes ponen de manifiesto significados en los que la política se basa en una actividad llevada a cabo por el Gobierno y otras modalidades de participación política tradicional (Milbrath, 1981; Sabucedo, 1988; Verba, Nie y on Kim, 1978).

> Diego (17[3]): [Solicitud de una narración sobre una situación vinculada a la política][4] *Bueno, el año pasado fui a votar, era mi primera vez y estaba nervioso (...).* [¿Qué tiene que ver esto que me contás con la política para vos?] *Bueno, no lo sé, el hecho de que elijas a alguien que va a ser diputado o senador y que eso por ahí afecta a cómo se toman las medidas en el país (...)* [¿Qué es la política para vos?] *Para mí, la política es la forma en que se maneja el país, el presidente, los diputados, los senadores con sus colaboradores o con los que los apoyan, es la forma en que se organiza (...).*

En las respuestas de Diego (17) se pone de manifiesto que la política se relaciona con los tipos de participación política convencionales (Milbrath, 1981; Sabucedo, 1988; Verba, Nie y on Kim, 1978), a saber, con votar en las elecciones. Además, según manifiesta el entrevistado,

---

3   Indicamos la edad de los y las participantes.

4   Para la transcripción de los fragmentos de entrevistas utilizamos el siguiente criterio: los dichos de la entrevistadora los consignamos entre corchetes [ ]; los dichos del entrevistado o entrevistada en itálicas.

son los representantes políticos y el Gobierno quienes deben organizar y dirigir el país.

B) No convencional: Designamos *no convencional* a esta categoría ya que contiene aquellas respuestas que expresan ciertos significados sobre la política que la relacionan con formas de participación política que van más allá de los mecanismos tradicionales de participación del sistema democrático representativo (Barnes et al., 1979; Brussino, Rabbia y Sorribas, 2008; Delfino y Zubieta, 2010). En este sentido, la política se trataría de un objeto familiar y asequible, a diferencia de las respuestas que incluimos en la categoría *convencional.*

> Agustina (17): [Solicitud de narración] *En realidad, es algo que a mí siempre me interesó mucho, desde segundo año yo ya estaba en el centro de estudiantes (...). También estuve presente en muchas marchas, huelgas y protestas estudiantiles (...)* [¿Qué tiene que ver esto que me contás con la política para vos?] *Bueno, porque significa la participación y también ser un ciudadano, es ejercer eso cotidianamente, es como luchar por algo para todos (...)* [¿Qué es la política para vos?] *Creo que es lo que te dije antes, la participación (...). Sé que hago política, todos la hacemos.*

Las respuestas de Agustina (17) expresan significados de la política vinculados con modalidades de participación no convencionales (e.g. marchas, protestas) (Barnes et al., 1979; Brussino, Rabbia y Sorribas, 2008; Delfino y Zubieta, 2010). De acuerdo con esta entrevistada, la política consiste en participar a través de actividades cotidianas, entendiendo a la participación como el ejercicio diario de la ciudadanía.

C) Oscilante: Denominamos a esta categoría como *oscilante* inspirándonos en estudios previos (Barreiro, 2009, 2013b) donde las respuestas de los y las participantes mostraron un pasaje u "oscilación" de un tipo de representación a otra, dependiendo del contexto discursivo de la entrevista. De este modo, cuando les solicitábamos que elaboren una narrativa sobre sus experiencias con la política, nos contaban una situación que podíamos clasificar como *no convencional*, pero luego, cuando pedíamos una definición más de tipo conceptual preguntando "¿qué es la política para vos?" sus respuestas correspondían a la categoría que llamamos *convencional.*

Julieta (17): [Solicitud de narración] *Cuando estaba en primer año, las estufas no funcionaban y nuestros profesores decidieron hacer un paro y tomar el colegio (...). Entonces nosotros cortamos la calle. Nos manifestamos pacíficamente.* [¿Qué tiene que ver esto que me contás con la política para vos?] *Para mí todo esto está relacionado con el Estado, quiero decir Macri y Cristina que son los encargados de ayudarnos económicamente a reparar las estufas, de darnos el dinero para repararlas.* [¿Qué es la política para vos?] *Ehm (...) todos los que nos representan, nuestros representantes. Delegados, diputados hasta llegar a la Presidenta. Creo que Cristina es la que más me ha dado: becas y tantas cosas que ella nos da; nos ayuda financieramente, especialmente a los estudiantes, lo cual me parece excelente porque de otra manera tendría que conseguir un trabajo.*

Las respuestas de Julieta (17) expresan formas de participación política no convencionales (e.g. tomas estudiantiles, manifestaciones, cortes de calle) y algunos significados que se articulan con la categoría convencional, en tanto sostiene que la política es el Estado y las figuras políticas comola ex presidenta Cristina y el ex presidente Macrique tienen la responsabilidad de reparar las estufas que no funcionaban en el colegio.

Con respecto a la frecuencia de las tres categorías identificadas, la *oscilante* presenta el mayor porcentaje, dado que está presente en el 43,8% de los sujetos, le sigue la *convencional* con el 40,6% y el 15,6% restante dio respuestas de tipo *no convencional*. Por otra parte, se analizó si la presencia de las diferentes categorías variaba según su sexo, el nivel educativo de sus familias y su clase social, pero no se identificaron diferencias estadísticamente significativas según las variables consideradas[5].

Aportes para la discusión sobre los vínculos de los y las jóvenes con la política

Los resultados obtenidos en el análisis de las narrativas y respuestas de los y las participantes durante las entrevistas mostraron la existencia de dos grandes categorías: prácticas políticas convencionales y no convencionales. Pensamos que, la RS convencional estaría en línea

---

5   Los estadísticos correspondientes son: χ^2((2; n=32)= 1,178; p=0,555); χ^2((4; n=32)= 5,607; p=0,230) y χ^2((4; n=32)= 4,764; p=0,312) respectivamente.

con las investigaciones previas que identificaron una RS hegemónica de la política basada en un fuerte consenso y transversal a diferentes grupos sociales (Bruno y Barreiro, 2014; Cárdenas et al., 2007). Como planteamos al inicio de este trabajo, tales estudios señalan que, en general, los y las jóvenes piensan a la política como una actividad pública que desempeñan los políticos y la vinculan con la participación política convencional.

Por otra parte, las respuestas que categorizamos como *no convencional y oscilantes* podrían indicar la existencia de una RS polémica, que desafiaría a la hegemónica, en tanto relaciona la política con formas no convencionales de participación. Esta RS no convencional es consistente con los resultados de nuestro estudio previo (Bruno y Barreiro, 2014) que puso de manifiesto la posible existencia de una RS polémica.

Si bien esta RS no convencional de la política está presente en una minoría de los y las participantes en su forma "pura" –independientemente de la RS convencional– también está presente en un grupo más grande de entrevistados y entrevistadas junto con la convencional, en la categoría que denominamos como oscilante. Pensamos que, las respuestas donde se utilizaron alternativamente la RS convencional y no convencional revelan la existencia de un estado de polifasia cognitiva del tipo que Jovchelovitch, y Priego-Hernández (2015) denominan como *prevalencia selectiva*. Esta última consiste en distintos sistemas de conocimiento que se mantienen juntos y se recuperan por separado en diferentes puntos de tiempo y espacio conservando su contenido. También, considera la existencia de numerosos conocimientos, que se usan rotativamente de acuerdo a las circunstancias, los ámbitos y las características del hecho en cuestión (Jovchelovitch y Priego-Hernández, 2015). Así, este tipo de polifasia cognitiva se expresaría en las respuestas oscilantes debido a las diferentes demandas de estructura de la entrevista que utilizamos, ya que los y las participantes responden desde la perspectiva de una RS u otra, dependiendo del tipo de pregunta que formulamos. Dicho de otra manera, el contexto discursivo de la entrevista que transcurría en el pasaje de solicitar narraciones basadas en experiencias de la vida cotidiana a definiciones conceptuales de la política podría dar lugar a que una representación prevalezca sobre otra dependiendo del tipo de pensamiento convocado por cada una de ellas, alternando entre el pensamiento de sentido común y una definición más ligada al pensamiento científico, en función de nuestras preguntas.

Además, los hallazgos presentados nos permiten afirmar la contribución significativa del concepto de RS para avanzar en la comprensión del modo en el que los y las jóvenes piensan la política y se vinculan con ella, lo cual se expresaría en diferentes tipos de prácticas.Sin embargo, consideramos que en investigaciones posteriores es fundamental observar sus prácticas cotidianas dado que las RS seconstruyen, transmiten y transforman en las interacciones con otros (Jodelet, 1986, 2011; Marková, 2012; Moscovici, 1988) y son formas de conocimiento práctico que permite interpretar el mundo social y actuar en él (Jodelet, 2011). En este sentido, el instrumento de recolección de datos que utilizamos en este estudio fue discursivo, por lo que pensamos que es preciso ir más allá de este nivel de análisis. También, nos parece que resultaría enriquecedor incluir muestras más heterogéneas al igual que contextos geográficos diferentes con el propósito de analizar si la RS hegemónica convencional prevalece en otros grupos sociales o si es posible encontrar distintas RS de la política, además de las dos que fueron identificadas en este trabajo.

Finalmente, pensamos que para futuros estudios sería un desafío analizar la sociogénesis y ontogénesis de la RS identificada (Duveen y Lloyd, 1990/2003) en esta investigación para profundizar en la comprensión de los procesos históricos que le dieron origen y para comprender mejor el proceso por el cual los y las adolescentes la reconstruyen durante su socialización.

Referencias bibliográficas

Abric, J. C. (2001). *Prácticas sociales y representaciones sociales*. México: Coyoacán.

Almond, G. y Verba, S. (1963). *The Civic Culture: Political Attitudes and Democracy in Five Nations*. Princeton, New Jersey: Princeton University Press.

Anduiza, E. y Bosch, A. (2012). *Comportamiento político y electoral*. Barcelona, España: Ariel.

Barnes, S. H., Kaase, M., Allerback, K. R. y Farah, B. (1979). *Political Action: mass participation in five western de-* mocracies. Beverly Hills, California: Sage Publications.

Barreiro, A. (2009). La Creencia en la Justicia Inmanente Piagetiana: Un Momento en el Proceso de Apropiación de la Creencia Ideológica en un Mundo Justo. *Psykhe (Santiago)*, *18* (1), 73-84. [https://dx.doi.org/10.4067/S0718-22282009000100007].

Barreiro, A. (2013a). The Ontogenesis of Social Representation of Justice: Personal Conceptualization and Social Constraints. *Papers on Social Representa-*

tions, 22, 13.1-13.26. [http://psr.iscte-iul.pt/index.php/PSR/issue/view/25].

Barreiro, A. (2013b). The Appropriation Process of the Belief in a Just World. *Integrative Psychological and Behavioral Science, 47*, 431-449.

Beltrán, M. y Falconi, O. (2011). La toma de escuelas secundarias en la Ciudad de Córdoba: condiciones de escolarización, participación política estudiantil y ampliación del diálogo social. *Propuesta Educativa, 35* (20), 27-40.

Ben-Asher, S. (2003). Hegemonic, Emancipated and Polemic Social Representations: Parental Dialogue Regarding Israeli Naval Commandos Training in Polluted Water. *Papers on Social Representations, 12*, 6.1-6.12. [http://psr.iscte-iul.pt/index.php/PSR/issue/view/22].

Bruner, J. (2001). *Realidad mental y mundos posibles. Los actos de la imaginación que dan sentido a la experiencia.* Barcelona, España: Gedisa.

Bruno, D. (2013). Las representaciones sociales de la política en adolescentes escolarizados de Buenos Aires. Tesis de Maestría en Ciencia Política y Sociología. Inédita. Buenos Aires, Argentina: Facultad Latinoamericana de Ciencias Sociales.

Bruno, D. (2017). Las representaciones sociales de la política y la democracia en adolescentes escolarizados de la Ciudad Autónoma de Buenos Aires. Tesis de Doctorado de la Universidad de Buenos Aires, área Ciencias de la Educación. Inédita. Buenos Aires, Argentina: Facultad de Filosofía y Letras, Universidad de Buenos Aires.

Bruno, D. S. y Barreiro, A. (2014). La política como representación social. *Psicología Política, 48*, 69-80. [https://www.uv.es/garzon/psicologia%20politica/N48.htm].

Brussino, S., Rabbia, H. y Sorribas, P. (2008). Una Propuesta de Categorización de la Participación Política de Jóvenes Cordobeses. *Revista Psicologia Politica, Associação Brasileira de Psicologia Política (ABPP) Sao Paulo, 8* (16), 285-304. [https://dialnet.unirioja.es/ejemplar/395692].

Brussino, S., Rabbia, H. y Sorribas, P. (2009). Perfiles Sociocognitivos de la Participación Política de los Jóvenes. *Interamerican Journal of Psychology, 43* (2), 279-287. [http://pepsic.bvsalud.org/scielo.php?script=sci_arttext&pid=S0034-96902009000200009&lng=pt&nrm=iso&tlng=es].

Campbell, A., Converse, P., Miller, W. y Stokes, D. (1960). *The American Voter.* Chicago, USA: University of Chicago Press.

Cárdenas, M., Parra, L., Picón, J., Pineda, H. y Rojas, R. (2007). Las representaciones sociales de la política y la democracia. *Última Década, 15* (26), 53-78. [https://ultimadecada.uchile.cl/index.php/UD/issue/view/5375].

Castillo, A. M. J. (2008). Trayectorias de Participación Política de la juventud europea: ¿efectos de cohorte o efectos de ciclo vital? *Revista de Estudios de Juventud, 81*, 68-94.

Castorina, J. A. y Barreiro, A. (2006). Las representaciones sociales y su horizonte ideológico. Una relación problemática. *Boletín de Psicología, 86*, 7-25. [https://www.uv.es/seoane/boletin/previos/N86.htm].

Corbin, J. y Strauss, A. (1990). *Basics of Qualitative Research: Grounded Theory Procedures and Techniques.* London, United Kingdom: Sage Publications.

Delfino, G. I. y Zubieta, E. M. (2010). Participación política: concepto y modalidades. *Anuario de investigaciones, 17*, 211-220. [http://www.psi.uba.ar/investigaciones.php?var=investigaciones/revistas/anuario/anteriores/anuario17/17.php&id=psico_social].

Delval, J. (2001). *Descubrir el pensamiento de los niños: introducción a la práctica del método clínico.* Barcelona, España: Paidós.

Duveen, G. (2007). Culture and social representations. In J. Valsiner & A. Rosa (Eds.), *The Cambridge Handbook of Sociocultural Psychology* (pp. 543-559). Cambridge, United Kingdom: Cambridge University Press.

Duveen, G. y Lloyd, B. (1990/2003). Las representaciones sociales como una perspectiva de la psicología social. En J. A. Castorina (Comp.), *Representaciones sociales. Problemas teóricos y conocimientos infantiles* (pp. 29-40). Barcelona, España: Gedisa.

Eckstein, K., Noack, P. y Gniewosz, B. (2012). Attitudes toward political engagement and willingness to participate in politics: Trajectories throughout adolescence. *Journal of Adolescence, 35,* 485-495.

Eurobarómetro (2007). *Youth survey among people aged between 15-30, in the European Union.* Flash Eurobarometer Series 202. European Commission: Gallup Organization Survey. [https://www.europarl.europa.eu/at-your-service/en/be-heard/eurobarometer].

Euyoupart (2005). *Political Participation of Young People in Europe - Development of Indicators for Comparative Research in the European Union, Deliverable 17: Final Comparative Report.* Vienna, Austria: Institute for Social Research and Analysis (SORA). [http://www.sora.at/images/doku/euyoupart_finalcomparativereport.pdf].

Flanagan, C. (2003). Developmental Roots of Political Engagement. *PS: Political. Science & Politics, 36* (2), 257-261. doi:10.1017/S104909650300218X.

Flanagan, C. A., Cumsille, P., Gill, S. y Gallay, L. S. (2007a). School and Community Climates and Civic Commitments: Patterns for Ethnic Minority and Majority Students. *Journal of Educational Psychology, 99* (2), 421-431. [https://dialnet.unirioja.es/ejemplar/455277].

Flanagan, C. A. y Levine, P. (2010). Civic Engagement and the Transition to Adulthood. *Future Child, 20* (1), 159-79.doi: 10.1353/foc.0.0043.

Flanagan, C. A., Martinez, M. L., Cumsille, P. y Ngomane, T. (2011). Youth civic development: Theorizing a domain with evidence from different cultural contexts. *New Directions for Child and Adolescent Development, 134,* 95-109. doi: 10.1002/cd.313.

Flanagan, C. A., Syvertsen, A. y Wray-Lake, L. (2007b). Youth political activism: Sources of public hope in the context of globalization. In R. K. Silbereisen y R. M. Lerner (Eds.), *Approaches to positive youth development* (pp. 243-256). London, United Kingdom: SAGE Publications.

González Pérez, M. A. (2006). *Pensando la Política: Representación Social y Cultura Política en Jóvenes Mexicanos.* México D.F: Plaza y Valdez.

Haste, H. (2017). *Nueva ciudadanía y educación. Identidad, cultura y participación.* Buenos Aires, Argentina: Paidós.

Jodelet, D. (1986). La representación social: fenómenos, concepto y teoría. En S. Moscovici (Ed.), *Psicología social II: pensamiento y vida social* (pp. 469-493). Barcelona, España: Paidós.

Jodelet, D. (1989/1991). *Madness and Social Representations.* California, USA: University of California Press.

Jodelet, D. (2011). Aportes del enfoque de las representaciones sociales al campo de la educación. *Espacios en Blanco, Serie Indagaciones, 21* (1), 133-154.

Jovchelovitch, S. y Priego-Hernandez, J. (2015). Cognitive polyphasia, knowledge encounters and public spheres. In G.

Sammut, E. Andreouli, G. Gaskell & J. Valsiner (Eds.), *The Cambridge Handbook of Social Representations* (pp. 163-178). United Kingdom: Cambridge University Press.

Knowles, R., Torney-Purta, J. y Barber, C. (2018). Enhancing citizenship learning with international comparative research: Analyses of IEA civic education datasets. *Citizenship Teaching & Learning, 13* (1), 7-30.

Lo Monaco, G. y Guimelli, C. (2011). Hegemonic and polemical beliefs: culture and consumption in the social representation of wine. *Spanish Journal of Psychology, 14* (1), 237-250.

Marková, I. (2012). Social representations as an anthropology of culture. In J. Valsiner (Ed.), *The Oxford handbook of culture and psychology* (pp. 487-509). New York, USA: Oxford University Press.

Milbrath, L. W. (1981). Political Participation. En S. L. Long (Ed.), *The Handbook of Political Behavior* (pp. 197-240). doi: 10.1007/978-1-4684-3878-9_4.

Moliner, P. y Abric, J. C. (2015). Central core theory. In G. Sammut, E. Andreouli, G. Gaskell & J. Valsiner (Eds.), *The Cambridge Handbook of Social Representations* (pp. 83-95). United Kingdom: Cambridge University Press.

Moscovici, S. (1961/1979). *El psicoanálisis, su imagen y su público*. Buenos Aires, Argentina: Huemul.

Moscovici, S. (1988). Notes towards a description of Social Representations. *European Journal of Social Psychology, 18* (3), 211-250. [https://onlinelibrary.wiley.com/toc/10990992/1988/18/3].

Moscovici, S. (2001). *Social Representations. Explorations in Social Psychology*. New York, USA: University Press Washington Square.

Muxel, A. (2008). Continuidades y rupturas de la experiencia política juvenil. *Revista de Estudios de Juventud, 81,* 31-44.

Núñez, P. (2010). Escenarios sociales y participación política juvenil. Un repaso de los estudios sobre comportamientos políticos desde la transición democrática hasta Cromagnon. *Revista SAAP, 4* (1), 49-83. [https://revista.saap.org.ar/articulos/revista-saap-volumen-4-1.html].

Núñez, P. (2013). *La política en la escuela: jóvenes, justicia y derechos en el espacio escolar*. Buenos Aires, Argentina: La Crujía.

Parés, M. (2014). La participación política de los jóvenes ante el cambio de época: estado de la cuestión. *Revista Metamorfosis: Revista del Centro Reina Sofía sobre Adolescencia y Juventud, 0,* 65-85. [https://revistametamorfosis.es/index.php/metamorfosis/issue/view/2].

Piaget, J. (1926/1984). *La representación del mundo en el niño*. Madrid, España: Morata.

Programa de las Naciones Unidas para el Desarrollo (2010). *Informe Nuestra Democracia*. México: Fondo de Cultura Económica.

RechWachelke, J. F. y Hammes, I. C. (2009). Representações sociais sobre política segundo posicionamento político na campanha eleitoral de 2006. *Psicologia em Estudo, 14* (3), 519-528. [https://www.redalyc.org/pdf/2871/287122125012.pdf].

Sabucedo, J. M. (1988). Participación Política. En J. Seoane y A. Rodríguez. *Psicología Política* (pp.165-194). Madrid, España: Pirámide.

Sarrica, M. (2007). War and Peace as Social Representations: Cues of Structural Stability. *Peace and Conflict: Journal of Peace Psychology, 13* (3), 251-272. doi: 10.1080/10781910701471298.

Stacchiola, O. (2016). Prácticas culturales y construcción de identidades juveniles en la Argentina actual. *Trabajo y sociedad. Sociología del Trabajo - Estudios Culturales - Narrativas Sociológicas y literarias, 26*, 299-308. [https://www.unse.edu.ar/.trabajoysociedad/#N%C3%BAmero%20 26,%20Verano%202015].

Syvertsen, A., Wray-Lake, L., Flanagan, C., Osgood, D. y Briddell, L. (2011). Thirty-year trends in U.S. adolescents' civic engagement: A story of changing participation and educational differences. *Journal of Research on Adolescence, 21*, 586-594.

Torney-Purta, J. (2017). *The development of political attitudes in children*. New York, USA: Routledge.

Torney-Purta, J. y Barber, C. (2011). Fostering young people's support for participatory human rights through their developmental niches. *American Journal of Orthopsychiatry, 81*(4), 473-481.

Torney-Purta, J., Lehmann, R., Oswald, H. y Schulz, W. (2001). *Citizenship and education in twenty-eight countries: civic knowledge at age fourteen*. Amsterdam, The Netherlands: IEA.

Torney-Purta, J. y Richardson, W. K. (2004). Anticipated political engagement among adolescents in Australia, England, Norway and the United States. In J. Demaine (Ed.), *Citizenship and political education today* (pp. 41-58). London, United Kingdom: Palgrave/Macmillan.

Verba, S., Nie, N. y on Kim, J. (1978). *Participation and political equality: A Seven nation comparison*. New York, USA: Cambridge University Press.

Villarroel, G. y De Armas, E. (2005). Desprecio por la política: aproximación a las representaciones sociales de estudiantes venezolanos. *Revista Politeia, 28* (34-35), 11-18. [http://saber.ucv.ve/ojs/index.php/rev_pol/issue/view/457/showToc].

Wagner, W. (2015). Representation in action. In G. Sammut, E. Andreouli, G. Gaskell & J. Valsiner (Eds.), *The Cambridge Handbook of Social Representations* (pp. 12-28). United Kingdom: Cambridge University Press.

Wagner, W. y Hayes, N. (2011). *El discurso de lo cotidiano y el sentido común. La teoría de las representaciones sociales*. Barcelona, España: Anthropos.

World Values Survey (2010-2014). *World Values Survey. Association Wave 6*. Madrid: Aggregate File Producer Asep/JDS. [http://www.worldvaluessurvey.org/wvs.jsp].

CAPÍTULO VIII

El gobierno, el presidente y la policía.
La política según niños y niñas que viven
en una casa tomada[1]

Paula Nurit Shabel

Introducción

La implementación del régimen neoliberal en nuestro país significó un avance del capital sobre el trabajo sin precedentes en la Argentina contemporánea. Esto redundó en la concentración de la riqueza en pocas manos, y la consecuente pauperización de la clase obrera en general (Fernández Álvarez, 2015) y de la infancia en particular (Carli, 2009), en tanto se produjo "una creciente desprotección de las familias, que erosionó sus capacidades para brindar condiciones básicas de desarrollo a niñas, niños y adolescentes" (CEPAL y UNICEF, 2005, p. 27).

Frente a esta pauperización de la vida, los sectores populares se organizaron para resistir y forjar nuevas alternativas políticas y sociales. Las familias trabajadoras y (cada vez más) desempleadas comenzaron a salir a la calle con todos sus miembros a luchar por trabajo y comida, generando una fuerte irrupción de mujeres y niños en los espacios de lucha (Padawer et al., 2009; Santillán, 2009). El nuevo contexto de precarización neoliberal modificó también a los espacios de lucha contra el ajuste, produciendo un corrimiento de la fábrica hacia los pueblos y barrios. Esto le otorgó un carácter territorial a las disputas, a partir del cual los niños y niñas comenzaron a visibilizarse como protagonistas de los avatares políticos, en tanto participaban de las marchas y las puebladas junto a sus familias.

En este proceso las acciones de protesta pasaron a ser parte de la vida cotidiana de los sujetos en sus organizaciones, entablando nuevos

---

1 Este trabajo es una revisión del artículo "'Que por favor no nos saquen de acá'. Construcciones de conocimiento en torno al Estado según niñxs que viven en una casa tomada", publicado en Papeles de trabajo.

modos de vincularse con el Estado y con las otras organizaciones, que se multiplicaban a lo largo y ancho del país (Manzano, 2013). El Movimiento Territorial de Liberación (MTL) es una de las organizaciones nacidas de las prácticas cotidianas de resistencia de las familias del campo popular, en junio de 2001. Con raíces en el Partido Comunista y articulaciones con el sindicalismo, el movimiento fue creado con el objetivo de luchar por "pan, trabajo y vivienda digna, educación y salud para todos" (Acta fundacional del MTL, en Poli, 2007, p. 56).

Particularmente en la Ciudad de Buenos Aires, el movimiento ocupa, defiende y construye casas para las familias que lo componen, como estrategia privilegiada de lucha y supervivencia frente a la crisis habitacional que atraviesa la capital argentina, desde la década de 1990 (Carman, 2005). El MTL ha forjado en este territorio diversas cooperativas de vivienda y trabajo, subrayando siempre la autonomía en relación con el Estado, aunque sin dejar por ello de articular con él. En este territorio el MTL tiene unas diez casas tomadas, a las que denomina *hospedajes transitorios*[2]. Esto significa que, si bien los espacios son ocupados, poseen cierto margen de legalidad a partir de la presión ejercida por el movimiento sobre el Gobierno de la Ciudad, con el que se acuerda el precio de un módico alquiler y el pago de servicios, evitando así los desalojos. Cada *hospedaje transitorio* tiene su convenio particular según el tamaño, la cantidad de familias que allí viven y las condiciones generales del inmueble, que en todos los casos es precaria, pero con variaciones. Los acuerdos son siempre a corto plazo, y aunque algunas de las casas ya llevan más de diez años sosteniendo esta situación, la posibilidad de que se acaben las negociaciones son siempre altas y por ello el peligro de desalojo es permanente.

El trabajo de campo que aquí analizamos fue realizado entre 2014 y 2018 en una de las casas tomadas por el MTL, ubicada en el barrio de Almagro, en el centro de la ciudad. Tanto los niños y niñas como los adultos y adultas denominan al lugar *La casa de Humahuaca*, o simplemente *la casa*. Son más de treinta las habitaciones ocupadas en las que viven más de cincuenta niños y niñas. De todos ellos, acotamos en esta presentación al rango de edades entre 8 y 15 años, dado que allí se concentran la mayor parte de los sujetos con quienes interactuamos en el campo y es donde las conclusiones resultan significativas. Son unos

---

2   Marcamos en itálicas los conceptos extraídos directamente de los discursos producidos por los sujetos que viven en la casa tomada, tanto niños y niñas como adultos.

veinte niños y niñas quienes pertenecen a este grupo y con quienes trabajamos para construir el análisis que aquí presentamos.

La casa del MTL es un edificio de tres pisos, que ocupa casi media cuadra. Es un inmueble privado que funcionó como escuela pública hasta que el Gobierno de la Ciudad la cerró en los 90s. El inmueble permaneció desocupado hasta el 2004, año en que fue tomado por el Movimiento y cada aula se convirtió en una diminuta habitación de familia, donde viven no menos de cuatro personas. En cada uno de estos cuartos el MTL construyó un aún más diminuto baño y en cada piso habilitó una cocina a gas, con varias hornallas para compartir entre las diez mujeres de familias que ocupan cada nivel. Mencionamos especialmente a las mujeres, dado que son ellas las que suelen ocuparse de la comida y la limpieza de cada habitación, motivo por el cual se encuentran más a menudo en estos espacios comunes.

Dichos espacios suelen estar deshabitados la mayor parte del día, salvo los horarios en los que las madres cocinan y lavan. Este hecho marca una de las características de la etnografía que aquí presentamos, en tanto las voces adultas que se reflejan, son en su gran mayoría de estas mujeres, estando los hombres prácticamente ausentes en sus relatos (más no así en las prácticas), dado que pasan la mayor parte del tiempo dentro de las habitaciones, cuando no están afuera trabajando. En cuanto a la situación laboral general, la gran mayoría de los y las adultos en *la casa* oscila entre el desempleo y el sub-empleo, que completan con planes y becas para sus hijos, con las que no llegan nunca a pagar lo que deben. Las disputas en torno a esta problemática resultan frecuentes y la posibilidad de un desalojo colectivo frente a la falta de pago es una realidad con la que conviven.

La organización de *la casa* consta de un consorcio, que oficia de administración. Este se compone de tres o cuatro habitantes de *la casa*, elegidos por sus compañeros y compañeras por votación o consenso en las reuniones, que se realizan semanal o quincenalmente. En general, los miembros del consorcio rotan cada tres o cuatro meses, dado que a nadie le entusiasma demasiado ocuparse de arreglar aquellas cosas que se rompen, mediar conflictos entre familias y, mucho menos, recolectar el dinero para pagar los servicios y el alquiler mensual acordado con el gobierno local.

Por su parte, los chicos y chicas pasan la mayor parte del tiempo en los pasillos jugando entre todos. Salvo por las horas que están en la escuela, una puede llegar a *la casa* en cualquier momento y escuchar los gritos de juego desde cualquier rincón. A veces, estos grupos están separados por género, mas en otras ocasiones juegan juntos varones y mujeres. Las actividades más populares son la computadora, los juegos con pelota, los juegos de persecución (denominados generalmente *mancha o zombis*) y la realización conjunta de las tareas escolares. La planta baja de *la casa* tiene dos habitaciones, que se utilizan para reuniones y para la merienda diaria que el Movimiento les otorga a los niños y niñas de *la casa*. El inmueble también cuenta con un *tendedero*, que toda la *casa* comparte para colgar su ropa, y que es generalmente utilizado de patio de juego por los chicos.

Es en este contexto que nos preguntamos cómo los niños y niñas de entre 8 y 15 años que viven en una de las casas tomadas del Movimiento construyen, desde la cotidianeidad de sus prácticas, un conocimiento sobre la política condensado en las nociones de presidente, gobierno y policía. Para acercarnos a una posible respuesta abordaremos a continuación algunas discusiones teóricas y metodológicas sobre los procesos de construcción de conocimiento de los niños y niñas en el marco de esta prolongada investigación etnográfica. Luego nos adentraremos en un preciso análisis de los registros y las entrevistas a la luz de nuestra pregunta de investigación para cerrar, finalmente, con algunas conclusiones y futuras líneas de trabajo.

La construcción de conocimiento como problema etnográfico

En pos de indagar aquello que los niños y niñas conocen sobre la política desde la cotidianeidad de sus prácticas en la casa del MTL, nos hemos adentrado en las últimas producciones antropológicas que, en diálogo con la psicología del desarrollo piagetiana y vygotskiana, abordan esta pregunta desde un enfoque etnográfico (Toren, 1999; García Palacios, 2012; Lave, 2015; Shabel, 2018).

Estas investigaciones, así como las de la psicóloga Rabello de Castro (2002), sostienen que el significado de todas las categorías de nuestro pensamiento es siempre histórico y está en constante devenir en términos individuales y sociales. Asimismo, los trabajos de estas autoras muestran que los contextos son constitutivos de los procesos cognitivos en una variedad de escalas, que incluyen las relaciones con los sujetos y objetos presentes, pero también aquellas que se conectan con la historia pasada y con otros espacios, considerando las estructuras político-económicas y su puesta en juego en cada situación. Tanto la materialidad del mundo, como las historias de los sujetos que participan de una actividad, condicionan los rumbos de los conocimientos allí producidos, sin jamás determinarlos.

En este sentido, las autoras afirman que los significados que le otorgamos a las cosas no están nunca dados por completo, sino que contienen siempre un elemento emergente que aporta el sujeto en interacción con el objeto, ubicando a los niños y niñas como productores activos y reflexivos de su propia realidad. De este modo, refutan la idea de que en el pensamiento infantil solo se copian los saberes adultos o se conoce solo aquello que los adultos habilitan. La experiencia de cada sujeto en el mundo constituye la base de todo conocimiento, por lo que las experiencias cotidianas producen sentidos sobre la vida que cada niño asimila desde su presente histórico. Desde esta perspectiva, entonces, vivir y conocer son parte del mismo proceso.

A este proceso histórico de construcción de significado sobre los sentidos que hicieron y hacen otros en un proceso *a la vez* individual y colectivo, tanto Toren (1999), como García Palacios (2012) lo llaman "microhistoria", que es lo que procuraremos rastrear a lo largo de nuestra propia investigación, en torno a la política, que se condensa en nociones como el gobierno, la policía, el movimiento, etc., sin perder de vista la dimensión histórico-cultural de dichas categorías. Aunque reconociendo la tradición piagetiana, estas autoras se alejan, en este punto, de su programa de investigación, al centrar la atención en los conocimientos producidos por los sujetos particulares con los que trabajan en el campo, lejos de una genericidad etaria, o incluso cultural, bien cerca de lo que brinda la perspectiva etnográfica y las preguntas que desde allí pueden formularse, tal como intentaremos hacer aquí. Ponemos en diálogo esta perspectiva con los aportes de Lave (2015) que, ligada a la escuela de la psicología sociohistórica de Vygotski, ha estudiado "la actividad de la persona-en-acción en su entorno" (Lave, 2015, p. 190), lo que nos permite analizar la construcción de conocimientos sobre el hacer cotidiano en la casa tomada.

La unicidad de cada sujeto en sus relaciones inter-subjetivas hace de cada escenario una posibilidad de sentidos múltiple, aunque nunca infinita ni azarosa. Aquella singularidad en la historia particular de cada unx y de cada grupo, que recuperan las citadas antropólogas, es la que genera sentidos diferentes a partir de objetos idénticos en contextos compartidos con otras personas y grupalidades, en sus coordenadas sociohistóricas. Es por ello que le otorgamos valor a la microhistoria de las nociones estudiadas, en tanto es en la producción de esas diferencias que se genera el cambio o la permanencia de los sentidos cognitivos (y culturales en el largo plazo y según las correlaciones de fuerza).

En torno al objeto social de la política, podemos acordar a grandes rasgos que ella siempre refiere a las relaciones de poder y de disputa que median entre las personas, y a los sistemas en los que dichas relaciones se ponen en práctica (Gledhil, 2000). De todas las posibles aristas a ser estudiadas en este marco, nos centramos aquí en el Estado y sus manifestaciones en el gobierno, el presidente y la policía, en tanto son las que resultaron significativas para los sujetos de la investigación en el seno de sus prácticas cotidianas. Si bien la psicología del desarrollo ha elaborado sus propias producciones en torno a la conformación de estas nociones y su historia en la disciplina (recopiladas por ejemplo en Castorina y Aisenberg, 1989 y Lenzi, 2014), nos limitaremos en esta ocasión a revisar los resultados del trabajo de campo etnográfico, dejando el diálogo con la psicología para otros escritos, que ya están en producción.

Consideramos, en este punto, que el enfoque etnográfico (Rockwell, 2009; Guber, 2008) resulta una herramienta privilegiada para llevar adelante esta investigación, con su tradición de recuperar la diversidad desde la igualdad, y su observación atenta a los modos de ser y hacer de los sujetos en el campo. Y esto no refiere solamente a un análisis intercultural, sino también a las diferencias que surgen dentro del propio grupo al que pertenece la investigadora, desarrollando la capacidad de exotizar lo que es familiar y abriendo un camino reflexivo sobre las continuidades y transformaciones en las prácticas culturales propias. Tal como afirma Colángelo en este punto: "es la articulación de estas dos dimensiones –diversidad y desigualdad– la que hace posible analizar los problemas sociales de la infancia en toda su complejidad" (2003: 3) a través de la etnografía.

Es por ello que esta investigación se forjó en cuatro años de trabajo de campo en una de las casas tomadas del MTL, con la mirada puesta en aquello que los niños y niñas hacían, decían y ocultaban, en sus juegos y sus conversaciones, aunque siempre atenta a los vínculos sociales generales que componen las vidas cotidianas de todos los grupos humanos. Este registro de la vida en la casa tomada abre la posibilidad de recuperar todas las voces y las miradas que la constituyen, en sus permanencias y modificaciones, así como también en las relaciones de poder que allí dentro se juegan. Desde esta postura, la antropología ha realizado un importante aporte en el camino de reconocer a los niños y niñas como interlocutores válidos, sujetos de su propia historia (Fonseca, 1998; Pires, 2007; García Palacios, 2012; Szulc, 2015), pasando de una investigación sobre ellos a una investigación *con* ellos (Hecht, 2007).

Para estos estudios no debemos olvidar que "hacer investigación antropológica con niños es, primero y principalmente, hacer investigación antropológica" (Cohn, 2005). En este marco, la etnografía permite acceder a múltiples situaciones de interacción de los niños y niñas entre sí, con los sujetos adultos y con el mundo social (Rockwell, 2009), dado que posibilita registrar lo que se dice y lo que se hace, pero no se dice (Guber, 2008). Dentro de la etnografía, existe un arco de herramientas posibles a las que apelaremos en pos de registrar exhaustivamente aquello que los niños y niñas significan del mundo en el que viven: observación de campo y producción de registros, entrevistas (charlas coloquiales y semiestructuradas), uso de dibujos (como un fin en sí mismo, y también como un medio para trabajarlos en las entrevistas), juegos, el pedido de textos escritos específicos, y el uso de medios audiovisuales.

La etnografía está articulada en esta investigación con los principios epistemológicos del método clínico (Castorina, Lenzi y Fernández, 1984), proveniente de la tradición constructivista de la psicología del desarrollo. El mismo consiste en la realización de una entrevista a cada niño o niña sobre el objeto de conocimiento, en este caso la ciudad, procurando captar las lógicas que operan en cada una de las respuestas. De modo que la entrevistadora pide explicaciones y brinda contra-argumentos en pos de reconstruir los razonamientos que subyacen a aquello que los sujetos dicen, y así acercarnos a conocer cómo conocen la política.

Sin desconocer las críticas que se le han realizado al método clínico (citadas en Duveen, 2000 y Delval, 2001), rescatamos el esfuerzo que en él deben realizar los entrevistadores y entrevistadoras para ir más allá de lo "correcto" o "incorrecto" de las respuestas que los niños brindan ante los problemas, para captar las lógicas que ellos operan para formular dichas respuestas. Así la interpretación de quien investiga y el lugar del diálogo con los sujetos resultan claves para la reconstrucción de esas lógicas, en tanto objeto de estudio. Este diálogo metodológico ha demostrado ser más que fructífero a la hora de indagar sobre las construcciones de conocimiento en las prácticas cotidianas, sobre diversos objetos sociales (García Palacios, 2012; García Palacios y Castorina, 2014; Shabel, 2018).

El gobierno,el presidente y la policía en la casa tomada

A partir de los registros cotidianos y las entrevista clínicas realizadas a los veinte niños y niñas de entre 8 y 15 años que viven en la casa tomada del MTL de Almagro, hemos podido reconstruir algunas de sus nociones sobre la política, manifestada en concepciones sobre el Estado más violentas o negociadoras, según el caso, que ellos distinguen y denominan diferenciadamente como el gobierno, el presidente y la policía. A continuación, analizaremos las prácticas cotidianas que construyen sentidos alrededor de estos conceptos procurando captar aquello que los sujetos de ellos conocen, en relación a lo que conocen las personas adultas y los múltiples discursos sociales que circulan al respecto.

a. El gobierno

Una tarde de 2015 pasé por la casa de Andrés (8)[3] a saludar por su cumpleaños y me la crucé a Natalia (12) con su perro, bastante grande y amenazante, que estaba saliendo a pasear:

> Paula: — ¡Nati! Qué raro vos sacando al perro, que lo odiás.
> Natalia: — [Se ríe] Sí, lo odio, pero tenemos que esconder al perro, porque en realidad no se puede tener mascotas acá y hoy viene el gobierno.
> (Registro, agosto 2015).

Ese día me enteré de que el Gobierno de la Ciudad envía asistentes sociales del Ministerio de Desarrollo para controlar el estado de las casas, me lo dijo la misma profesional con quien me crucé esa tarde unas horas después: "venimos a ver que esté todo bien". Si bien no resulta un hecho frecuente, los chicos y chicas participan del armado de la escena cuando se da el caso, sacan al perro, descuelgan las cortinas de las puertas (que están prohibidas según los parámetros habitacionales del gobierno), y ese día no salen al pasillo a jugar. Ese silencio cómplice, montado por adultos y niños especialmente para la ocasión, es parte de

---

3   Los nombres de todos los niños y niñas han sido modificados para preservar su identidad. Al lado de cada nombre y entre paréntesis se muestra la edad de cada sujeto.

lo que Lave y Wenger (1991) denominan una comunidad de prácticas, políticas en este caso, que tiene por objetivo mostrar lo que de ella se espera para conservar el hogar.

Allí las mujeres limpian mientras les dan instrucciones a las nenas para que colaboren y a los varones para que por favor se sienten en alguna parte de la casa a ver la tele con el volumen bien bajo. De modo que cuando la trabajadora social está por arribar, aparentemente siempre con previo aviso, las habitaciones se encuentran transformadas. Esa misma tarde que me encontré con Natalia, pasé por la casa de Mirta, quien me dejó pasar a su habitación:

> Mirta me cuenta que la llamaron de la escuela por un tema de Jeremías (8), que no está leyendo bien y ya pasó la mitad de año y están preocupadas las maestras. Mientras conversamos, ella barre la habitación, tira todo lo juntado en la palita en una pequeña bolsa, que luego cierra y deja al lado de la puerta. Me pide que revise si el baño quedó bien limpio y le digo que está impecable. Acomoda las sillas de la mesa y se pone a guardar la ropa que acaba de descolgar del tendedero, mientras continuamos la conversación. Mientras tanto, sus dos hijas están en la cocina lavando los platos y sus cuatro hijos, entre los que está Jeremías, se amontonan en el sillón a ver la tele y discuten en torno al canal que prefieren ver.
> (Registro, agosto 2015).

En palabras de Lave y Wenger (1991), el término comunidad de prácticas "implica participación en un sistema de actividad acerca del cual los participantes comparten la comprensión de lo que están haciendo y de lo que significa eso en sus vidas y para sus comunidades" (1991, p. 95). Y así lo explicó Natalia más adelante en la conversación en torno al objetivo de sus acciones: "ven si está limpio, si tiraron la basura, entonces limpiamos". En el fragmento anterior, ella dice que los que vienen a ver las condiciones son "el gobierno", que se hace presente en su casa, como un agente de control, para el que hay que comportarse de un modo extraordinario.

Pero el Estado puede materializarse también en prácticas menos obvias, que remiten al mismo control estatal en las vidas cotidianas de los niños y niñas, como explicó Mauricio (11) sobre el funcionamiento de las reuniones en el Movimiento, en las que "hay un cuaderno que se le da al gobierno, ahí se anota todo para que vean". Esta explicación brindada por Mauricio en su entrevista clínica (marzo 2016) hace referencia al libro de actas que usan en las reuniones de consorcio, en las que anotan las resoluciones tomadas en cada encuentro y, efectivamente, luego se lo entregan al Gobierno de la Ciudad.

Si bien los niños y niñas no participan activamente de las reuniones del Movimiento, poseen numerosos conocimientos sobre lo que allí sucede, en tanto las mujeres de *la casa* conversan abiertamente al respecto en la cocina y el *tendedero*. Además, ellos suelen comentar lo que escucharon o les contaron, y sobre eso construyen sus propias hipótesis de cómo funcionan los vínculos de *la casa* con el Estado. Esto quiere decir que los sentidos del mundo producidos por los sujetos están siempre "comprometidos con los sentidos que otros han hecho y están haciendo" (Toren, 1990, p. 979, traducción propia), por lo que debemos analizarlos en el nexo de dichas relaciones.

Además de hablar de gobierno, los chicos y chicas utilizan las denominaciones de la Ciudad y Buenos Aires para referirse al Estado en sus manifestaciones más burocráticas en torno a *la casa*, tal como lo hizo Jaime en su entrevista clínica:

> Jaime: —La casa era una escuela. Y después no sé qué pasó y nadie nunca más fue a esa escuela. Y a esa escuela la compró un señor y la hizo una casa. Después él la quiso vender y el MTL estaba pidiendo una casa y nos dieron esa casa. Y ahí el dueño no fue más el dueño porque ahora es una casa del MTL
>
> Paula: —¿Pero quién se la dio al MTL?
> Jaime: — La Ciudad.
> (...)
> Jaime: —Pagan las cosas, juntan la plata y se la dan a Buenos Aires.
> (Entrevista, febrero 2016).

El Estado se presenta aquí en su versión negociadora, como aquel a quien se les debe los cobros de servicios y las rendiciones de cuentas y de quien depende la permanencia en el espacio. Esta noción también se manifiesta en el discurso de las personas adultas, tal como explica Iris (42), mamá de Jaime, en esta conversación informal que sostuvimos una tarde, mientras hacía trabajo de campo:

> Estoy agotada Pauli, ayer tuvimos reunión de consorcio, terminamos como a las dos y hoy ya a las seis me levanté por los

chicos, es que ayer ya nos queríamos ir a dormir, pero este viernes hay que presentarle toda la carpeta a la Ciudad, con todos los números, todo eso que es tan difícil, yo no entiendo nada, pero hay que presentarlo.
(Registro, abril 2015).

Iris fue muchos años referente de *la casa* y pasó muchas noches en reuniones hasta tarde, haciendo cuentas y discutiendo definiciones del MTL, algo que su hija Rosa (8) le ha recriminado en más de una ocasión en mi presencia, aunque no así Jaime, que siempre contó con mucho orgullo todo lo que hace su madre en la organización. Esto quiere decir que los contextos histórico-sociales de cada sujeto acercan y alejan determinados objetos de conocimiento, pero no determinan los sentidos que sobre ellos construye cada niño o niña (García Palacios, 2012), en tanto es en la práctica cotidiana, que se renueva cada vez, que se va fijando el devenir de dichos significados.

Andrés, con 8 años, también ubica al poder estatal como aquel con el que se negocia sobre la propiedad de *la casa*: "Antes Humahuaca era una escuela, pero el gobierno dijo que no podía haber una escuela con habitaciones. Por eso se lo dio al MTL (...) y ahora vienen a ver si pagamos". Lo interesante en este punto, es que en los discursos sobre el gobierno, el Estado y el presidente, los y las adultas suelen ser muy confrontativas, con frases como "este gobierno de mierda nos va a matar a todos de hambre", "hay que salir y sacar a este gobierno", pero en la práctica es un actor con el que se negocia. En este sentido, resaltamos la originalidad de las hipótesis infantiles sobre su mundo circundante, que se nutre de la materialidad del mundo, de los discursos sociales y la propia experiencia, para producir la interpretación de cada sujeto y grupo (Shabel, 2018).

Las marchas que organiza el Movimiento habitualmente "para que no nos saquen nuestras casas" (Bárbara, 8) y la preocupación permanente que los y las adultas muestran ante la falta de dinero para pagar los servicios que exige el Gobierno de la Ciudad a cambio de la permanencia en *la casa*, completan el contexto en el que los niños y niñas construyen conocimiento sobre el Estado:

> Giselle (9) y Ema (10) están sentadas en el pasillo del primer piso jugando con unas cartas. Hacen un par de rondas con una lógica que no llego a comprender y anotan los puntos en una hoja que lleva el nombre de cada una. Se ríen, conversan

mientras tanto sobre el juego y sus reglas. En eso se escucha la puerta de entrada y veo subir por la escalera a una mujer de la casa, no se su nombre, pero ya nos vimos muchas veces y nos saludamos. Ella se detiene unos instantes a leer la cartelera que está colgada en la pared con diversos anuncios, entre ellos, las cuentas de servicios del mes pasado, donde están marcadas con rojo las habitaciones que deben dinero. Mientras observa la cartelera sale de su cuarto otra mujer, Susana (45) y se saludan. Comentan algo sobre los pagos de servicio y una eleva su tono de voz, un poco indignada y exclama: "¡no puede ser que Irene siempre deba plata!". Las chicas dejan el juego por unos instantes y miran a Susana, luego se miran entre ellas, se ríen un poco, como si hubieran escuchado un secreto, y luego siguen jugando. Susana se da cuenta de esto y registra también mi presencia, me saluda, y sigue su camino hacia la cocina. (Registro, octubre 2016).

La representación gráfica de esta mediación que proponemos como categoría que condensa los conocimientos que los niños y niñas tienen sobre el Estado, es la pared del pasillo del primer piso, que oficia de cartelera del lugar, donde se pegan los avisos sobre las marchas, reuniones y cobros atrasados de servicios, como presencia permanente del Estado en *la casa,* con el que niños y niñas tienen una relación cotidiana, sobre la que construyen conocimientos.

Allí, el Estado adquiere una materialidad desde la que se vincula con los sujetos y en ese vínculo constituye a las familias como deudoras y a sí mismo como cobrador eterno. Y es en esos vínculos también que los chicos y chicas construyen una noción de Estado que plantea instancias de acuerdo sobre la propiedad y la permanencia de las familias en *la casa* en una relación de intercambio. Sin embargo, resulta en un intercambio desigual, por no decir imposible, porque en general falta plata para pagar todo lo que Buenos Aires exige y la preocupación por un posible desalojo se vuelve cotidiana en las personas adultas y niñas en la casa tomada.

Los carteles pegados en el primer piso son, quizás, la manifestación más clara de que el dinero no alcanza, porque allí los nombres de las familias morosas se resaltan en rojo y luego los referentes de *la casa* hacen visitas a las habitaciones para recordar lo adeudado. Todas esas prácticas que la organización pone en juego en pos de cumplir con el severo acuerdo que propone este Estado negociador, se suceden mientras los chicos y chicas juegan en los pasillos o ven la tele en sus habitaciones, y luego comentan entre ellos quién le debe dinero a *la casa* y hasta lo utilizan como mecanismo de ofensa en caso de algún problema en los goles del fútbol de esa semana:

> Teo (10): — ¡Eheheheheh, eso fue gol guacho!
>
> Mauricio (11): — No, ¿qué gol?, si la agarré con las manos y la saqué a las escaleras.
>
> Teo: — ¡Qué tramposo, igual que tu papá que hace trampa con la casa y no paga lo que tiene que pagar!
>
> Mauricio: — Pero qué decís, si vos no sabés nada, mi papá paga todo lo que tiene que pagar. (Registro, octubre 2015).

Si bien este fue un conflicto que se resolvió entre los chicos a los pocos segundos, da cuenta de un conocimiento en torno a los pagos que las familias deben hacer por *la casa* y las deudas generalizadas que esta realidad le significa a una población sin ingresos fijos y sin mucha ayuda estatal. Podemos decir, entonces, que las presencias estatales y sus ausencias van conformando nociones conceptuales sobre lo que es y lo que hace el Estado dentro del movimiento, del que los niños y niñas son parte (Shabel, 2018).

b. El presidente

Las prácticas estatales de negociación se combinan con las de amenaza y violencia frente a un posible desalojo, algo que los chicos y chicas también conocen:

> Jaime: — Hablan del territorio y todo eso, del orden de la casa [en referencia a las reuniones del Movimiento]. Y si la casa está en mal estado y se entera el presidente, nos rajan de la casa a todos.
>
> Paula: — ¿Quiénes?
>
> Jaime: — La policía, porque no le hicieron caso al que dio la orden de que esté limpio. (Entrevista, febrero 2016).

Jaime, al igual que el resto de los niños y niñas de *la casa,* utiliza la figura del presidente, como aquel que da las órdenes directamente de desalojar y cerrar los espacios, sin ningún tipo de negociación. Él condensa una noción de lo que llamamos un Estado desalojador, en oposición a las situaciones anteriores, en las que la permanencia en el lugar era una posibilidad en el intercambio. En este caso, el poder se concibe como avasallante y absoluto, determinante en su decisión de desalojar, cerrar, echar y "rajar" a quien sea que esté ocupando el espacio, tal como me explicó Candelaria (11) una tarde que fui a hacer trabajo de campo a *la casa,* también en la víspera de las elecciones: "si gana Macri[4] van a cerrar mi casa y nos vamos a tener que ir" (registro, agosto 2015).

En todos los casos, el presidente, o Macri, está relacionado con una figura que cierra las casas y las escuelas, la idea de un presidente que desaloja a los pobres que no tienen para pagar los servicios de la casa o la cuota de la escuela se repite en distintos ámbitos:

> Nosotros tenemos que votar a Scioli[5] porque somos pobres, porque no podemos pagar la escuela y vamos a la escuela que es gratis, pero en las escuelas privadas la gente cuida las cosas, no las rompe, si vos vas, ves que está todo limpito, nada roto, no manchado, nosotros nos portamos mal. Yo cuando era chiquito me portaba mal también, rompemos cosas, las ensuciamos y en cambio en la privada no, porque ellos saben que si lo rompen lo tienen que pagar y por eso lo cuidan. Por eso Macri tiene razón, pero nosotros que somos pobres tenemos que votar a Scioli. Tenemos que aprender, que si nos dejan sin escuela nuestros hijos quizás entiendan que hay que cuidar más las cosas, pero nosotros ya no vamos a ir a la escuela, vamos a ser todos burros. (Registro, octubre 2015, Jaime, 13).

Resaltamos, en este punto, las formas en las que atraviesan las vidas de los niños y niñas las diversas coyunturas, electorales en este caso, las preocupaciones que les generan los discursos públicos y las elaboraciones propias que realizan sobre aquello que escuchan en los medios de comunicación, las escuelas y, especialmente en este contexto, lo que

---

4   Mauricio Macri, candidato a presidente por la Alianza Cambiemos, principal oposición el gobierno peronista que detentaba el poder en ese momento y contra quien competiría el oficialismo en las elecciones de octubre de ese mismo año.

5   Daniel Scioli, candidato a presidente por el peronismo, partido oficialista de ese momento.

escuchan de las organizaciones políticas en las que están inmersas sus vidas familiares y sociales. El valor negativo que Macri tenía para las personas adultas, como amenaza de crisis económica y pauperización de sus vidas cotidianas, fue un tema recurrente en *la casa* durante el segundo semestre de 2015. La noción de Estado desalojador se va conformando, pues, en una diversidad de escenarios por los que transitan los sujetos en la particularidad de ese tiempo y espacio.

A partir de esta circunstancia, la personificación de *Macri* quedó ligado a la figura del presidente, construyéndola negativamente en sí misma, como me dijo Zacarías (8), ya en 2016, una tarde que jugábamos en *la casa* mientras armaba un castillo con bloques y hacía interactuar a dos muñecos allí dentro: "este es el rey del castillo y este es el presidente, pero a este [el segundo] lo vamos a tirar del castillo porque es malo". Una vez más, el contexto resulta un catalizador de los sentidos construidos sobre el mundo (Valsiner, 2014), en tanto nos acerca y nos aleja diversos objetos de la realidad a ser conocidos, ya significados socialmente de ciertas formas, que en la singularidad de cada sujeto o grupo producen nuevos conocimientos, siempre en relación con aquellos que circulan en dicho contexto, pero nunca idénticos (Toren, 1999; García Palacios et al., 2018).

c. La policía

Este Estado desalojador, que se manifiesta en el presidente y Macri, se completa con la figura de la policía, como la responsable de concretar la acción del desalojo y cierre de *la casa*:

> Me acerco a la casa a eso de las dos de la tarde. Es febrero y los chicos están de vacaciones, por eso pueden estar en la puerta del edificio jugando a la pelota y tratando de tomar un poco de aire, para paliar el terrible calor que hace. Si bien no es muy común encontrarlos jugando afuera de la casa, en los meses de verano sin clases todas las rutinas se modifican un poco. Mauricio (12) me ve llegar desde la esquina e intenta tirar la pelota en mi dirección al grito de '¡agarrala Pau!'. Yo hago mi mejor intento de atraparla, pero la pelota se desvía y termina rebotando en la calle, al lado de un auto que pasaba. El conductor se asusta, frena el auto y baja, pero cuando ve que son los chicos los responsables del lío, se calma, insulta

un poco en voz baja y se vuelve a subir al auto. Cuando lo ven alejarse ellos tienen la siguiente conversación:

Paola (16): — [Mientras tiene a su hermano menor, Valen, en brazos] ¿Qué hacés, estás loco? ¡Mirá si llama a la policía!

Mauricio (12): — ¿Qué va a llamar a la policía? Si ya se fue.

Paola: — ¿Y si llamaba? ¿Y si venían con más policías a sacarnos de la casa por tu culpa?

Teo (11): —[Hermano de Paola]: Mirá si venían con armas y nos disparaban a todos para que nos vayamos [hace gesto de que tiene un arma y dispara. Se ríe, parece más que está ironizando a su hermana, que diciendo algo que espera que pase].

Andrés (9): — Si viene la policía nos rajan a todos.

Jeremías (7): — Pero igual nosotros le decimos que no fuimos.

Paola: — Con esa cara que tenés, ¿quién te va a creer a vos que no fuiste? [Se ríen todxs].

(Registro, febrero 2017).

En la mirada atenta que nos habilita la etnografía, nos encontramos con dos circunstancias que traemos aquí al análisis para desentramar los recorridos del sentido que ellos forjan sobre esta institución policial. La primera de ellas son los relatos de familiares presos, donde se menciona a la policía en el lugar del personal penitenciario, como aquella que controla a los seres queridos, como explica Roberta (23) sobre las conversaciones que mantienen su hijo Dalton (4) con su padre: "de noche hablan porque el celular lo comparten entre tres y que a él le toca a la noche, que es cuando está más tranquilo, cuando los pacos, los policías ya tienen flojera y no miran tanto" (registro de campo, noviembre 2015). Jaime (14) relata una situación similarmente hostil sobre la visita a su madre, recientemente presa en Ezeiza:

Es jueves feriado y hay reunión de profes en el Tere. Llego temprano y ya están Helena (26) y Estefi (29) en la puerta conversando bajo el sol. En eso pasan Jaime (14), Natalia (15) y un amigo de ellos de la escuela. Saludan y se quedan conversando con nosotras un rato. Aprovecho para preguntarle a Jaime por su madre y me responde:

> Jaime: — La otra vez que fuimos, viste, la primera vez, no nos dejaron pasar los policías, nos revisaron todo y no nos dejaron pasar porque nos faltaban unos papeles, y nos tuvimos que ir hasta allá, nos levantamos muy temprano, como a las seis, ¿viste?, e hicimos el viaje en el colectivo y todo eso, pero no nos dejaron entrar.
> (Registro, febrero 2018).

Aquí la policía se presenta como obstáculo en las relaciones que los niños y niñas tienen con sus familiares presos, siendo la que decide si ellos pueden entrar o no a ver a sus madres y padres, si pueden hacer pasar la torta que llevaron para su cumpleaños o entregarle el perfume nuevo que le compraron para celebrar que se acerca su salida. Esta categoría, como todas, se construye en diversos contextos de las cotidianeidades de los sujetos, que para este caso, resultan siempre de conflicto y oposición, con la policía ostentando un poder sobre las acciones de los niños y niñas y las relaciones que ellos mantienen con los y las demás.

La confrontación con la policía se repite también en los relatos de los y las adultas sobre los enfrentamientos que con ella mantuvieron en diversos desalojos, como cuentan Irene (39) y Dafne (38):

> Irene: — Me hace acordar a antes, a cuando teníamos que enfrentarnos a la policía siempre. Me acuerdo cuando ya estaba en el Movimiento, cuando estaba embarazada y salíamos a resistir la policía, que antes era mucho peor que ahora, porque antes ocupábamos casas todo el tiempo y venían a sacarlos a la fuerza, que los gases, los chicotazos (...).
> Dafne: — Y eso que ni peleábamos por casa antes, era solo por el bolsón de comida, por una caja con cosas, ni se nos ocurría la casa.
> (Registro, abril 2016).

La noción de un Estado desalojador emerge en su forma de policía, siempre en episodios violentos, que, si bien pertenecen al pasado, conforman el contexto presente de las familias y los niños: "los/as niños son sujetos históricos con un pasado colectivo que también se materializa en sentidos que circulan y que se apropian formando los conocimientos, incluso cuando los adultos no los dicen explícitamente y hasta los niegan" (García Palacios et al., 2018, p. 266). Esto quiere decir que la revisión de los registros nos devolvió un sentido (común) de los niños y niñas, en el que las nociones de Estado se articulan con *la policía*, como aquella que cierra, clausura y desaloja la propiedad tomada. Y en su circulación por los diversos espacios, que ellos ponen en juego dichos sentidos, que se refuerzan o modifican en cada ocasión.

Las prácticas estatales de desalojo y las prácticas estatales de negociación con el Movimiento la permanencia en *la casa* producen formas de vínculo del MTL con el Estado, a partir de las cuales los sujetos construyen sus conocimientos. Además, los niños *y niñas* dialogan con las diversas presencias estatales en otros escenarios que les son más o menos cotidianos, como la escuela y la cárcel. En el seno de esos entramados sociales ellos construyen sus propios sentidos del mundo, siempre en relación al mundo adulto, pero lejos de una mera copia del mismo (Rabello de Castro, 2002).

Conclusiones

A partir de las prácticas cotidianas de *la casa,* como son las reuniones y las visitas de Desarrollo Social, los chicos y chicas del MTL construyen nociones sobre diversos aspectos de la realidad, como en este caso es el Estado. Cada noción producida a su alrededor es un entramado de sentidos construido por los niños y niñas en una dialéctica permanente con su contexto, que procuramos analizar a lo largo del trabajo.

Pudimos observar, entonces, que mientras las personas adultas del Movimiento culpan a Macri o al gobierno, indistintamente, por el posible cierre del espacio, los niños y niñas ubican a la policía y al presidente como los responsables del posible desalojo de la propiedad y al gobierno o Buenos Aires como el agente burocrático que cobra los impuestos y pide explicaciones en pos de la permanencia. Esta microhistoria de las conceptualizaciones nos permite acercarnos a los sentidos que los niños y niñas construyen sobre su realidad social, que resulta en una hipótesis original del grupo y de cada uno de los sujetos, donde sin embargo pueden rastrearse las huellas de sentido, en un movimiento permanente de lo que permanece y lo que se transforma.

Nos interesa resaltar, especialmente, que en tanto la práctica cotidiana es fuente de conocimiento, las condiciones materiales en las que viven las familias también forman parte de los conocimientos que ellas construyen en torno al Estado, en tanto "son instancias concretas de relaciones sociales y eso estructura las condiciones en las que los niños constituyen su propio entendimiento de las categorías con las que los adultos se refieren al mundo" (Toren, 1999, p. 86, traducción propia). Así como el Estado se concretiza en diversas prácticas, también lo hace en la materialidad de las condiciones de vida, sobre las que los niños y niñas producen sus conocimientos.

Los chicos y chicas se muestran a lo largo de toda la investigación como sujetos activos en la producción de sentido sobre su realidad circundante, y en esa producción cognitiva también disputan los sentidos culturales de los diversos objetos sociales, en una dialéctica entre ambos planos, que nos lleva, finalmente, a descartar los conceptos de transmisión y de internalización para hablar de los puntos de encuentro entre individuo y sociedad, para entender las relaciones entre los niños y niñas y la producción social de la vida.

Referencias bibliográficas

Carli, S. (Coord.) (2009). *La cuestión de la infancia. Entre la escuela, la calle y el shopping*. Buenos Aires: Paidós.

Carman, M. (2005). La ciudad visible y la ciudad invisible: El surgimiento de las casas tomadas en Buenos Aires, *Población & Sociedad* (12-13), 57-91.

Castorina, J. A. y Aisenberg, B. (1989). Psicogénesis de las ideas infantiles sobre la autoridad presidencial. Un estudio exploratorio. En Castorina y otros, *Problemas en psicología genética*. Buenos Aires: Miño y Dávila.

Castorina, J. A., Fernández, S. y Lenzi, A. (1984). La psicología genética y el proceso de aprendizaje. En J. A. Castorina y otros, *Psicología genética*. Buenos Aires: Miño y Dávila.

CEPAL y UNICEF (2005). La pobreza infantil en América Latina. *Desafíos* 1. Naciones Unidas.

Cohn, C. (noviembre, 2005). O desenho das crianças e o antropólogo: reflexões a partir das crianças mebengokré-xikrin. *VI Reunião de Antropologia do Mercosul (RAM)*. Montevideo, Uruguay.

Colángelo, M. A. (noviembre, 2003). La mirada antropológica sobre la infancia. Seminario Internacional *La Formación Docente entre el siglo XIX y el siglo XXI*. Buenos Aires, Argentina.

Delval, J. (1989). La representación infantil del mundo social. En E. Turiel, I. Enesco & J. Linaza (Comps.), *El mundo social en la mente infantil*. Madrid: Alianza.

Duveen, G. (2000). Piaget ethnographer. *Social Science Information, 39* (1), 79-97.

Fernández Álvarez, M. I. (2015). *Hacer juntos(as). Dinámicas, contornos y relieves de la política colectiva*. Buenos Aires: Biblios.

Fonseca, C. (1998). Quando cada caso NÃO é um caso. Pesquisa etnográfica e educação. *Revista Brasileira de Educação*, 10: 58-78.

García Palacios, M. (2012). *Religión y etnicidad en las experiencias formativas de un barrio toba de Buenos Aires*. Tesis de Doctorado con mención en Ciencias Antropológicas. Facultad de Filosofía y Letras, Universidad de Buenos Aires.

García Palacios, M. y Castorina, J. A. (2014). Studying Children's Religious Knowledge: Contributions of Ethnography and the Clinical-Critical Method. *Integrative Psychological and Behavioral Science*, 48 (4): 462-478.

García Palacios, M., Shabel, P., Horn, A., Castorina, J. A. (2018). Uses and Meanings of "Context" in Studies on Children's Knowledge: A Viewpoint from Anthropology and Constructivist Psychology. *Integrative Psychological and Behavioral sciences*, 52 (2), 191-208.

Gledhill, J. (2000). *El poder y sus disfraces: perspectivas antropológicas de la política*. Barcelona: Ediciones Bellaterra.

Guber, R. (2008). *El salvaje metropolitano*. Bs. As.: Paidós.

Hecht, A. C. (2007). De la investigación sobre a la investigación con. Reflexiones sobre el vínculo entre la producción de saberes y la intervención social. *Runa. Archivo para las Ciencias del hombre*, 27: 87-99.

Lave, J. (2015). *La cognición en la práctica*. Buenos Aires: Paidós.

Lave, J. y Wegner, E. (1991). *Situated Learning: legitimate peripheral participation*. New York: Cambridge University Press.

Lenzi, A. (2014). Desarrollo cognoscitivo y formación de conocimientos políticos en niños y adolescentes. *Revista de Psicología-Segunda época, 11*.

Manzano, V. (2013). *La política en movimiento*. Buenos Aires: Prohistoria.

Padawer, A., Scarfó, G., Rubinstein, M. y Visintín, M. (2009). Movimientos sociales y educación: debates sobre la transicionalidad de la infancia y de la juventud en distintos contextos de socialización. *Intersecciones en antropología*, 10 (1): 141-153.

Pires, F. (2007). Ser adulta e pesquisar crianças: explorando possibilidades metodológicas na pesquisa antropológica. *Revista de Antropología de San Pablo*, 50 (1): s/p.

Poli, C. (2007). Movimiento Territorial Liberación: su historia. Piquetes, organización, poder popular. *Cuaderno de trabajo*, N° 77. Buenos Aires: Centro Cultural de la Cooperación.

Rabello de Castro, L. (2002). A infância e seus destinos no contemporâneo. *Psicologia em Revista*, 8 (11), 47-58.

Rockewll, E. (2009). *La experiencia etnográfica*. Buenos Aires: Paidós.

Santillán, L. (2009). La crianza y educación infantil como cuestión social, política y cotidiana: una etnografía en barrios populares del gran Buenos Aires. *Anthropologica*, 27 (27), 47-74.

Shabel, P. (2018). «I Learn as I Please»: The Construction of Children's Knowledge in, and about, a Buenos Aires Neighbourhood. *Children and society*, 32 (2): 417-428.

Szulc, A. (2015). *La niñez mapuche. Sentidos de pertenencia en tensión*. Buenos Aires: Biblos.

Toren, C. (1990). *Making Sense of Hierarchy: Cognition as Social Process in Fiji*. London: London School of Economics.

Toren, C. (1999). *Mind, materiality and history. Explorations in Fijian Ethnography*. London and New York: Routledge.

CAPÍTULO IX

El derecho a la intimidad en la escuela secundaria: ideas de los y las adolescentes

Mariela Helman, Axel Horn y José Antonio Castorina

Introducción

El derecho a la intimidad es una atribución jurídica a los niños, niñas y adolescentes presente en la *Convención sobre los derechos del niño* (ONU, 1989). Se produce, así, una ruptura con las concepciones jurídicas precedentes ya que les otorga derechos activos o de participación, como la libertad de opinión o la intimidad, y no sólo derechos pasivos o de protección como la alimentación, la salud o la educación (García Méndez, 1994). De esta manera, entiende a las personas menores de edad como sujetos de derechos, ampliando su participación pública, y reconoce la incondicionalidad de estos derechos, sin que estén sujetos a otra condición que la de ser niñas, niños o adolescentes para gozar de ellos.

La frontera de la intimidad resguardada por la *Convención* es producto de un largo recorrido histórico que va desde la edad media, donde lo público y lo privado se confunden (no existiendo un espacio privado perteneciente a cada persona), hasta la instalación de las primeras cortes europeas donde comienza a constituirse un espacio personal ajeno a la intervención de los otros (Aries, 1989; Elias, 1998). Así, el derecho a la intimidad se constituye sobre la admisión [previa] de una esfera que se sustrae del accionar de los otros y de la que dispone la persona haciendo de sí misma un sujeto activo en el usufructo de sus derechos. Asimismo, en tanto objeto de conocimiento, el derecho a la intimidad corresponde al dominio de conocimiento social, campo que ha sido estudiado por la psicología genética (Helman y Castorina, 2007; Horn y Castorina, 2008).

Este trabajo se sitúa en una perspectiva crítica, desarrollada en el interior de la psicología genética (Barreiro, 2012; Castorina, 2005; Castorina y Faigenbaum, 2000), según la cual la conceptualización no depende sólo de la actividad constructiva individual, sino que sufre restricciones propias del contexto social, destacando aquellas que resultan de la participación en instituciones y de la apropiación de creencias de sentido común.

Ciertas corrientes de la psicología del desarrollo intentaron dar cuenta de la construcción infantil de una noción como la intimidad, entendiéndola como una elaboración solitaria del sujeto con el objeto que intenta conocer (La Taille, Bedoia y Gimenez, 1991), y referida a una *expectativa de trato* (Leiras, 1994) respecto de sus aspectos privados. Sin embargo, las investigaciones llevadas a cabo por este equipo han mostrado que en la escuela esta expectativa muchas veces se cancela si el niño incumple algunas normas escolares. Es decir, no se piensa al derecho como incondicionado –tal como lo establece *La Convención*– y se lo concibe atado a condiciones escolares que el niño o la niña deben cumplir o, como mencionamos en otro trabajo (Helman y Castorina, 2005; Helman, 2007), se entiende como un derecho ganado por ser buen alumno o buena alumna. Desde nuestra línea de investigación, hemos postulado que las prácticas escolares ponen condiciones a la construcción de ideas de los niños y las niñas sobre sus derechos. Las condiciones que hemos identificado están vinculadas con algunas características de dichas prácticas. Por ejemplo, en aquellos casos en los que los sujetos reconocían que los adultos de la escuela debían no hacer públicas informaciones personales de los alumnos y las alumnas, ese reconocimiento del derecho se desvanecía cuando el o la docente lo hacía para poder ayudarlo o el alumno o alumna tenía bajas calificaciones escolares.

En otras palabras, los estudios realizados por Helman y Castorina (2007) y ampliados por Horn y Castorina (2008) mostraron que las ideas infantiles sobre los derechos se adquieren trabajosamente en un contexto de acciones institucionales, tales como directivas o gestos de las autoridades escolares que tienen por objeto a los alumnos o las alumnas (Helman y Castorina, 2007; Horn y Castorina, 2008). La investigación de Helman se ocupó de los derechos en el contexto escolar, seleccionando el derecho a la intimidad, a la educación y a la libre expresión para estudiar la perspectiva infantil. Los trabajos de Horn se centraron específicamente en torno al derecho a la intimidad, articulando el material recabado con observaciones del contexto áulico. Esto posibilitó contrastar las categorías producidas, al tiempo que se delimitaron prácticas ligadas a la labor de las autoridades escolares que en muchas ocasiones naturalizaban situaciones en las que se vulneraba dicho derecho. También, aunque de manera menos frecuente, se encontraron prácticas que lo ponderaban y resguardaban. En estos abordajes el análisis de las producciones individuales se entrelazó con un estudio exhaustivo de los contextos institucionales (Horn y Castorina, 2010; Horn, Helman, Castorina, Kurlat, 2012). Una de las conclusiones de estos trabajos es que los primeros acercamientos conceptuales que los niños y las niñas hacen del derecho a la intimidad en la escuela están sujetos al cumplimiento de la normativa escolar. Estos resultados permitieron afirmar que las prácticas institucionales restringen la construcción de ideas infantiles sobre sus derechos, y que la recurrencia a los condicionamientos por parte de ellos es indicador de que la noción de derecho no está aún consolidada: si así lo fuera, "resistiría" como expectativa de trato aun en situaciones consideradas como de mal comportamiento (Helman, 2009). Estas restricciones operan en relación al proceso de interacción entre el sujeto y el objeto de conocimiento social (Castorina y Lenzi, 2000) posibilitando y, a la vez, limitando la elaboración de los conceptos infantiles (Castorina y Faigenbaum, 2000). Ello significa que no determinan al propio proceso constructivo ya que la actividad intelectual de los sujetos no queda anulada, pero se cumple solo en ciertas condiciones socio institucionales. Es uno de los intereses de este artículo precisar si el concepto de restricciones continúa siendo fértil para definir las relaciones entre sujeto y objeto de conocimiento social o si es necesario incorporar a esa relación epistémica otros componentes, cuestión que retomaremos en el apartado de Discusión sobre los resultados.

El recorrido de los distintos trabajos de investigación llevó al estudio de los procesos de conceptualización sobre el derecho a la intimidad, en el contexto de la escuela media, con el objetivo de indagar las ideas de sujetos de edad más avanzada y que participan en prácticas escolares muy diferentes a las de los sujetos de primaria. En este marco, la posibilidad de estudiar exhaustivamente la construcción del derecho a la intimidad en el contexto de la escuela media, resulta pertinente por las siguientes razones: en primer lugar, porque puede suponerse que en las prácticas escolares, así como en la organización misma de la escuela media, la información personal de los y las adolescentes sea tratada de una manera diferente que en la escuela primaria y esto posibilite la elaboración de otras ideas sobre el derecho; en segundo lugar, porque más allá del supuesto que atribuye a la adolescencia un reconocimiento y una valoración de la intimidad, resulta necesario precisar qué es para los adolescentes la intimidad en el contexto escolar y qué conceptualizaciones –si las hubiera– existen en torno a la misma como derecho, lo que nos lleva a identificar el nivel de justificación que los sujetos atribuyen al mismo; por último, sin afirmar ninguna tesis evolutiva, puede esperarse que el interés creciente de los y las adolescentes por una vida con grados crecientes de autonomía, como propone nuestra cultura, posibilite la producción de otras ideas sobre el derecho a la intimidad.

Este trabajo se propone: en primer término, exponer algunos rasgos propios de la escuela secundaria como institución, a los fines de situar la indagación de las ideas de los y las adolescentes. Luego, se presenta el proceso de investigación y se analizan las entrevistas realizadas distinguiendo elementos comunes y novedosos respecto de las investigaciones previas; finalmente, se establecen algunas conclusiones acerca del significado de los análisis anteriores y la apertura a nuevos problemas.

La escuela media como marco en el cual se produce la elaboración cognitiva

Este trabajo no se propone caracterizar exhaustivamente al nivel secundario, sino recuperar algunas de sus notas centrales para comprender mejor el tipo de prácticas escolares relacionadas con nuestro tema de estudio. Estas consideraciones acerca de ciertos rasgos de la institución escolar permiten situar más específicamente el contexto en el que los sujetos producen conocimiento social acerca de sus derechos. También los cambios culturales acontecidos en los últimos años, y que incluyen la discusión de conceptos tales como participación juvenil, formación política de los y las jóvenes, entre otros, nos convocan a repensar el contexto que actúa como restricción de la producción cognitiva.

En la actualidad existe un amplio consenso respecto de la crítica a la escuela secundaria tal como se la entendió históricamente (Terigi, 2008; Miranda, 2013; Southwell, 2018; entre otros). La escuela media sufre, principalmente, una crisis de sentido: ¿para qué "sirve" la secundaria? De ahí que, desde hace tiempo, los gobiernos de los países latinoamericanos han procurado cambios en las instituciones del nivel.

En nuestro país, la sanción de la Ley de Educación Nacional (2006) reinstaló el debate social sobre la educación secundaria planteando el enorme desafío del acceso, la permanencia y la finalización del nivel, en condiciones que garanticen aprendizajes de calidad para los y las jóvenes. Las políticas implementadas para dar respuesta al requerimiento de universalización de la educación secundaria tienen lugar en complejos escenarios de transformaciones sociales, culturales e institucionales (Miranda, 2013). La elaboración de nuevos textos legales[1] supone un reposicionamiento relevante del Estado. A su vez, estos instrumentos legales y la demanda de inclusión social y educativa se tradujeron en acciones y estrategias materializadas en planes, programas y proyectos.

La obligatoriedad involucrada en el cambio de ley, impone revisar las condiciones institucionales. Mientras el secundario incorporaba solo a las capas medias de la población, su propuesta pedagógica, su formato organizacional y su *curriculum* adquirían legitimidad. Si muchos estudiantes no lograban transitar la escuela secundaria, ello no se analizaba como problema del nivel, puesto que se aceptaba que no era "para todos". Sin embargo, la concreción de estos cambios necesarios resulta compleja dado que el patrón organizacional de la escuela secundaria presenta tres rasgos que conforman un *trípode de hierro* difícil de remover: la clasificación de los currículos, el principio de designación de los y las docentes por especialidad y la organización de su trabajo (Terigi, 2008). Los desafíos que supone la incorporación a la escuela media de los y las adolescentes y jóvenes excluidos, contrastan con los límites de sus formatos históricos.

Desde la perspectiva de los derechos, nos preguntamos en qué sentido la condición laboral de los y las docentes favorece la inclusión y el reconocimiento de cada estudiante. El trabajo docente por horas de clase, lo que supone la pertenencia a varias instituciones, ¿conlleva el riesgo de que se haga una apreciación rápida y, por ende, muchas veces superficial y fragmentaria de los alumnos o las alumnas? Es decir, menos oportunidades para conocer la trayectoria de cada uno. Por otra parte, la tensión entre la escuela secundaria "para algunos" o "para todos", presente aún en las representaciones de docentes y de la comunidad misma, ¿qué condiciones genera para garantizar el cumplimiento de los derechos de todos?

Así como en la escuela primaria existe consenso respecto de la universalidad del nivel y aun así los derechos resultan condicionados, como lo muestran nuestras investigaciones, ¿cómo resultan marcos regulatorios de la vida institucional si no hay acuerdo generalizado en que es un derecho de cada estudiante estar en la escuela media?

---

1 La Ley de Financiamiento Educativo (2005) y la Ley de Formación Técnico-Profesional (2005) y fundamentalmente la Ley de Educación Nacional (2006).

Nuestro trabajo se inscribe en la tradición que estudia la elaboración de ideas infantiles en el propio contexto de producción de las mismas; es decir, en este caso, la institución escolar. Como ya dijimos, la perspectiva teórica ubica dicha producción en el contexto de participación juvenil en prácticas sociales. Por esto, la referencia a estudios que abordan el análisis de la cotidianeidad escolar resulta pertinente para nuestro objeto de estudio. Así, una línea de trabajos de investigación e intervención a nivel internacional y nacional tiende a dar respuesta pedagógica a diversas situaciones conflictivas de la cotidianeidad escolar. Algunos estudios sobre "violencia escolar" (D'Angelo; Fernández, 2011) permiten distinguir la "violencia en la escuela" (episodios que suceden en la escuela pero en los que la misma funciona como caja de resonancia de interacciones sociales propias del contexto en que está inserta) de aquélla que resulta de mecanismos institucionales producidos en el marco de los vínculos propios de la comunidad escolar y que constituyen prácticas violentas y/o acentúan situaciones de violencia social. Se construyen por lo tanto nociones tales como "conflictividad escolar", "clima escolar" (Kornblit, 2008) con el objetivo de atrapar conceptualmente fenómenos que demandan respuestas urgentes en el día a día de las escuelas.

Según muestran algunos trabajos (Welsh, Greene y Jenkins, 1999; Benbenishty y Astor, 2005), la conflictividad se relacionaría principalmente con factores institucionales propios de la escuela, siendo menos relevantes los aspectos psicológicos individuales o las características sociales, contrariando el supuesto de sentido común que señalaría una correlación directa entre comunidades violentas y escuelas violentas. En particular, algunos rasgos de la institución parecerían estar estrechamente vinculados con el aumento de la conflictividad: la inconsistencia en actividades y decisiones por parte de los y las docentes y/o las y los directivos, la falta de claridad en las reglas y en su aplicación o la arbitrariedad de las mismas, etc.

En nuestro país, trabajos sobre violencia escolar, como los de Kaplan (2006) y Castorina y Kaplan (2006, 2009), entre otros, se centraron, en el nivel medio del sistema educativo. Estos subrayaron la violencia simbólica, como una "violencia suave", no visible para los miembros de la institución y que muchas veces tiene efectos sobre las trayectorias escolares de los y las adolescentes. Esta forma de dominación no impide, en principio, formas de participación y discusión que puede llegar a cuestionarla (Castorina y Kaplan, 2006, 2009). En general, en dichos estudios se incluye como aspecto significativo el llamado "clima social escolar", definido por las percepciones de los distintos actores que participan de la institución escolar, aunque son menos frecuentes los estudios que tratan directamente las prácticas e interacciones que se suscitan en la escuela.

Los propios docentes reconocen la existencia de formas de trato cuestionable hacia los alumnos y las alumnas (modos autoritarios, despectivos o discriminatorios; dificultad para escuchar los problemas de los y las jóvenes; subestimación más o menos explícita). Y los alumnos, por su parte, reconocen estas formas en el modo cotidiano de vincularse docentes y alumnos (gritos intimidatorios, humillaciones) y asocian las situaciones de violencia en las escuelas con el incumplimiento del rol docente en la enseñanza de los contenidos. Los y las jóvenes también mencionan situaciones recurrentes de humillación, hostigamiento o ridiculización entre pares (D'Angelo y Fernández, 2011).

Trabajos más recientes también abordan el estudio de las percepciones sobre la cotidianeidad escolar en el nivel medio. En un relevamiento estadístico realizado por el Ministerio de Educación de la Nación sobre clima escolar, violencia y conflicto en escuelas secundarias, se encuentran datos similares, aunque se destaca particularmente la valoración que tienen los y las estudiantes respecto del espacio escolar (Informe del Ministerio de Educación de la Nación Argentina, 2014[2]). El estudio releva, según la perspectiva de los alumnos, cómo es la convivencia escolar y qué grados de conflictividad existen. Los resultados muestran que en general los estudiantes conocen y acuerdan con las normas pero han participado en poca medida de su elaboración –más allá de las normativas vigentes que promueven la construcción de acuerdos escolares de convivencia–, dato que coincide con otros estudios (Southwell, 2018). Respecto de los órganos de participación (asamblea, consejo de convivencia, consejo de aula, centro de estudiantes, cuerpo de delegados) el cuerpo de delegados es el más conocido por parte de los estudiantes. Resulta interesante porque, en general, esta instancia suele estar

---

2   Objetivo del trabajo: El presente informe de investigación presenta los resultados del relevamiento realizado en noviembre de 2014 por el Observatorio Argentino de Violencia en las Escuelas del Ministerio de Educación de la Nación, cuyo objetivo general fue relevar la percepción de alumnos de 2° y 5° año de las escuelas secundarias de gestión estatal y privada de las 24 jurisdicciones del país acerca de la convivencia, el conflicto y la violencia en sus instituciones. Estudio hecho a 26.600 alumnos de todo el país.

más mediada por los adultos que, por ejemplo, el centro de estudiantes donde los propios jóvenes definen las dinámicas que se dan.

Por fuera de estos niveles institucionales, se consideró otro aspecto de la participación relacionado con lo que se denomina "escucha", es decir, las percepciones de los alumnos respecto de cuánto se los tiene en cuenta, la sensación de libertad para expresar sus opiniones, la comodidad y la confianza que viven en su escuela. Estos aspectos suponen una expectativa de trato altamente valorada por parte de los alumnos hacia los adultos. Es destacable que aunque persiste el desafío de la profundización de instancias participativas en las escuelas, los y las estudiantes sientan –en su gran mayoría– que son tenidos en cuenta, escuchados, consideradas sus opiniones, tal como los resultados de las investigaciones citadas lo describen. Estas vivencias no necesariamente se corresponden con la participación en instancias formales. Se trata de dos aspectos diferentes de la participación.

Por su parte, Southwell (2018)[3] propone abordar la dinámica escolar para analizar los modos institucionales de habilitar vínculos intergeneracionales, así como las maneras de estar y de ser reconocido en la escuela[4]. El estudio permite observar ciertas controversias de corte generacional en cuanto a las significaciones que otorgan adultos y jóvenes a distintos componentes de la experiencia escolar, como por ejemplo, la justicia de las reglas escolares, el respeto o inclusive el sentido mismo de la escuela media.

Según éste y otros trabajos (Litichever, 2014), dicho nivel educativo afronta el desafío de un cambio en torno a las formas de regular la convivencia, desde un modelo disciplinario hacia otro participativo. Sin embargo, aquellos viejos modos persisten en las escuelas: el modelo participativo es todavía más un proyecto que una realidad en las prácticas concretas. Se evidencia, por tanto, cierta distancia entre lo que propone la normativa y lo que concretamente ocurre en las escuelas: por un lado, hay ciertas normas que proponen una concepción de la convivencia como habilitante del diálogo y la participación de los acto-

---

3 Vínculos intergeneracionales y posiciones docentes: tensiones en la escuela secundaria contemporánea.

4 Proyecto de investigación PIct ANPcyt-uNIPE N° 0097, "Escuela media y cultura contemporánea: vínculos generacionales, convivencia y formación ciudadana" realizado entre los años 2012-2016. Trabajo de campo en 4 escuelas de Pcia. de Bs. As. La investigación focalizó en los modos en que las instituciones favorecen u obstaculizan ciertas formas de vínculos intergeneracionales.

res escolares, a fin de generar una escuela más inclusiva; por el otro, la concreción del sistema de convivencia en las escuelas se opone a estas ideas: las normas realmente vigentes son similares a las que se exigían en el modelo disciplinario, de modo que los comportamientos que más se sancionan se vinculan con el sostenimiento de las jerarquías y no con la revisión de los vínculos institucionales.

Notamos, por tanto, una coexistencia de la caducidad de un modo tradicional de concebir a la vida escolar y al adolescente pero, al mismo tiempo, la ausencia de espacios de participación real más amplios en la dinámica escolar. Al enfoque de la homogeneización se lo suplanta por el de la inclusión con reconocimiento y respeto por la diversidad. Y este respeto determina nuevas condiciones de regulación de la vida escolar: básicamente se propone la inclusión de todos los sujetos pero también se demanda el respeto a las características de cada uno (ritmos de aprendizaje, recorridos escolares diversificados, consideración de la particularidad de cada cual). Insistimos, las nuevas condiciones de época reclaman la renovación de las modalidades de regulación de la vida institucional a fin de ampliar derechos y garantizar diversas formas de participación estudiantil, pero éstas no resultan sencillas de concretarse. Considerando nuestro recorte del objeto de investigación, nos preguntamos de qué modos las regulaciones de las prácticas escolares intervienen en las ideas que elaboran los y las estudiantes sobre el derecho a la intimidad. Es decir, ¿podemos relacionar el carácter condicionado del derecho con la percepción de los alumnos de que en la escuela es frecuente que queden muy expuestos? Que las ideas infantiles permitan a las autoridades "vulnerar" su derecho a la intimidad, ¿se relaciona con la intención de evitar males peores, evitar el maltrato y la burla entre pares, que parece ser un aspecto central de sus preocupaciones, según lo muestran distintos estudios?

Las interpretaciones aceptadas con cierta amplitud en nuestra cultura caracterizan a los niños y las niñas como sujetos plenos de derechos, y tuvieron su correlato jurídico con la aprobación de un conjunto de leyes nacionales[5] que reflejan, a la vez que instalan, modos de concebir a niños, niñas y adolescentes, así como una comprensión de la convivencia y sus problemas. Esta nueva concepción requiere a su vez

---

5   N° 26.206, N° 26.061, Nº 26.877, N° 26.892 y resoluciones del Consejo Federal de Educación (N° 93/09, N° 174/12, N° 188/12, N° 217/14, Nº 226/14, N° 239/14) y la conformación del Sistema de Protección Integral de Derechos de Niños, Niñas y Adolescentes (Ley N° 26.061).

la construcción de una nueva autoridad de los adultos –reforzando su carácter pedagógico e institucional– situada en una cultura institucional democrática. Esto se debería traducir en mayores grados de participación de los estudiantes, un sistema de sanciones de carácter formativo no punitivo basado en la responsabilidad progresiva, la elaboración colectiva de acuerdos para la convivencia y en formas diversas de acompañamiento de las trayectorias escolares, entre otras cuestiones.

En el caso de la escuela media, se conjugan las tensiones antes mencionadas (para algunos/para todos) con otras que surgen de la coexistencia de concepciones diversas referidas a la infancia y la juventud. Así, los derechos de protección cuentan con amplia aceptación y son reconocidos de modo generalizado, mientras que los derechos de participación resultan controvertidos. En las escuelas, éstos últimos colisionan con concepciones más tradicionales en torno a la autoridad que, aun desde la perspectiva del resguardo de los derechos, admiten diferencias significativas a la hora de su concreción. Esta interpretación es consistente con lo que muestran los estudios mencionados donde los estudiantes, por lo general, reconocen sentirse escuchados y contenidos por la escuela (derechos de protección) pero señalan poco nivel de acción respecto de la elaboración de las normas o en órganos tales como el centro de estudiantes (derechos de participación).

Lo dicho sobre las diversas tensiones en las prácticas disciplinarias y de participación del nivel medio de escolaridad plantea, desde nuestra perspectiva constructivista, la cuestión de cómo ellas han intervenido en la elaboración cognitiva de los y las jóvenes sobre el derecho a la intimidad. Si podemos considerarlas como una restricción para que los sujetos construyan sus ideas o si participan de un modo más crucial en dicha producción, cuestión que retomaremos en la discusión final de este artículo.

Dicho de otro modo, el mayor resguardo de los derechos de protección por parte de las autoridades, ¿prolongará los condicionamientos que se encuentran en los niños y las niñas de escuelas primarias? Y, por otra parte, la menor presencia de los derechos de participación en las prácticas escolares, ¿impactará en las ideas de los y las jóvenes respecto de la posibilidad de reclamar por el cumplimiento de sus derechos? Por último, ¿es posible redefinir las restricciones al conocimiento dando un lugar más destacado a las prácticas y a las representaciones sociales de los y las docentes, además de las relaciones del sujeto y el objeto social?

Las ideas de las y los adolescentes

Entre los años 2014 y 2016 fueron entrevistados adolescentes de sectores medios de 13 a 16 años, que asistían a escuelas públicas de la CABA. Esta investigación combinó la utilización de observaciones de distintos espacios escolares, a fin de caracterizar las prácticas cotidianas respecto de la intimidad, con la realización de entrevistas clínicas. Se utilizó la observación no participante como un instrumento metodológico para obtener datos empíricos de primera mano de los sucesos de la vida escolar. En base a los datos obtenidos, se elaboraron categorías a través del método comparativo constante, muy pertinente para establecer las relaciones entre los fenómenos, los comportamientos y las creencias de los sujetos implicados (Goetz y Lecompte, 1988).

Aquí nos ocuparemos exclusivamente del análisis de las entrevistas dada su importancia metodológica, aun reconociendo su incompletud y provisoriedad, y dejando para futuros trabajos la categorización de las observaciones. Las entrevistas fueron realizadas en forma individual, basadas en los lineamientos del método clínico-crítico piagetiano (Piaget, 1926; Delval, 2001) para indagar y reconstruir las ideas de los y las adolescentes sobre su derecho a la intimidad en el contexto escolar[6].

Las siguientes preguntas orientan el análisis de las entrevistas realizadas[7]: ¿Qué características asumen las ideas de los y las jóvenes respecto de su derecho a la intimidad en la escuela? ¿Presentan rasgos similares a los ya encontrados en las muestras de niños y niñas de escuela primaria? ¿Podemos señalar diferencias? ¿Las continuidades y los cambios, a qué podrían deberse? ¿A avances en las características propias del pensamiento adolescente? ¿A la participación en otro tipo de prácticas escolares? ¿A una combinación entre ambas?

---

6   En el curso de las mismas se presentaron distintas narrativas, situaciones propias de la vida institucional, donde una autoridad hace público algún aspecto personal del/a alumnx. A partir de ellas, se les pide a los sujetos que identifiquen si está o no en juego la intimidad y el respeto o vulneración del derecho en cuestión.

7   Las entrevistas se realizaron por estudiantes de la Licenciatura de Ciencias de la Educación de la Facultad de Filosofía y Letras, en el marco del Trabajo de Créditos de Investigación implementado por la Cátedra de Psicología Genética de dicha facultad, durante el segundo cuatrimestre del año 2016. Se trabajó con una muestra de veinte sujetos, entre 14 y 16 años de edad.

Del análisis de las entrevistas realizadas, se desprenden algunas características de los conocimientos sobre el derecho a la intimidad en la escuela:

1) Ciertas continuidades con las ideas de los y las estudiantes de escuelas primarias. En particular, las ideas referidas a la legitimación de las acciones de la autoridad para consagrar o vulnerar el derecho en cuestión, son similares a las de niñas y niños más pequeños, según las muestras anteriores.

Las preguntas dirigidas a los sujetos fueron: ¿Cómo sabe el profesor que puede o no puede hacer determinada intervención? (leer un mensaje del celular de un alumno, leer un papel que circula en hora de clase, contar un problema que tiene algún estudiante, etc.) ¿De dónde "sale" o proviene esa autorización o esa prohibición de actuar de determinada manera? Se pretende averiguar si, desde la perspectiva juvenil, estos actos que vulneran o consagran derechos están pensados desde algún marco más objetivado (una norma, una ley, un derecho) que el de la reciprocidad esperada en las relaciones interpersonales. En el caso de los y las estudiantes de primaria, es notoria la ajenidad de esta dimensión: los sujetos no comprenden la pregunta o dan explicaciones que se apoyan en el sentido común, o en aprendizajes adquiridos por la experiencia escolar propia de las autoridades o la experiencia de vida de las mismas. Por ejemplo, "sabe que no tiene que leer el celular porque es algo que se sabe, no se puede, a la maestra tampoco le gustaría que se lo espíen" (Dalia, 10 años).

En términos generales, no encontramos mayores diferencias con los argumentos que esgrimen los sujetos de escuela media, como puede verse en el siguiente fragmento de entrevista:

> Si el docente tiene FB no le gustaría que se lo miraran sin su permiso (…). [*Entr.: ¿Sale de algún lado que ella –la profesora– no puede hacer eso? (contar un problema personal que tiene un alumno)*]. No, yo creo que directamente ella toma sus propias decisiones. Pero creo que ella debería hablar con alguna mayor autoridad y ver qué pueden hacer con el grupo. Si comentarlo en el grupo o hablar con este chico, con el asesor pedagógico, con el psicólogo de la escuela (…). Yo creo que se actúa por lo primero que se te venga a la cabeza. Pero no sabría decir eso porque realmente no se me ocurre. (Lucas, 15 años).

Tampoco se observan diferencias importantes respecto a las acciones que los sujetos pueden llevar a cabo si su derecho a la intimidad fue vulnerado. Sistemáticamente, los más pequeños consideran que no hay sanciones posibles para las autoridades cuando transgreden el respeto a la intimidad. El argumento que sostienen es que el daño ya está hecho (contar para todo el grupo un problema personal, leer el contenido de un papel que circula entre alumnos en hora de clase, por ejemplo) y frente a ello solo queda el enojo o el disgusto del alumno pero no se contemplan sanciones frente a tales acciones de las autoridades institucionales. Por ejemplo, si el o la docente leyó el contenido de un papel pasado entre alumnas, ellas no pueden hacer nada, como sostiene uno de los sujetos: "Y (...) no, porque ya si levantan la voz puede pasar algo extremo. Que la profesora les grite o algo por el estilo. Ya está, para mí no pueden hacer nada" (Sofía, 14 años).

Claramente, hay una continuidad respecto de las argumentaciones que se encontraron en los sujetos más pequeños. También se hacen justificaciones centradas en el carácter benefactor de la autoridad (realiza determinados actos que suponen traspasar límites ligados a informaciones íntimas por el bien de los y las estudiantes o para evitar males peores). Incluso, se consideran los condicionamientos al derecho a la intimidad según los ámbitos donde las situaciones conflictivas se desarrollan. En general, el aula pareciera ser propiedad de los docentes mientras que el recreo pertenecería más a los alumnos; y esa propiedad habilita más intromisiones en los resquicios personales. Estos rasgos ya habían sido encontrados y descriptos en niños y niñas de nivel primario (Horn y Castorina, 2010).

2) ¿Continuidades o cambios? Los adultos tienen la responsabilidad de proteger a los y las jóvenes, pero en ámbitos o problemas propios de los adolescentes. En los trabajos realizados con sujetos de escuelas primarias, en algunas oportunidades se presentaron situaciones que suponían conflictos entre el derecho a la intimidad y el derecho a la integridad física. En la muestra tomada en clase popular, algunos niños nos planteaban que si un alumno tiene un problema muy grave en la casa, las autoridades de la escuela deberían saberlo para poder intervenir. Fue una argumentación que no había aparecido en los sujetos de clase media. Interpretamos dichas situaciones como conflictos de derechos en donde la protección de los menores tiene "más peso" que el respeto a la intimidad, cuestión que normativamente funciona así. De hecho, las

autoridades escolares están obligadas a intervenir frente a situaciones donde haya vulneración de derechos.

A partir de estos hallazgos, incorporamos en las entrevistas este tipo de situaciones y volvemos a encontrar en la muestra de sujetos de escuela media, el predominio del cuidado de los menores por sobre la intimidad de los sujetos. Resulta interesante, porque por tratarse de adolescentes, los ejemplos que mencionan son distintos y se vinculan con preocupaciones propias de los y las jóvenes y con ciertas claves de época tales como la desnaturalización y el rechazo frente a relaciones desiguales de género (por ejemplo, la identificación de noviazgos violentos). Por ejemplo, Zoe (16 años) analizando una situación en la que una joven cuenta a la tutora del curso que una amiga tiene un noviazgo potencialmente peligroso, afirma:

> La amiga no hace mal, la tutora del colegio sería importante que se entere porque la tienen que ayudar (...) tal vez ella no está preparada para contarlo todavía y sigue en esa relación tóxica (...) tiene que sentirse cómoda para poder decirlo. Pero es importante que lo diga o que una amiga avise para que la ayuden a salir.

Las significaciones que encontramos están directamente vinculadas con procesos culturales y sociales presentes en los últimos años y, al mismo tiempo, en ellas persiste el lugar diferenciado de jóvenes y adultos a la hora de proteger y garantizar los derechos de los primeros. Martina (13,7 años) sostiene que "los adultos son los que pueden hacer algo mayor, no las compañeras, ellas pueden escucharla, contenerla pero los adultos pueden hacer algo más (...)". Estas consideraciones son compatibles con los estudios antes mencionados donde los adolescentes señalan sentirse escuchados y tenidos en cuenta en la escuela media, por parte de sus docentes.

3) Notamos algunas diferencias significativas en la muestra de sujetos de escuelas medias en comparación con los de primaria, respecto de la concepción del derecho a la intimidad; en particular, se destaca un reconocimiento inmediato del derecho implicado en las distintas narrativas. Así como los sujetos pequeños no reconocían el derecho a la intimidad en las situaciones, incluso como expectativa de trato, los jóvenes parecen reconocerlo al instante que se plantea la situación. Estas diferentes interpretaciones evocan a Piaget (Piaget y Garcia, 1982),

para quien los observables no eran "dados" sino asimilados a los marcos de significación de que un sujeto dispone. Al plantearles las situaciones empíricas, los sujetos de escuela primaria se centran primeramente en el incumplimiento de la normativa escolar; mientras que los de escuela media enfatizan la vulneración de la intimidad por parte de las autoridades escolares.

Por ejemplo, frente a una situación planteada en la que dos alumnas se pasan un papelito en hora de clase y la maestra se los saca y lee su contenido, encontramos este tipo de apreciaciones:

> (...) lo que hizo la profesora está mal. Porque lo que decía el papelito era algo íntimo de la chica y su compañero. (...) es un tema de ellas que por ahí era un tema privado y no debería leerlo. Para mí debería hacer lo que hizo mi profesora, que era tirar la carta a la basura. (Martín, 16 años).

Mientras que en las muestras realizadas con estudiantes de escuelas primarias, las respuestas frecuentemente sostienen, por ejemplo, que "está mal lo que hicieron las chicas porque no se pueden mandar mensajes en hora de clase, así no prestan atención y después no van a aprender lo que la señorita explica" (Abril, 9 años) y, en muchas ocasiones, solo luego del contraargumento los sujetos "visualizan" o interpretan la situación como un observable vinculado con la intimidad.

Como ya planteamos, este tipo de respuestas son frecuentes en la muestra de sujetos de escuela media, indicándonos una diferencia notoria de manera recurrente. Por ejemplo, frente a la situación en la que unas alumnas bloquean el celular cuando la profesora les pide que se lo entreguen por estar mandándose mensajes en hora de clase:

> Me parece bien porque están protegiendo lo que ellas están hablando. La profesora no tiene por qué meterse en la privacidad de ellas. Como dije anteriormente, puede ser un tema muy privado sobre una de las dos, y la profesora no tiene por qué saberlo.

Además "(...) el celular es propiedad de uno, y la profesora no tiene derecho a leer, bueno igual se lo bloquearon, pero igual no tiene derecho a que la profesora lea lo que hay adentro del teléfono" (Felipe, 15 años).

Del mismo modo, en la narrativa donde el docente cuenta un problema familiar de un alumno para el resto de la clase:

> Me parece mal lo que hace la profesora porque que si él tiene un problema familiar y se lo cuenta a la profesora, capaz porque no quiere contárselo a sus compañeros. (…) Capaz que él solamente quiere que lo sepa ella y no quiere contárselo a los demás. (Micaela, 14 años).

> (…) si el chico no lo quiso contar, no se cuenta. Porque me parece que las situaciones personales son propias. Y aparte a veces los chicos no pueden entender a un chico de su misma edad y más si son chiquitos. (…) Bah…me parece que salvo que el chico quiera contarlo sino no se puede decir algo sin consentimiento (…). (María Sofía, 15 años).

> Ya empezamos mal. Para mí está mal eso. Porque es un tema que solamente el chico debería contar a quienes él quiera (…). Porque es un tema privado del chico. (…) Y para mí la profesora directamente estuvo mal porque es un tema privado y bueno, el chico por ahí no tiene confianza con todo el mundo, como me pasa a mí (…) (risas) y por ahí no quería que algún otro chico lo sepa. Como que se expuso la situación cuando él por ahí deseaba tenerlo en privado, y hablarlo solo con la profesora. (Azul, 16 años).

Como podemos ver a través de los ejemplos anteriores, los sujetos reparan en la cuestión de la intimidad de modo inmediato, podríamos decir que casi es lo primero que "ven" –en el sentido de los observables construidos antes mencionados y según las situaciones que les presentamos–. Es aquello en que ponen el énfasis a la hora de interpretar las narrativas.

En la situación planteada en la narrativa del mensaje que circula en hora de clase, el respeto a la intimidad entra en tensión con el cumplimiento de la normativa escolar, pues de hecho las alumnas están transgrediendo una regla. Ya hemos caracterizado esta tensión como un elemento que condiciona el derecho a la intimidad (Helman y Castorina, 2007; Horn y Castorina, 2008). En los sujetos más pequeños, es casi una constante que la transgresión a la normativa escolar suponga perder el derecho a la privacidad entre los niños y las niñas. La secuencia argumentativa suele ser así: los chicos pueden disponer de cosas ajenas a la intromisión adulta pero si las mismas circulan en el aula, en hora de clase, ese derecho deja de tener valor como tal. Para ellos lo más importante es que el aula parece ser propiedad del docente o que entonces se está transgrediendo una norma escolar. En cambio, los jóvenes, si bien pueden dudar frente al hecho de que las alumnas están en hora de clase, terminan afirmando que es más importante el resguardo del contenido de esos mensajes. Claramente, parece ser otra forma de considerar el problema donde prima el respeto a la privacidad respecto del incumplimiento a la normativa escolar.

Por otra parte, se producen evidentes avances en cuanto al modo de explicar, relacionar, hablar y argumentar sobre los temas que proponen las narrativas. Es decir, los observables son más amplios en comparación con los sujetos pequeños, se incluyen más elementos –se mencionan leyes, derechos, intimidad, privacidad, etc, de manera espontánea– y se establecen relaciones más complejas entre ellos. En nuestra opinión, el hecho de que los sujetos de esta muestra sean de escuela media, esto es, de edad más avanzada, también interviene en el modo en que conciben el objeto de conocimiento. Claro está, no se trata de una habilidad madurativa o de una competencia natural "para reconocer derechos", sino que estos argumentos se vinculan con interacciones y experiencias sociales diversas. Por otra parte, los adolescentes cuentan con instrumentos cognitivos más potentes que les permiten estructurar dicha experiencia de maneras más avanzadas; es decir, pueden aislar las variables que producen un fenómeno, formular hipótesis y contrastarlas, examinar si son ciertas o son falsas, etc. (Delval, 1983), y pueden realizar inferencias verbales mucho más rigurosas. Sobre todo, realizar abstracciones sobre sus propias elaboraciones acerca de los derechos, pueden tematizar las cuestiones explícitamente, y reflexionar sobre sus propias acciones, e incluso sobre las que se realizan sobre ellos. Más aún, la actividad intersubjetiva que tiene lugar en el aula, incluida su relación de reconocimiento respecto del profesor o sus pares, supone una actividad reflexiva para conceptualizarla.

Una discusión sobre los resultados

Resulta de interés retomar las ideas que encontramos en los y las jóvenes. Pueden resumirse diciendo que identificamos cierta persistencia en la dificultad de reconocer una legalidad de los derechos regida por normas públicas. Los y las jóvenes sostienen, al igual que los más pequeños, una legalidad interpersonal. Es decir, interpretan las acciones de los docentes sobre sus derechos siendo sostenidas por decisiones personales o expectativas de trato generales y no porque estén respaldadas por normas jurídicas o derechos reconocidos y declarados más allá de la escuela. En las primeras investigaciones de nuestro equipo sobre autoridad escolar (Castorina y Lenzi, 1992; Castorina y Lenzi, 1993; Castorina y Lenzi, 2000) hemos postulado que las explicaciones infantiles giran en torno a ciertas hipótesis organizadoras. Identificamos el pasaje en el desarrollo de esas ideas donde los niños más pequeños explican la autoridad por la *hipótesis del dueño* (la directora ejerce su autoridad porque compró la escuela o el dueño de la misma le adjudicó tal tarea) a una explicación propia de los niños más grandes de la muestra que sostienen la autoridad escolar por la *hipótesis del cargo*, pudiendo identificar que no es la persona la portadora del cargo, sino este último un espacio simbólico que ella viene a ocupar. El dominio o las entidades que constituyen la autoridad para los niños más pequeños, son personas y relaciones de carácter interpersonal. En cambio, el dominio en los sujetos más grandes, está constituido por entidades observables como los actores concretos que forman parte de la escuela, pero también por entidades teóricas como "cargos", "funciones" o "normas". Los actos de la autoridad se explican, por tanto, a través de criterios que trascienden lo personal.

Podríamos pensar que el respeto a los derechos forma parte de esas normas de carácter generalizado e impersonal que regulan las prácticas escolares que los sujetos más grandes conciben. Sin embargo, respecto del derecho a la intimidad, encontramos una continuidad entre niños y jóvenes donde las autoridades escolares parecen actuar acorde a criterios personales e individuales, sin que sea clara una regulación normativa que exige de las autoridades responsabilidades respecto de los derechos y que recuerdan a las versiones más primitivas de la autoridad escolar. Esto puede colocarse en serie con las dificultades, tanto de niños y niñas como jóvenes, en pensar acciones a llevar adelante ante vulneraciones del derecho a la intimidad realizadas por los docentes. Puede suponerse que estas persistencias se sostienen en una versión de cierto paternalismo institucional o perspectiva benefactora, también encontrada en las investigaciones sobre autoridad, antes mencionadas.

Esta última cuestión resulta relevante porque los datos sugieren, aunque para poder confirmarlo debería investigarse puntualmente, que se trata de una coexistencia de un pensamiento lógico estricto, o una actividad intelectual que se mueve en las abstracciones de las normas, al mismo tiempo que se sostiene una normativa encarnada en personas, una creencia social hegemónica en la escuela. Como si la fuerza de esta creencia se impusiera al pensamiento de los sujetos y no pudieran desprender, abstraer, la normas de las personas.

Quisiéramos detenernos en los aspectos novedosos del pensamiento de los y las adolescentes porque nos permite retomar una cuestión relevante para la perspectiva constructivista y las discusiones teóricas que planteamos en la introducción: cómo se produce esa novedad que no depende de la actividad puramente individual e intelectual del sujeto. Entre las novedades encontradas están la utilización de argumentos con mayor grado de coherencia y también una mejor identificación del problema sobre el que el entrevistador está hablando: los sujetos de escuela media reconocen inmediatamente que las situaciones planteadas involucran aspectos de la intimidad. Sin embargo, esta mayor claridad tanto para comprender el problema como para sostener su posición, no los conduce de manera directa a concebir la incondicionalidad del derecho a la intimidad. En otras palabras, puede reconocerse que los y las jóvenes disponen de una actividad intelectual que trabaja sistemáticamente sobre el derecho a la intimidad, incluso posibilitando la tematización de las experiencias, pero esto no los lleva a pensar al derecho de una manera más objetiva: por momentos, argumentan con herramientas lógicas una perspectiva condicionada de los derechos.

La investigación presentada resulta una oportunidad para reconsiderar el concepto de restricciones (Castorina y Faigenbaum, 2000), al que no renunciamos, pero que resituamos en una relación más compleja con el sujeto y el objeto de conocimiento. Los sujetos construyen sus ideas acerca del derecho a la intimidad, en un contexto de prácticas sociales e institucionales (que incluye a los docentes, sus decisiones como autoridad y sus representaciones sociales), por lo que es preferible establecer como unidad de análisis las interacciones entre sujeto y objeto e incluir las prácticas institucionales en ellas. Sugerimos que el análisis tenga en cuenta tres componentes: el sujeto, el objeto de conocimiento y las prácticas sociales en las que se producen los conocimientos. En otras palabras, el concepto de restricciones cobra una perspectiva novedosa si se propone una unidad de análisis ternaria, superadora de la dualidad Sujeto-Objeto, posibilitando estudiar las múltiples interacciones entre los componentes de la unidad de análisis, su dinámica de oposiciones y articulaciones.

Sugerimos entonces que en futuros estudios sobre la construcción de conocimiento social se tengan en cuenta los tres componentes articulados dinámicamente. Las ideas infantiles sobre el derecho a la intimidad son el producto de procesos inferenciales de significados, una dialéctica de la integración y diferenciación conceptual acerca del objeto de conocimiento. Pero teniendo en cuenta que estas ideas emergen de la propia experiencia social de los sujetos en relación con la actividad docente en la institución y las creencias sociales de estos docentes sobre el derecho de los niños, las niñas y los adolescentes, siendo este uno de los vértices de la unidad de análisis triádica. En otras palabras, las prácticas sociales realizadas en una institución determinada, con ciertas normas, o en un contexto social que también incluye las posiciones identitarias vinculadas a las representaciones sociales (que no hemos investigado en este trabajo) son un tercer elemento de la relación constructiva entre sujeto y el objeto de conocimiento. De esta manera, al examinar simultáneamente la formación de ideas acerca del derecho a la intimidad en las relaciones del sujeto con el objeto y sus condiciones sociales, la noción de restricción pierde un resto de "exterioridad" respecto de la construcción cognitiva.

En este artículo, el contexto institucional en el que los y las adolescentes elaboran sus ideas fue reconstruido a partir de otras investigaciones en las que se estudiaron diversos problemas de la convivencia en el nivel medio. No deja de resultar significativo que la forma más frecuente en las escuelas secundarias de tomar en cuenta la voz de los jóvenes es a través de la escucha de las autoridades escolares o de mecanismos menos organizados de delegados por curso y no la constitución de órganos estudiantiles como el centro de estudiantes o experiencias de construcción de normas en las que los jóvenes tengan mayor protagonismo, sin que otros interpreten o representen su palabra. Dicho de otra manera, encontramos cierta consistencia entre las ideas más benefactoras acerca de la legitimidad de las acciones de la autoridad escolar y la no preponderancia de prácticas en las que participan como sujetos de derechos en la definición de acuerdos normativos. Queda pendiente para futuros trabajos el análisis de un aspecto que resulta crucial en función de la unidad que hemos definido: nos referimos a las observaciones sobre las prácticas escolares que llevamos a cabo y también a realizar nuevas indagaciones considerando los cambios culturales e institucionales donde los y las jóvenes tuvieron un lugar preponderante. Desde hace algunos años ya los y las adolescentes han desarrollado en diversas instituciones experiencias mucho más participativas (tomas de escuelas, coordinadoras estudiantiles, participación, mediante representantes, de discusiones con los ministros de educación sobre los cambios de planes de estudio, etc.). Estas no están contempladas en la bibliografía que presentamos en este artículo. Queda abierto un interrogante acerca de los efectos de esas experiencias en la elaboración de ideas sobre los derechos de ciudadanía entre los que se encuentra el derecho a la intimidad.

Consideramos que las políticas implementadas desde el Estado para garantizar los derechos son necesarias pero no suficientes ya que hay algo de la experiencia vivida cotidianamente que debe regirse con estos principios en los ámbitos de los que los adolescentes forman parte; en este caso, la escuela (Korinfeld, 2016). La regulación de la vida escolar y las características de las figuras de autoridad han ido modificándose en función de los nuevos escenarios y demandas. La nueva cultura escolar propone la participación integral de los jóvenes en la institución, en la elaboración y la puesta en práctica de un sistema de convivencia, acordado colectivamente (Levy, 2016).

Según lo que se ha dicho en este trabajo, es muy prometedor e interesante para el campo de la educación el estudio de las representaciones sociales de los y las docentes acerca del derecho a la intimidad y de otros derechos de ciudadanía. Es plausible sostener que algunas de esas representaciones sociales de los y las docentes, centradas en el carácter benefactor de la escuela, operen como un verdadero obstáculo epistemológico para que los jóvenes conozcan y ejerzan su derecho en el espacio escolar.

Por último, nos interesa señalar que muchas políticas destinadas a la juventud giran en torno a la idea de *participación*. Llevar adelante una política en este sentido, implica efectivizar el protagonismo que en general les ha sido negado a las jóvenes generaciones. "Sumar las voces de los alumnos a los problemas del gobierno y la regulación de la vida escolar, es un proceso de democratización que rompe con concepciones autoritarias o despóticas" (Levy, 2016, p. 117). Y este es un aspecto central de nuestro planteo, sustentado también por los datos de la indagación presentada: las prácticas escolares son el punto de partida para la elaboración de ideas sobre los derechos que los estudiantes tienen. A partir de prácticas escolares que ubiquen a los niños, las niñas y los adolescentes como sujetos plenos de derecho, como protagonistas en la elaboración de acuerdos normativos y de convivencia, se abre la posibilidad de que también piensen que tienen esos derechos y exijan que sean respetados.

Referencias bibliográficas

Aries, P. (1989). Por una historia de la vida privada. En *Historia de la vida privada*. Ph. Ariès y G. Duby (Dirs.), *Del Renacimiento a la Ilustración*, 3, 7-19. Madrid: Taurus.

Barreiro, A. (2012). El desarrollo de las justificaciones del castigo: ¿conceptualizacion individual o apropiación de conocimientos colectivos? *Estudios de Psicología 68*: 33 (1), 67-77.

Benbenishty, R. y Astor, R. (2005). *School Violence in Context. Culture, Neighborhood, Family, School and Gender*. Oxford: OUP.

Castorina, J. A. (2005). La investigación psicológica de los conocimientos sociales. Los desafíos a la tradición constructivista. En J. A. Castorina (Coord.), *Construcción conceptual y representaciones sociales. El conocimiento de la sociedad* (pp. 19-44). Buenos Aires: Miño y Dávila.

Castorina, J. A. y Faigenbaum, G. (2000). Restricciones y conocimiento de dominio: hacia una diversidad de enfoques. En J. A. Castorina y A. Lenzi (Comps.), *La formación de los conocimientos sociales en los niños. Investigaciones psicológicas y perspectivas educativas* (pp. 155-177). Barcelona: Gedisa.

Castorina, J. A. y Kaplan, C. (2006). Violencias en la escuela: una reconstrucción crítica del concepto. En C. Kaplan (Dir.), *Violencias en plural. Sociología de las violencias en la escuela* (pp. 27-54). Buenos Aires: Miño y Dávila.

Castorina, J. A. y Kaplan, C. (2009). Civilización, violencia y escuela. Nuevos problemas y enfoques para la investigación educativa. En C. Kaplan (Dir.), *Violencia escolar bajo sospecha* (pp. 29-54). Buenos Aires: Miño y Dávila.

Castorina, J. A. y Lenzi, A. (1992). Las ideas iniciales de los niños sobre la autoridad escolar. Una indagación psicogenética. *Anuario de investigaciones*, 2. Buenos Aires: Facultad de Psicología, UBA.

Castorina, J. A. y Lenzi, A. (1993). Algunas ideas avanzadas de los niños sobre la autoridad escolar. *Anuario de investigaciones* 3: 15-25. Buenos Aires: Facultad de Psicología, Universidad de Buenos Aires.

Castorina, J. A. y Lenzi, A. (2000). *La formación de los conocimientos sociales en los niños. Investigaciones psicológicas y perspectivas educativas*. Barcelona: Gedisa.

D'Angelo, L. A. y Fernandez, D. R. (2011). *Clima, conflictos y violencia en la escuela*. UNICEF-FLACSO.

Delval, J. (1983). Crecer y Pensar. La construcción del conocimiento en la escuela. *Cuadernos de Pedagogía*. Barcelona: Editorial Laia.

Delval, J. (2001). *Aprender en la vida y en la escuela*. Madrid: Morata.

Elias, N. (1998). *El proceso de la civilización. Investigaciones sociogéticas y psicogenéticas*. México: Fondo de Cultura Económica.

García Méndez, E. (1994). *Derecho de la Infancia-Adolescencia en América Latina: De la Situación Irregular a la Protección Integral*. Colombia: Forum Pacis.

Goetz, J. P. y Lecompte, M. D. (1988). *Etnografía y diseño cualitativo en investigación educativa*. Ed. Morata: Madrid.

Helman, M. (2010). Los derechos en el contexto escolar: relaciones entre ideas infantiles y prácticas educativas. En J. A. Castorina (Coord.), *Desarrollo del conocimiento social: prácticas, discursos y teoría* (pp. 215-235). Buenos Aires: Miño y Dávila.

Helman, M. y Castorina, J. A. (2005). La institución escolar y las ideas de los niños sobre sus derechos. *Revista del Instituto de Ciencias de la Educación*, Vol. 13, N. 23 (pp. 29-39). Buenos Aires.

Helman, M. y Castorina, J. A. (2007). La institución escolar y las ideas de los niños sobre sus derechos. En J. A. Castorina (Ed.), *Cultura y conocimientos sociales*: *desafíos a la psicología del desarrollo* (pp. 219-241). Buenos Aires: Aiqué.

Horn, A. y Castorina, J. A. (2008). Las ideas infantiles sobre el derecho a la privacidad en la escuela. En *XV Anuario de Investigaciones*, Vol. XV, Tomo II (pp. 197-206).

Horn, A. y Castorina, J. A. (2010). Las ideas infantiles sobre la privacidad: una construcción conceptual en contextos institucionales. En J. A. Castorina (Coord.), *Desarrollo del conocimiento social: prácticas, discursos y teoría* (pp. 191-214). Buenos Aires: Miño y Dávila.

Horn, A., Helman, M., Castorina, J. A. y Kurlat, M. (2013). Prácticas escolares e ideas infantiles sobre el derecho a la intimidad. En *Cadernos de Pesquisa*, Vol. 43, N. 148, jan./abr.: 198-219. Sau Paulo: Editora Autores Associados.

Kaplan, C. (2006). *Violencias en plural. Sociología de las violencias en la escuela*. Buenos Aires: Miño y Dávila.

Korinfeld, D. (2016). Espacios e instituciones suficientemente subjetivados. En D. Korinfeld, D. Levy y S. Rascován, *Entre adolescentes y adultos en la escuela. Puntuaciones de época* (pp. 97-122). Buenos Aires: Paidós.

Kornblit, A. (Comp.) (2008). *Violencia Escolar y Climas Sociales*. Buenos Aires: Biblos.

La Taille, Y., Bedoia, G. y Giménez, P. (1991). A construção da fronteira moral da intimidade: O lugar da confissão na hierarquia de valores morais em sujeitos de 6 a 14 años. *Psicologia: Teoria e Pesquisa* 7: (91-110). Brasilia: Universidade de Brasília, Instituto de Psicología.

Leiras, M. (1994). *Los derechos del niño en la escuela*. Buenos Aires: UNICEF Argentina.

Levy, D. (2016). Convivencias Escolares. En D. Korinfeld, D. Levy y S. Rascován, *Entre adolescentes y adultos en la escuela. Puntuaciones de época* (pp. 153-184). Buenos Aires: Paidós.

Litichever, L. (2014). La Convivencia como modalidad de resolución de conflictos, presentación en I Encuentro Internacional de Educación: Espacios de investigación y divulgación. 29, 30 y 31 de octubre. NEES - Facultad de Ciencias Humanas - UNCPBA Tandil - Argentina.

Miranda, E. (2013). De la selección a la universalización Los desafíos de la obligatoriedad de la educación secundaria. *Espacios en Blanco - Serie indagaciones*, N. 23, Junio (9-32).

ORGANIZACIÓN DE LAS NACIONES UNIDAS (1989). Asamblea General de las Naciones Unidas. *Convención sobre los derechos del niño*. New York: CRC.

Piaget, J. (1926). *La representación del mundo en el niño*. Madrid: Morata.

Piaget, J. y García, R. (1982). *Psicogénesis e historia de la ciencia*. México: Siglo XXI.

Southwell, M. (2018). Vínculos intergeneracionales y posiciones docentes: tensiones en la escuela secundaria contemporánea. *Revista Ensambles*, Otoño 2018, Año 4, N. 8: (69-85) (impresa).

Terigi, F. (2008). Los cambios en el formato de la escuela secundaria argentina: por qué son necesarios, por qué son tan difíciles. *Propuesta Educativa*, Año 15, Vol. 1, N. 29, Jun. 2008: (63 a 71).

Welsh, W., Greene, J. y Jenkins, P. (1999). School disorder: the influence of individual, institutional and community factors. *Criminology*, Vol. 37, N. 1: (73-115). Chicago.

Sobre los autores

José Antonio Castorina.
Doctor en Educación, Profesor y Magister en Filosofía. Investigador Principal del CONICET (jubilado). Profesor Titular de la Universidad Nacional Pedagógica (UNIPE). Profesor Consulto por la Facultad de Filosofía y Letras de la Universidad de Buenos Aires. Actualmente es Director del Proyecto UBACYT (2018-2021) 20020170100222BA: "Restricciones a los procesos de construcción conceptual en el dominio de conocimiento social: posibilidades y obstáculos para el programa de investigación constructivista". Se dedica al estudio de temas vinculados al desarrollo del de conocimiento social en niños y niñas, problemas epistemológicos en psicología del desarrollo, teoría de las representaciones sociales, e investigación educativa.

Alicia Barreiro.
Doctora en Ciencias de la Educación, Posdoctora en Ciencias Humanas y Sociales, Magister en Psicología Educacional. Actualmente se desempeña como Investigadora del CONICET, Profesora Adjunta a Cargo de la Cátedra Psicología y Epistemología Genética I, en la Facultad de Psicología de la Universidad de Buenos Aires y Coordinadora Académica de la Maestría en Psicología Cognitiva y Aprendizaje, del Área de Psicología del Conocimiento y Aprendizaje, de FLACSO-Argentina. Miembro del Comité Directivo de la Jean Piaget Society (2019-2023) y Editora Asociada de la revista Papers on Social Representations. Co-directora del proyecto UBACYT (2018-2021) 20020170100222BA: "Restricciones a los procesos de construcción conceptual en el dominio de conocimiento social: posibilidades y obstáculos para el programa de investigación constructivista", dirigido por el Dr. J. A. Castorina. Ex-directora de la Maestría en Formación Docente de la Universidad Pedagógica Nacional. Ha sido profesora visitante en diferentes universidades extranjeras. Sus investigaciones se centran en la construcción del conocimiento social y moral en la niñez, adolescencia y adultez, complementando los aportes de la psicología social y la psicología genética.

Tomás Baquero Cano.
Licenciado en Psicología por la Universidad de Buenos Aires. Maestrando en Estudios Interdisciplinarios de la Subjetividad por la Universidad de Buenos Aires. Becario de Maestría en el proyecto UBACyT 2018-2021 20020170100222BA: "Restricciones a los procesos de construcción conceptual en el dominio de conocimiento social: posibilidades y obstáculos para el programa de investigación constructivista", dirigido por el Dr. J. A. Castorina y codirigido por la Dra. A. Barreiro. Ayudante de Trabajos prácticos en Teoría y Técnica de Grupos II en la Facultad de Psicología de la Universidad de Buenos Aires. Sus investigaciones se centran en las condiciones históricas de la construcción de conocimiento y de la subjetividad, en diálogo con la filosofía, especialmente a través del pensamiento de Michel Foucault y Giorgio Agamben.

Gastón Becerra.
Doctor en filosofía, Magíster en Epistemología e Historia de la Ciencia, Licenciado en Sociología. Se desempeña como Investigador Asistente en CONICET y Docente en la Facultad de Ciencias Sociales de la Universidad de Buenos Aires. Editor de {PSocial} Revista en investigación en psicología social. Investigador del Proyecto UBACyT "Restricciones a los procesos de construcción conceptual en el dominio de conocimiento social: posibilidades y obstáculos para el programa de investigación constructivista" y PICT "Interpelaciones teóricas, metodológicas y epistemológicas entre el big data y la teoría de los sistemas sociales de Niklas Luhmann". Sus investigaciones se centran en los problemas epistemológicos planteados por desarrollos interdisciplinarios, como los sistemas complejos, y el big data.

Daniela Bruno.
Doctora en Ciencias de la Educación por la Universidad de Buenos Aires. Magíster en Ciencias Políticas y Sociología por la Facultad Latinoamericana de Ciencias Sociales, Argentina. Licenciada y Profesora en Sociología por la Universidad de Buenos Aires. Becaria Post-Doctoral del Consejo Nacional de Investigaciones Científicas y Técnicas. Jefa de Trabajos Prácticos de la Cátedra Psicología Social I y ayudante de trabajos prácticos de la Cátedra Psicología Política II, en la Facultad de Psicología de la Universidad de Buenos Aires. Investigadora de Proyectos PICT y del UBACyT (2018-2021) 20020170100222BA: "Restricciones a los procesos de construcción conceptual en el dominio de conocimiento social: posibilidades y obstáculos para el programa de investigación constructivista. Su actividad de investigación se centra en el estudio de las representaciones sociales de la política, la democracia y la ciudadanía de adolescentes.

Mariana García Palacios.
Doctora en Antropología (Universidad de Buenos Aires). Licenciada y Profesora en Ciencias Antropológicas (UBA). Investigadora Adjunta del CONICET en el Programa de Antropología y Educación (Instituto de Ciencias Antropológicas, UBA), docente del Departamento de Antropología (FFyL, UBA) y editora ejecutiva de la Revista *Cuadernos de Antropología Social*. Obtuvo diversas becas para realizar estancias en el exterior de estudio (El Colegio Mexiquense y CAPES-Brasil) y de investigación posdoctoral (FMSH-Francia, DAAD-Alemania y UNESCO). Desde 2006, realiza trabajo de campo etnográfico con población toba/*qom*. Sus principales áreas de indagación son: niñez, construcción de conocimiento socio-religioso, experiencias formativas, y educación e interculturalidad. También estudia las articulaciones teórico-metodológicas entre la antropología y la psicología interesadas en la construcción de conocimiento. En estas líneas, ha formado tesistas, dirigido y participado en equipos de investigación, y publicado artículos en revistas nacionales e internacionales. Es investigadora del proyecto "Restricciones a los procesos de construcción conceptual en el dominio de conocimiento social: posibilidades y obstáculos para programa de investigación constructivista".

Mariela Helman.
Licenciada en Ciencias de la Educación. Jefa de Trabajos Prácticos de la materia Psicología Genética, en la Facultad de Filosofía y Letras de la UBA. Investigadora del proyecto UBACYT Proyecto UBACYT 2018-2021 20020170100222BA: "Restricciones a los procesos de construcción conceptual en el dominio de conocimiento social: posibilidades y obstáculos para el programa de investigación constructivista", dirigido por el Dr. J. A. Castorina y codirigido por la Dra. A. Barreiro. Profesora de la materia Ética, DDHH y Construcción de Ciudadanía en la Escuela Primaria en el IFD N° 7 José María Torres. Miembro del equipo técnico del Programa de Aceleración y el Programa Proyecto Compartido, del Ministe-

rio de Educación de CABA, dirigido a escuelas primarias de la jurisdicción. Participa de proyectos diversos de capacitación a docentes y a equipos directivos del nivel primario en distintas jurisdicciones. Sus investigaciones se centran en la construcción de niños, niñas y adolescentes acerca de sus derechos en la escuela, en articulación con el análisis de las prácticas escolares.

Axel Horn.
Doctor en educación de la Facultad de Filosofía y Letras de la Universidad de Buenos Aires y Magister en Pedagogías Críticas y Problemáticas Socioeducativas. Actualmente se desempeña como Profesor Adjunto de la materia Psicología Genética de la facultad de Psicología de la Universidad Nacional de La Plata. Es coordinador de estudiantes de la escuela secundaria de la Universidad Nacional de General Sarmiento. Integra el equipo de investigación como investigador formado del proyecto UBACyT: "Restricciones a los procesos de construcción conceptual en el dominio de conocimiento social: posibilidades y obstáculos para programa de investigación constructivista" (20020170100222B), dirigido por el Dr. Castorina, José Antonio y co-dirigido por la Dra. Barreiro, Alicia. Es miembro de la comisión de la Maestría en Pedagogías Críticas y Problemáticas Educativas, de la Facultad de Filosofía y Letras de la Universidad de Buenos Aires. Ha escrito artículos e investigado la construcción de ideas infantiles sobre el derecho a la Intimidad en la escuela. También realizó trabajos sobre a las relaciones entre neurociencias y educación y sobre prácticas educativas en escuela secundaria.

Cristian Parellada.
Becario posdoctoral del Consejo Nacional de Investigaciones Científicas y Técnicas (IICSAL-CONICET) y Ayudante Diplomado Ordinario de la Facultad de Psicología de la UNLP. Investigador del proyecto el UBACyT: "Restricciones a los procesos de construcción conceptual en el dominio de conocimiento social: posibilidades y obstáculos para el programa de investigación constructivista". Sus investigaciones se centran en la construcción del conocimiento histórico, específicamente en el estudio de los mecanismos de producción y apropiación de los mapas históricos tanto en los libros de textos como por parte de los estudiantes.

Paula Shabel.
Doctora en Antropología por la Universidad de Buenos Aires, donde también es docente en la cátedra Psicología y Epistemología Genética de la Facultad de Psicología. Maestranda en Psicología Cognitiva y Aprendizaje por FLACSO y Diplomada en Educación por CLACSO. Becaria Posdoctoral de CONICET e investigadora en los equipos Niñez Plural y "Restricciones a los procesos de construcción conceptual en el dominio de conocimiento social: posibilidades y obstáculos para el programa de investigación constructivista". Sus temas de investigación se centran en la participación política de niños, niñas y adolescentes en el espacio urbano y los procesos de construcción de conocimiento que en esas prácticas se producen, siempre desde un abordaje etnográfico.